•••

Жизнь советской

Татьяна Москвина

девушки

биороман

Редакция
Елены
Шубиной

Москва
АСТ

УДК 821.161.1-31
ББК 84(2Рос=Рус)6-44
М82

Автор идеи и составитель серии "На последнем дыхании" — Сергей Николаевич

Художественное оформление и макет Андрея Бондаренко

Фото на передней стороне суперобложки — из личного архива Татьяны Москвиной

Фото на задней стороне суперобложки Александра Боткова

Москвина, Татьяна Владимировна
М82   *Жизнь советской девушки. Биороман* / Татьяна Москвина. — Москва : АСТ : Редакция Елены Шубиной, 2014. — 350, [2] с. — (На последнем дыхании).

ISBN 978-5-17-086843-8

Новой книге Татьяны Москвиной, наверное, могло бы подойти название романа Джеймса Джойса "Портрет художника в юности". Но Москвина — писатель своевольный и гордый, чуждый постмодернистским играм и сомнительным заимствованиям. "Жизнь советской девушки" — прежде всего ее автопортрет на неброском ленинградском фоне 60–80-х годов прошлого века, выписанный с той беспощадной тщательностью, которая выдает автора как последовательного приверженца русской реалистической школы, тонкого психолога и дотошного исследователя уходящей советской натуры. Из множества смешных и грустных историй, точных наблюдений и честных воспоминаний складывается Книга Жизни, от которой нельзя оторваться…

Сергей Николаевич, главный редактор журнала "СНОБ"

УДК 821.161.1-31
ББК 84(2Рос=Рус)6-44

ISBN 978-5-17-086843-8

Оглавление

...И когда я забуду всё, что я любил, я умру...

ГАЙТО ГАЗДАНОВ

Увертюра

Я пишу для тебя

Я не могла понять, зачем и для кого буду писать эту книгу, пока не увидела её.

Случайно на улице, шла мимо. Девушка лет восемнадцати в мешковатом чёрном пальто, длинные русые волосы, кое-как подстриженная чёлка. Что-то нелепое в фигуре. И в манерах. Что-то категорически не совпадающее с реальностью, порывистое и ужасно трогательное.

Она не видела меня, увлечённая своей книжкой или своими мечтами.

Она смотрела куда-то серо-голубыми северными глазами, а я замерла в узнавании... Я так хорошо знала этот зачарованный рассеянный взгляд, эти обкусанные ногти, эти бедные разбитые туфли.

Я всем нутром ощущала, как она талантлива и как несчастна. И я знала, что ещё долго-долго придётся ей быть талантливой — неизвестно, в чём, — и несчастной, а это уж слишком ясно, отчего.

Это женский мутант.

Это результат жестокого эксперимента по внедрению духа в природу.

Это женщина, которой досталась искорка творческого разума.

Это я.

Это я несколько десятилетий тому назад — с отчаянным туманом в голове, зачитавшаяся до одури, бредущая по городу...

Видимо, такие всегда были, есть и будут — наверное, существует норма в процентах. Я думаю, процентов пять—семь от общего числа...

Или уже больше?

Или всё-таки меньше?

Я не знаю. Но мне хотелось бы написать книгу, которая помогла бы этой девушке выстоять в жизненной борьбе — выстоять и, быть может, победить.

На этом месте многие читатели могут и надуться. Скажут — а что, если у нас ногти не обкусанные и взгляд не зачарованный, и если мы вообще мужчины средних лет, так что же, нам и книжку эту читать не разрешается?

Что вы, что вы. Сегодня я приглашаю всех! Я же буду рассказывать о своей жизни, а это вызывает аппетит у многих. Я сама с наслаждением читала жизнеописания людей, с которыми не имела ничего общего ни по полу, ни по возрасту, ни по судьбе — но чем дальше от себя, тем даже лучше, своё-то мы и так знаем.

Пусть ко мне на огонёк приходят самые разные люди, пожалуйста. Я говорю лишь о внутреннем послании, о письме "неведомой подруге" или ученице, которую никогда, наверное, не встречу в реальности, — это я сама восемнадцати лет, возродившаяся вновь, сейчас, в этом мире.

Мне кажется, ей сейчас горько, трудно, странно. Её мысли и намерения путаются. Она не знает, что ей делать, куда идти, где её путь. Мир жарко и пошло наваливается на душу, бормочет бредовое и сбивает с толку — а настоящих друзей мало. Почти нет. Их может не быть вообще, так бывает...

Я окликаю тебя.

— Эй, ты! Да, да, ты, с толстой книжкой в руке, в стоптанных туфельках, с туманной, гудящей от слов головой!

Тебе кажется, что ты одна — и это так, ты одна, но... ты не одна.

Побудь со мной.

Послушай меня.

Я расскажу, как долго и трудно я шла к самой себе. И ещё неизвестно, пришла ли. Из моей нелепой жизни нельзя вывести никакого урока, но что-то понять из неё — мне кажется — можно.

Я вас не боюсь

Моя первая книжка, сборник эссе "Похвала плохому шоколаду", вышла в 2003 году, из чего, как вы понимаете, следует, что автор удосужился собрать свои сочинения в книгу, уже "отмотав срок" в сорок пять лет. В следующем, 2004 году появился мой первый роман, "Смерть это все мужчины", и я стала считаться писателем, которым, конечно, была от рождения, чего мир просто не знал.

Но почему так поздно? Что это за литературный дебют такой — в сорок шесть лет?

Я могу предъявить высокому суду всякие черновики, рукописные и машинописные, разных лет — простите, я писала, писала... только никому не показывала и ничего не завершала.

Тут дело, конечно, не в семье (муж, двое детей), которая брала силы, но уж не настолько, чтоб не смочь написать книжку.

(Каждый день по страничке — через год будет книжка!)

И не в трудностях самого процесса (всё ж таки молотить на машинке было очень утомительно). Но вела же я исправную критическую деятельность, сочиняла статьи, иногда довольно большие. Бывало, что я писала от руки, и рука дико уставала. Тем не менее я написала за три дня пьесу "Рождение богов", зелёной шариковой ручкой, в припадке вдохновения. Стало быть, и это не оправдание. Даже без верной Софьи Андреевны (жена Толстого переписывала его сочинения, но у меня не может быть жены, я сама жена!) давно могла бы ты, девушка, написать свою "Войну и мир".

Ну, так в чём же дело?

Дело в ужасе перед людьми, перед их мнением.

Я боялась всеми кишочками души оказаться отвергнутой и осмеянной. Это сейчас внутри выросло что-то вроде дерева и оделось корой, правда, не особо прочной. А до "великого одеревенения" моя душевная природа состояла, как тело матёрого бойца, из ран, ожогов, синяков, обморожений и прочих злополучий, в разных стадиях заживления...

В детской жизни было два горестных случая. То есть их было двести двадцать два, но эти запомнились острей всех.

Меня отдали в школу — ещё семи лет не было — зачем сидеть в детском саду смышлёному ребёнку, который свободно читает и пишет. Трудности в общении со сверстниками, некоторую угрюмую отъединённость от мира, чрезмерную ранимость просто не заметили. (Я всегда была скрытной — коренное свойство натуры.)

Так вот, школы я испугалась. Так испугалась, что несколько раз на людях описалась от страха. Дети смеялись — учительница, добрейшая Тамара Львовна, взяла меня под защиту. Ничего очень уж страшного не было, травли там или постоянного издевательства, дети были неплохие, потом я подружилась с некоторыми и защитилась ими от стаи. Но забыть ощущение позора трудно.

Дома ничего не сказала.

Второй случай. Меня в начальных классах оставляли на продлёнку, часов до шести в школе — делать уроки, читать под надзором. И кормили ещё какой-то дрянью. Так ужасна была жареная картошка, отвратительная, горького вкуса — а я-то выросла на гениальной бабушкиной стряпне, — что я не могла это есть и потихоньку выбрасывала несъедобные дольки под стол. Кухонная работница заметила самоволку и стала возмущённо орать. Крупная злая бабища, а я тогда была маленькая, тихая, с косичками. Она заставила меня лезть под стол и собирать эту горькую невыносимую картошку, и я не посмела сопротивляться. Через шесть лет — смогла, всему школьном режиму смогла дать отпор, о чём расскажу, а тогда сил не набрала ещё. Полезла под стол, ползала там среди школьниковых ног, собирала картошку, они смеялись, ух как они смеялись! Помню атомную смесь жаркого красного стыда и солёных изобильных слёз.

Я думаю, надолго остался ужас — сделать что-то не то, над чем будут смеяться. Но его больше нет.

Страх перед насмешками и осуждением людским ушёл вместе с другими человеческими свойствами, из которых более всего мне жаль чудесной способности любить на ровном месте. Она, эта способность, очень скрасила мне жизнь.

Я не боюсь людей. Наверное, я их больше не люблю — и оттого совсем не боюсь.

Я кровно приварена к семье, легко отдам жизнь за детей, многие люди меня восхищают, есть те, кто дорог и симпатичен. Но любви больше нет — надорвалась, устала я любить.

(Мне кажется, если быть честными и посмотреть внимательно и строго вглубь жизни — уходит любовь-то, утекает от нас...)

Ну, об этом мы ещё поговорим, а сейчас важно то, что отдельная русская женщина совершенно распустилась и осмелела. И собирается рассказать о своей жизни, дерзко выкрикивая "я вас не боюсь!"

И чего мне бояться? Я научилась жить среди равнодушия, без горячей заботы о себе, без подарков судьбы, в беспокойстве и раздражении постоянном. Когда меня оскорбляют, мне больно, но через два—три дня всё проходит. Женщины часто воспринимают триаду "деньги—слава—любовь" как возможную защиту от холода и боли (любовь тоже боль, но иного рода) — однако я выучилась жить и с холодом и с болью. Я терплю холод, как почтальон в старину, отправленный в дальнее поселение с важным письмом, я терплю боль, как терпит её человек с вылезшим гвоздём в ботинке, который ежеминутно терзает пятку, — и ботинок почему-то нельзя снять.

Тем более что радость хоть не каждый день, как солнце на Севере, но согревает душу.

Пока что — всё терпимо.

Зря я так боялась.

Я что-то знаю?

Я, я, я, я... Забавно придумала Рената Литвинова имечко для своей глухой героини в сочинении "Обладать и принадлежать" — Яя. Внутри нас действительно живёт какая-то "Яя", и любит она про себя сказки сказывать и приговоры приговаривать.

Над этим посмеивался гениальный Шварц Евгений Львович в гениальных своих дневниках (которые до сих пор вроде бы полностью не расшифрованы), где писал без придумок, с натуры — людей, годы, жизнь. У него есть пассаж про художника Лебедева, который любил самые обычные свои движения сопровождать торжественным "У меня есть такое свойство...".

"У меня есть такое свойство — я терпеть не могу винегрета..."

Ох ты батюшки, свойство у него.

Думаю, и вы встречали немало таких людей, важно сообщающих нам совершенные пустяки, как рельефные, полные смысла личные "свойства".

"Я пью только зелёный чай".

"Я плохо сплю в поезде".

"Не люблю печёнку!"

Ну а что, собственно, нам говорят про человека подобные "свойства"? Ничего. Разве что помогают притереться к индивиду, если судьба его к вам привела-приткнула. Если он ваш гость, к примеру, — ладно, заварим ему зелёного чаю. Не дадим печёнки. Мы гуманисты.

Другое дело, если человек заявит что-то из области ментальных пристрастий.

"Почти не читаю художественной литературы, она меня утомляет, мне скучно".

"Русский рок? Нет, не перевариваю, увольте".

"Сейчас хожу только в Студию театрального искусства Женовача — это лучшее, что есть в Москве".

Уже ничего, можно какой-то разговор затеять. Поспорить хотя бы, правда, те воображаемые фразы, что я привела, рисуют портрет довольно категоричного, намеренно ограниченного человека, и спорить с ним будет трудно.

Но я веду к чему? К тому, что самоопределение через набор свойств — чаще всего маленький Яя-театр. Человеку хочется построить и сыграть цельный художественный образ себя. А потом его ещё и проанализировать! Не только перевоплотиться в образ себя, но и рассказать о нём. Выполнить одновременно функции художественного творчества и критического анализа!

Поразительно, но многие с этим справляются отлично. (Никто не сообщает только одного — каков его обычный процент лжи в рассказе о себе, никто и никогда.) Так что, общаясь с человеком, имеешь дело с двумя существами: с ним и с его художественным образом.

Крайний вариант такого раздвоения изумительно сыграл актёр Сергей Русскин в роли Иудушки Головлёва ("Господа Г." по роману Щедрина "Господа Головлёвы", театр "Русская антреприза имени А. Миронова", Петербург). Иудушка — бездушный выродок, он родился дефективным, бесчувственным к людям, с сильными, хищными первобытными инстинктами, что-то ужасное есть в этой полной бабьей фигуре с адскими ледяными глазами, что-то от нелюдя, тролля, болотной нежити. Но он сам считает себя прилежным христианином, образцовым человеком, близким к ангелу!

Он обирает ближних с неумолимостью насекомого, и при этом слово "бог" не сходит с его уст, принимаются смиренные позы, он сам себе кажется прекрасным, благородным, справедливым, добродетельным!

Ага, скажете вы, но придумка себя идёт изнутри — есть же "объективные показатели".

Хорошо. Я смотрю на себя в зеркало — вижу немолодую женщину среднего роста, очень крупную, полную, с огромной грудью и животом. При этом у меня тонкие запястья, щиколотки и шея. Осветлённые волосы обстрижены и не доходят до плеч, глаза зелёные, но многие утверждают, что голубые — странный, не разгаданный мной эффект. Слева в углу губ большая родинка с явной перспективой на бородавку. В разных странах мира меня принимали только за русскую. Лишь однажды — за польку! Помню, как ленфильмовский гример Коля, когда я пришла на грим для картины "Мания Жизели", посмотрел в зеркало и сказал: "А что её гримировать? Хорошее русское лицо". Подумал и добавил: "Типа Крупской".

Хорошее русское лицо типа Крупской. Хорошее, нормальное русское чудище женского рода.

Но там, внутри себя, я же ничего этого не чувствую! Ни веса, ни возраста, ни цвета глаз, ни родинки — ничего...

Внутри меня обитает та, чьего имени я не знаю и называю её Мать — Тьма, великая *Тьмать*, и моё тело нужно только для поддержки её временных границ.

Она заперта во мне. Она где-то есть в полной мере не во мне, как где-то есть океан, но она есть и во мне — она меня создала, и я не могу не отзываться, когда она зовёт.

Тьмать доходит до головы, но там она всевластия уже не имеет. Туда она протекает во время сна полностью, а с пробуждением медленно и неохотно утекает, оставляя густые, тёмные, долго высыхающие следы. Там, в голове, неравномерный свет — то блистающий и острый, то спокойный и мерцающий. Иногда он так разрастается, что чудится, будто заливает он всю Тьмать, затаившуюся внизу, в родовых глубинах. Но уж оттуда её не изгонишь, не вытравишь ничем и никогда!

А среди борений света и тьмы, кто там поёт и чирикает?

Да так. Какая-то птичка. Вот залетела и поёт. И я её спрашиваю утром: ну что, как дела? Будем жить? И она отвечает: да-да! Будем жить-жить!

Птица моя капризница — то запечалится вдруг, то развеселится. Но вообще-то она питается радостью и дарит мне ощущением полёта, хотя где она там летает — уму непостижимо...

Но кто же здесь я?

А вот всё это хозяйство вместе и есть я. Всё это хозяйство, да притом в динамическом развитии от нуля до наших дней.

Об этом и расскажет вам мой "биороман".

Буду писать спокойно и просто.

Занавес, занавес, поднимайте занавес — я готова.

Глава первая
Недоношенная

Начало моей жизни было самое ужасное. Беременность двадцатидвухлетней мамы Киры протекала непросто — она часто падала, причём на живот. Вообще, жизнерадостная выпускница Ленинградского военно-механического института, блиставшая в знаменитой самодеятельной драме Военмеха, только что вышедшая замуж за такого же простофилю, о семейном быте, рождении и воспитании детей подозревала смутно. Вечером, перед ночью моего рождения, мама играла с приятелями в преферанс — надеюсь, хоть это-то прошло у неё удачно.

Мама играла неплохо, знала варианты — "сочинку", "ленинградку". Итак, моё рождение было запланировано на обстоятельный, солидный и праздничный январь — а случилось в невротическом, революционном, "достоевском" ноябре.

Я родилась второго ноября 1958 года в Ленинграде, около часа ночи, даже не семимесячной, а шести месяцев двух недель, в клинике Отто, что на Васильевском острове, и весила один килограмм семьсот граммов. Сразу же после родов меня отправили в "барокамеру" — специальный инкубатор для недоношенных. Этим благородным делом заправляла легендарная женщина, которая, как говорили, "выращивала с девятисот граммов", — и приводили в пример артиста БДТ Михаила Данилова, как именно такого вот, выращенного из ничего.

Действительно, Данилов был убедительным аргументом в пользу цивилизации супротив Тарпейской скалы. Он был круглолицый, умный, вроде бы крепенький, талантливый, острый — но при этом глубоко печальный внутри и словно бы снедаемый тайными болями и недоумениями.

Проходит ли бесследно для крошечных существ эта самая "барокамера"? — размышляла я впоследствии. Там, конечно, тепло и кормят регулярно, однако нет никакого спасительного материнского живота — одиночество, тишина! И в этом одиночестве, затаившись, существо напрягает все жилочки организма, чтоб выжить.

Я часто вспоминала свой инкубатор потом, когда приходилось скрываться, таиться и вылеживать себя после катастроф. В мир не попасть, мир безнадёжно далёк, источники любви не иссякли, но тоже безнадёжно далеко. Вот и лежишь, почти не шевелясь, лишь изредка читая давно знакомую книжку — самого питательного свойства, вроде Чехова или Шварца, — и слушаешь глубины себя: набирает ли там силу светлый сок жизни, или пусто, тихо, темно...

В моём рождении что-то изначально пошло «не так». Какая-то нота неудачи, несчастья, недо... зазвучала над колыбелью. Всё было задумано славно, красиво, на широкую ногу, громкозвучно, победно — и как будто сразу же споткнулось об мир. Да, трубач удержал падающую трубу, дирижёр поймал, накреняясь всем корпусом, руководящую палочку, скрипка взвизгнула, но вывернулась из кикса, и хор, путаясь в партитуре, грянул песню под постепенно обретающий себя оркестр. Однако вместо победного марша явно вышло что-то другое.

В барокамере я пролежала почти месяц. Выглядела неважно. Папа, увидев меня, огорчился и сказал — ой, какая лягушечка, чем злостно обидел маму. Папа же обижать маму совсем не хотел, а искренне испугался за порожденную плоть.

Родилась в больнице дочка,
Чистый вес — кило семьсот...
Попадёт ли в коммунизм
Этот хрупкий организм?

Это всё, что я запомнила из папиного стиха, а он любил сочинять "на случай", но главная шутка осталась в семейных преданиях навечно.

В коммунизм этот хрупкий организм не попал, как выяснилось.

Организм был этапирован в дом № 70 по Семнадцатой линии Васильевского острова, где, в квартире № 29, в единственной, но большой комнате (27 метров), вместе с маминой мамой, бабушкой Антониной, проживала молодая семья выпускников Военмеха — Киралина Идельевна Москвина и Владимир Евгеньевич Москвин.

И тут вступила мощным соло бабушка Антонина.

Почётный чекист.

Кавалер ордена Красной Звезды.

Чей сын Юрий Кузнецов отбывал срок в лагере (за воровство) — эхо войны, пожиравшей сотнями тысяч нестойкие мальчиковые души. Злосчастный дядя Юра — я увидела его только в семидесятых, носатого и грустного туберкулёзника такой застенчивости, что и вообразить было невозможно, будто это тертый лагерный калач, опытный зэк.

Бабушка бросилась на моё спасение с такой свирепой мощью, что подступившие к моему тощему тельцу, сладострастно осклабившиеся демоны, которым поручили затушить искру, потенциально опасную для тьмы, бежали в испуге. Я вообще не представляю себе сущности, посюсторонней или потусторонней, которая не шуганулась бы от моей Антонины Михайловны. Это в полном смысле слова была та самая "чёртова бабушка", с которой поопасился бы связываться сам Вельзевул.

Вспоминаю такой эпизод, случившийся уже в конце 70-х годов, когда мы с бабушкой снова жили вместе, в хрущёвке на Будапештской улице (дом 49, корпус 1, квартира 3). Бабушка отправилась в близлежащий "Гастроном" за яйцами, но из двух купленных десятков больше половины оказались тухлыми (почему все советские магазины, торгующие тухлятиной, именовались "гастрономами", — неразрешимая загадка истории).

Антонина Михайловна выбила гнусные яйца в белую эмалированную миску. Надела значок почётного чекиста (щит и на нём меч). Взяла в руки миску и направилась в магазин — к директору.

Представляю себе это шествие! Медленно и сурово, как героиня греческой трагедии, бабушка шла, сверкая значком, распространяя страшную вонь от битых яиц. К директору она прошла беспрепятственно — думаю, люди расступались перед ней, как волны перед миноносцем.

— Что это? Кто это? Что вам нужно? Кто позволил? — завопила отрицательная героиня советских милицейских картин — пергидрольная блондинка с каиновой печатью на оплывшем лице, директор магазина.

Бабушка села, потёрла значок почётного чекиста и поставила миску прямо ей под нос.

— Я — капитан госбезопасности в отставке Антонина Зукина, — молвила она. — А эти яйца я купила сегодня в вашем магазине.

Со временем мы стали постоянно выпускать бабушку в магазин за продуктами. Она имела успех, её узнавали и трепетали.

О, бабушка! Моё перо, как любил восклицать Гоголь, слабо для твоего описания! Дайте мне другое перо!

Бабушка происходила из толщи народной. Это не пустые слова. Я эту толщу чувствую в своей крови как главную опору. В этой толще шевелятся и подают мне приветственные знаки братья Кузнецовы — держатели портновской лавочки, забившие до смерти одного из братьев, Михаила, отца бабушки, там хлопочут Татьяна Ивановна, мать бабушки, и её сестра Серафима, там Вышний Волочёк, фабрика господина Рябушинского, Гражданская война, Ленинград, чемодан бубликов, с которым Антонина приехала в город Петра и Ленина, ткацкая фабрика, развесёлые дедушки и дядюшки с баянами, горькие пьяницы, игроки, один повесился, Шурка, там фигурируют Институт красной профессуры и комсомольская путёвка, по которой девчонка с фабрики отправилась служить в НКВД, там смутные дикие рассказы о плодах братоубийственной войны — которая была ещё и неслыханным изнасилованием русских женщин — плоды эти зарывали ночью в огородах, да что и говорить — там стоит адский стон оставленной Богом земли. И гудит страшная сила выживания этой земли. Я из тех, кто выжил и понимает, какова оказалась на Руси цена этого элементарного выживания.

Вот просто — плоть сберечь. Хоть какую-то. Такая у народа была задача в незабвенном Ха-Ха-веке...

И у меня с родными поначалу именно такая задача и оказалась — прямо в рифму.

— Принесли! — патетически восклицала бабушка, рассказывая мне о первых днях моей жизни. — Выродила моя Кирка! Кожа да кости, последняя стадия дистрофии! И я топлю, топлю печку, у меня жарища, дышать нечем. И ты не спишь ни днём, ни ночью, а Кирка сдаётся, а я тебя кормлю через рожок. У Кирки молока было море. Мы сдавали, она потом на эти деньги колечко купила на память. Топлю и кормлю, топлю и кормлю! Через три месяца привезли врачам — как куколку, щёчки, попки!

Бабушка была запредельно энергичный человек. Запредельно. Мы с мамой уже чистые вырожденцы по этой части. Она была гением домашнего хозяйства — в её исполнении то был апофеоз чистоты, экономности и высокой кулинарии.

Её отправили на пенсию, как многих служащих этой системы, сразу после смерти И.В. Сталина, и пенсия была небольшой — 55 рублей. Потом, уже в семидесятых, прибавили рублей двадцать — что бабушка восприняла с благодарностью, как восстановление попранной Хрущом справедливости. Распоряжалась Антонина Михайловна своим пенсионом виртуозно. Ни у кого не занимала. Берегла хорошие вещи, а хлам выкидывала каждый месяц и каждый год (так что, когда пришлось её хоронить в 1981 году, не нашлось ничего лишнего и ненужного, она выбросила почти всё)...

Принцип был прост: вещь не понадобилась год — вещь не понадобится никогда.

Несмотря на какой-то мифический "Институт Красной профессуры", который она якобы закончила, бабушка писала с ужасающими орфографическими ошибками и без знаков препинания вообще. Писала же она гневные записки, обращённые к маме, причём исключительно в подпитии. Что-то вроде "Кира ты знаеш как я болею и сказала тебе мать твоя всю жизнь помни бабушку татяну ты ни приехала никогда ни скажеш" — иногда было вообще не понять, чем бабуля недовольна, потому что она была недовольна неким глубинным генеральным недовольством, в котором мы, на нашу беду, всё-таки оказывались на авансцене.

Античное красноречие бабушки в соединении с малограмотностью давало исключительно сильные риторические плоды. Помню, в конце семидесятых годов, во время совместного житья на Будапештской улице, бабушка рисовала такую картину тяжкого совместного существования:

— Я лишена телефоном! — восклицала Антонина Михайловна. — Я лишена холодильником! Я лишена телевизором! Я всем лишена в этом доме!

Заметьте: трёхсложный период и кода. Просто Цицерон!

Моего отчима, Валерия Шапиро, бабушка припечатывала почище вялых перьев газеты "Правда": "Ты не советский еврей, — утверждала она. — Ты — фашистский израйлец!"

На Семнадцатой линии в её книжном шкафу темно-вишнёвого цвета было немного книг — избранные сочинения Сталина, "Анна Каренина" в двух томах, тридцатых годов издания, где сцена падения Анны была отчёркнута экстатической красной линией карандаша, и загадочный роман "Андрей Березин" неизвестного автора.

Я давно мечтаю найти "Андрея Березина" и не могу! Судя по всему, то была книга века, но только для одного читателя — для моей Антонины Михайловны.

Я уже не застала книгу на полке, потому как "Андрея Березина" у бабушки зачитали, но она помнила его почти наизусть. Она часто пересказывала мне перипетии романа, как всегда красочно привирая (бабушка была выдумщица та ещё!). Речь в романе шла, естественно, про этого самого Андрея Березина, русского советского человека, прожившего исключительно нелёгкую жизнь.

Он честно работал, а на него обрушивалась всякая клевета и несправедливость, он терял любимую жену (та долго умирала), но в конце концов...

Найдя в моём лице идеального слушателя, бабушка вдохновенно рассказывала, как Андрей Березин поссорился с нехорошим директором, как он помог фронтовому другу, как он познакомился с девушкой и прочее. Отметаю мысль, что никакого Андрея Березина в словесности не было, что это был фантом, созданный бабушкиной тоской о Герое. Андрей Березин был, и я его обязательно найду! Найду!!

Ну что ж, дистрофия была преодолена, однако же я не ходила — ни в год, ни позже, слабые были ножки. Уже начинала говорить-лепетать (бабука, ичко — то есть бабушка, дай яичко, любила обыкновенные варёные всмятку яйца, впрочем, ничего необыкновенного в рационе простого советского человека 1958 года рождения и не могло быть, так что любила что было), но не ходила. Пошла я только летом 1960 года, когда меня вывезли на дачу, снятую в Каннельярви (ж/д станция по дороге к Выборгу). Там было снято полдомика — комната шесть метров и кухня метра три, там бабушка, по советам врачей, зарывала мне ножки в тёплый песок, и там я всё-таки пошла, в год восемь месяцев, и не пошла, а побежала, ни с того ни с сего.

(Прозреваю здесь какой-то алгоритм своей будущей судьбы — я ведь и как литератор долгонько сидела без движения, а потом вдруг не пошла, а побежала!)

Тут, я думаю, родители как-то спокойней вздохнули, потому что у них на руках оказывался теперь совершенно обычный ребёнок, без явных дефектов, который говорил, бегал, нормально развивался. Только почему-то был очень задумчивый и грустный.

Когда я смотрю на фото тех лет, мне этого ребёнка ужасно жалко — лицо сосредоточенное, печальное, как будто я хочу "мысль разрешить". Конечно, эта угрюмая девочка ещё не я, это "возможность меня", которая могла и не осуществиться, заглохнуть, захиреть. Вообще какая-то постоянная опасность долгое время, по моим ощущениям, нависала надо мной.

На Семнадцатой линии, в огромной коммунальной кухне (окно во двор, во дворе кривоватая липа), в руках бабушки развалилась кастрюлька с кипящим молоком, и бурлящая жижа вылилась мне на голову. Волдырь потом резали у доктора, и я радостно повторяла, что "доктор — чик!". Хорошо, волосы отросли впоследствии правильные — русые, густые, из них мне делали разные бывшие в то время девчоночьи прически: барашки (прямой пробор, две косички заплетались и скручивались возле ушей), венчик (те же две косички но уложенные навесом сзади, на затылке). Чаще всего, конечно, плелась коса русая обыкновенная, из трёх прядей.

К двенадцати годам толстая коса доходила почти до пояса (во всяком случае, была значительно ниже лопаток)... А в тринадцать я её — чик!

Что это было за время, в которое я попала? Вообще интересно, как ребёнок, не читающий газет, замкнутый в мире семьи, ощущает историческое время?

Ясное дело, конец пятидесятых я помнить не могу. Время моего детства — это шестидесятые годы.

Мама родилась в 1936 году, папа в 1934-м, к моменту моего рождения они были катастрофически молоды (22 и 24 года!!!) — и спустя несколько десятилетий они признались мне, что были друг у друга первыми. Ничего себе заряд энергии пошёл на моё зачатие, — думаю я с удовольствием, пытаясь представить себе невинность и чистоту моих родителей. Они оба были студентами Военно-механического института, будущие инженеры — популярная в шестидесятые профессия, — и страшно увлекались театром. Военмех славился несколькими театральными коллективами — и эстрадным, и драматическим, — так что мама блистала в Драме как актриса, а папа — и как актёр, и как режиссёр.

Коллеги по Драме Военмеха на всю жизнь остались их друзьями и не только друзьями — когда начался сезон разводов и вторых браков, браки заключались в неумолимом ареале Драмы, это был их прайд, их куст, их домен (исключения были, но сглаживались третьими браками, которые возвращали беглеца или беглянку обратно, в ту же колоду тасуемых карт). Когда мне говорили — такой-то друг по Военмеху опять женился, то прибавляли — "она играла Еву в «Господине Пунтиле», помнишь? В очередь с Н.Н." или — "он играл Дурдурана в «Подщипе»". ("Господин Пунтила и его слуга Матти" — пьеса Брехта, "Трумф, или Подщипа" — сочинение Ивана Андреевича Крылова. В Драме был довольно оригинальный репертуар.)

Родители мои являлись просто-таки образцом "прогрессивной молодёжи шестидесятых", детьми XX съезда — они мчались в вихре времени, всё смотрели, всё читали, обо всём спорили, покупали книги, бегали на гастроли Таганки... но мне что было с того?

Меня-то оставляли с бабушкой (а бабушка, капитан госбезопасности в отставке, была убеждённой сталинисткой и верила в какого-то особенного "партийного бога"). Когда мы от бабушки ушли (жизнь с ней была иной раз невыносима) и стали жить по съёмным комнатам, то нередко оставляли и одну. Я нисколько не сержусь на родителей — они были так отчаянно молоды, так увлечены свежим, юным, новоиспечённым миром! — но сидеть одной в какой-нибудь затхлой комнатёнке, где шуршало непонятно что (мыши и крысы — понятно, что могло шуршать в старых ленинградских коммуналках), бывало жутко. Я боялась, что родители не вернутся, и в детском садике тоже боялась, что забудут, не заберут. Хотя всего один раз так получилось — родители друг друга не поняли, кто сегодня Танюшу забирает из садика, и я осталась одна — всех детей взяли, а меня нет, но часа через два папа прибежал, всё уладилось.

Всё уладилось, а страх жил. Я не жаловалась (вот она, проклятая скрытность), никак себя не выдавала, с четырех лет предпочитая чтение всем видам жизнедеятельности, и чрезвычайная впечатлительность оставалась моим одиноким уделом.

Под чрезвычайностью я подразумеваю особую глубину и длительность ощущений, которые не сменяются напрочь другими ощущениями, а "весомо, грубо, зримо" остаются в душе. Я могу вспомнить сегодня, сейчас любое чувство, испытанное когда угодно, — и горько заплакать, если дам себе волю к погружению. Правда, могу и заулыбаться счастливо... Это так называемая аффективная память, память испытанных чувств, обязательная для актёров. Для жизни это обременение значительное, хотя в таком переживании жизни есть своя прелесть. Есть люди, понимающие, о чём я говорю, — им-то и стоит читать мои книги...

Две приметы того времени могу назвать точно: во-первых, в семье не было темы денег вообще, ни в каком виде. Родители не думали о деньгах, не говорили о них, не стремились к ним. Разумеется, мы были бедны (семья молодых инженеров!), однако в этой узаконенной и разделённой всей страной бедности не таилось ничего унизительного, обидного и страшного. Мы не голодали, мы скромно, но прилично одевались, покупали книги, ходили в кино и театры, снимали на лето крошечные полдомика, а когда мне исполнилось семь лет, "построили кооператив" — двухкомнатную квартиру на проспекте Космонавтов. (С этим помогла Елена Сергеевна, мама папы, добродушная и практичная бабушка Лена, жившая в городе Рустави (это под Тбилиси) с дедушкой Костей (отчим папы), но о том ещё поведётся своя речь).

Были интересные странности: так, отчего-то совсем дёшева в те времена стала чёрная икра, и я помню, как мне утром на завтрак мама намазывала бутерброд — не то чтобы густо, но и не доводя слой намазанной икры до состояния отдельных жалких икринок, одиноко торчащих среди серой слизи, растянутой по жёлто-масляному покрытию бутерброда.

Рубль в неделю стоили школьные завтраки, а в детском саду всё было бесплатно. Со второго класса года три я занималась в Доме культуры имени Карла Маркса (на Обводном канале; в просторечии ДК именовался "Карламарла") в кружке игры на гуслях и ложках — нас даже по телевизору показывали, — тоже не платя ни копейки...

Вообще, рубль шестидесятых — это, конечно, был весомый рубль. Ведь о любом повышении цен сообщала газета "Правда", потому что для этого требовалось решение партии. Представьте себе вы, несчастные, которые не знают вечером, что будет написано на ценниках утром, мироощущение людей, проживших с денежной реформы 1961 года до перестройки с одними и теми же ценами почти НА ВСЁ... Конечно, тема денег и не возникала как основная в молодых семьях технической интеллигенции — она беспокоила разве что их родителей.

Папа и мама ходили на работу, играли в Драме, общались целыми вечерами-ночами с друзьями — а я оставалась с бабушкой, которая как раз была крутая материалистка и разъяренно шипела на совершенных, по её мнению, дураков родителей.

Вторая примета времени — это плановая стихия книгопечатания, накрывшая нашу семью с головой. Мы получали море журналов (даже я, ребёнок, лично получала два — "Искорку" и "Мурзилку"), подписывались на собрания сочинений, папа бывал у букинистов и стал завсегдатаем отдела поэзии в Доме книги. В домах у друзей — когда меня, скажем, родители прихватывали на "жарковку" (весёлую пьянку к друзьям Жарковым) на улицу Ленина, я присаживалась у стеллажа с книгами и прекрасно проводила там время. А кстати, родители пили совсем немного, какое-нибудь сухое вино, и никогда не бегали "докупать". Что есть, то выпьют, а всё больше песни поют. Ведь папа становился тогда известным ленинградским бардом, и вырастал он из среды, где гитара была и звенела в каждом доме.

"Все они красавцы, все они таланты, все они поэты..."

Но ведь было! Помню родительских друзей молодыми, ясноглазыми, без печати уныния и пьянства на челе. Удивительно обаятельные были люди, поголовно пышущие живейшим интересом к жизни и творчеству. Многие из них могли стать профессиональными актёрами, режиссёрами, писателями — но воли не хватило. Да и мест всегда меньше, чем талантов в России...

Что касается идеологии, то она накрывала страну мощным колпаком и не ощущалась отдельно от жизни. В лесу растут ёлки и сосны, а на домах — кумачовые лозунги. Отдельные ошибки и перегибы в строительстве коммунизма никакого отношения не имеют к дедушке Ленину, и образ этого дедушки, конечно, жил в моей душе в качестве эрзац-бога довольно долго — лет до двенадцати. Тут всё у них сработало — они же этого и добивались. Какой твёрдый был упор, к примеру, на то, как дедушка Ленин любил детей — а разве душа наша не отзывается на любовь?

"Всякая власть от Бога..." Нет, никогда не поверю, не соглашусь и не смирюсь. По-моему, так всякая власть не от Бога — а от Бога только власть Бога. Христос сказал, что кесарю — кесарево, а про то, что всякая власть от Бога, он, если не ошибаюсь, ничего не говорил. Может, всякая власть — либо Ирод, либо Пилат, либо первосвященники, либо подлая чернь, и если она не распинает Христа, то уж никак тому и не препятствует?

Как оказалось много лет спустя, меня крестили сразу после рождения, в церкви на Смоленском кладбище, и крестным отцом моим был некто дядя Юра Петров, толстый весёлый человек. Однако сочли благоразумным об этом крещении мне не говорить. Бабушка тоже хороша — ведь всё прекрасно знала, коммунистка правоверная, но ни против крещения не возражала, ни мне словом не обмолвилась. Кстати, на Пасху каждый год она виртуозно красила яйца, заматывая их какими-то линючими лоскутками, и яйца выходили занимательно пестрыми, прямо "филоновскими".

"Партийный бог", рельеф Сталина под стеклом на стене, "Андрей Березин" — и яички на Пасху! Нормативное русское поведение в Ха-Ха-веке. Бабушка-то, 1908 года рождения, разумеется, была крещёная и жила в своём Вышнем Волочке до 1917 года (мать — работница на фабрике господина Рябушинского), как подобает православному младенцу. От крашеных яичек отказаться она никак не могла.

А я сейчас всё пытаюсь вспомнить рецепт окраски, пробую в точности воспроизвести — не получается пока. Наверное, таких линючих тряпочек, как в моём детстве, на свете больше нет.

Да и того мира, где мне было три года и Гагарин полетел в космос, нет. Да уж давайте начистоту — и космоса никакого нет...

Глава вторая
Папа, мама и город Ленинград

Итак, откуда я взялась? Окинем взглядом стартовый, так сказать, капитал крови и почвы.

И сразу откинем торжественные зачины вроде "Она происходит из старинного рода...", ибо, как миллионы моих сограждан, я ни из какого рода не происхожу.

Девичья фамилия бабушки Антонины — Кузнецова. Никаких таких бояр и дворян на свете нет. Фамилия папы — Москвин (по отцу-марийцу, погибшему на фронте). Так называли обычно безродных крестьян, по месту, откуда они пришли-прибыли. Могли они, кстати, и приврануть — дескать, отколь? С Москвы, господин хороший, с Москвы-матушки. А сами беглые из Орловщины какой-нибудь.

Никакого ободряюще-давящего груза семейных традиций или заветных преданий.

Я — чистый, можно сказать, продукт советской истории и нескольких национальных генофондов. Как я люблю приговаривать, "дочь трудового народа".

Однако у многих моих родственников всё ж таки есть ободряющая общая черта: они проделали путь, *совершили усилие*. А без усилия не получилось бы выжить, потому что отсутствовала инерция.

Скажем, прабабушка Татьяна неплохо зарабатывала на фабрике господина Рябушинского (как мне потом была понятна реплика обывателя из развесёлого и жуткого "Клопа" Маяковского — "За что мы прогнали господина Рябушинского??") и рассчитывала, что и дочь её пристроится там же. Но грянула революция, как говорится, потом Гражданская война, фабрика исчезла, и Тоня Кузнецова (не скоро ставшая бабушкой Антониной Михайловной) в 1927 году прибыла в Ленинград устраиваться на работу. Конечно, она поступила опять-таки на ткацкую фабрику, где стала знатной ткачихой-передовичкой, но уже не по инерции, а через усилие.

Потом её по комсомольской путёвке забирают в "органы", и там она дослуживается до чина капитана, окончательно выбившись из своей среды.

В это время из города Новоград-Волынский в Ленинград приезжает учиться на врача маленький симпатичный еврей по имени Идель Мовшиевич Зукин. В один прекрасный день он отправляется подзаработать на свадьбу, поскольку имеет все положенные добродетели галутных евреев, в том числе умение играть на скрипке. На свадьбе он встречает Тоню Кузнецову, уже вдову с мальчиком на руках (первый муж бабушки мелькнул призраком, его где-то убили, он даже не видел сына) — и, как говорят французы, свершается *coupe de foudre*, молниеносная любовь. Результат этой встречи — моя мама Киралина, получившая своё оригинальное имя благодаря фантазии Иделя Мовшиевича (смесь Киры и Каролины).

Как сказала потом моя мама, "конечно, была новая общность людей — советский народ, а как иначе новоград-волынский еврей мог жениться на вышеволоцкой ткачихе?".

Замечу, что Идель Мовшиевич женился уже не на ткачихе, но на работнике "органов", что, конечно, усугубляло пикантность ситуации.

Кстати, я постоянно расспрашивала бабушку, чем же она занималась на работе, но она держалась, как партизан на допросе (из советских книжек партизан, разумеется, не из реала), и добыть удалось буквально крохи.

Мама, дочь XX съезда, бывало, кричала на бабушку, что "у тебя, чекистка, вообще все руки в крови", отчего та лезла на стену и со стены орала, что мы враги народа, а партийный бог правду видит, но в действительности Антонина Михайловна в репрессиях участия не принимала, никого не расстреливала и не допрашивала. Женщин к таким серьёзным делам не допускали. До войны бабушку в основном использовали как подсадную утку, то есть красиво одевали за казённый счёт и подсаживали с определённым заданием к клиентам в ресторанах. Она как-то там раскалывала клиентов (насколько понимаю, речь велась не о политике, а о валютчиках и прочем в этом роде), но одновременно приходилось выпивать, так что бабушку постоянно привозили на квартиру в весёлом виде и на такси.

НКВД не скупилось — ей полагалось обязательное новое платье раз в месяц! Соседи, видя, что молодуха, в будоражащих воображение нарядах и шляпах, каждый вечер прибывает домой в состоянии ай-люли, написали донос в те самые органы, которые столь щедро финансировали интересную бабушкину жизнь.

Органы повели себя достойно, то есть вежливо приказали жилищному управлению всякие движения пытливых масс в адрес Антонины Зукиной пресечь навечно.

Ещё помню бабушкин рассказ о том, как она охраняла академика И.П. Павлова — проще говоря, следила за академиком, что труда не представляло: в тридцатых годах башковитый старикан ходил в основном по одному маршруту, из дома в начале Седьмой линии до Знаменской церкви. Я живу теперь напротив Музея-квартиры академика Павлова, на Шестой линии, так что ясно представляю себе круг рабочих забот бабушки Антонины...

В войну бабушка, с маузером на боку, ловила в блокадном Ленинграде шпионов, пускавших с чердаков сигнальные ракеты, а потом сопровождала учебный отряд радисток под Новгородом.

Девочка же с диковинным именем Киралина, моя мама, оказалась, выжив в блокаде и оккупации, толковой и смышлёной, окончила школу с золотой медалью, поступила в институт, играла в Драме, защитила диссертацию — движение от почвы и среды продолжалось.

Своё накопление усилий шло и по отцовской линии. Красавица полька Елена Прозых с бродячим оркестром едет из Варшавы в столицу империи, чтобы подзаработать. Встречает загадочного персонажа, о котором бабушка Елена Сергеевна (мама отца) если и говорила, то трагическим шёпотом. Он был чуть ли не товарищем министра юстиции Временного правительства. Прижитую от обворожительной польки дочь и её саму семья товарища министра берёт к себе в дом! Такой широты сердце было у жены товарища министра. Образовавшийся, как сказал бы уральский писатель Иванов, "фамильон" оседает на Байкале, на станции Слюдянка — тут пути расходятся, семья товарища министра, надо думать, через Дальний Восток убывает в Харбин, а полька Елена с дитём остаётся в Советах. Затем их прибивает на Алтай, где бабушка Елена Сергеевна встречает марийца Женю Москвина, сына умной фельдшерицы Федосьи Москвиной.

Эта Федосья, судя по рассказам, была видным самодеятельным кинокритиком (ловлю прообраз!). Вот, говорила бабушка Лена, пойдём в кино, Федосья потом нас расспросит — ну, что вы видели? Мы пытаемся рассказать. Ничего вы не видели... — сердится Федосья и толкует содержание картины сама, да в сто раз интересней, чем на экране!

Так дело доходит до рождения моего отца, Владимира Евгеньевича, который в своё время прибудет в Ленинград на учение.

Простодушный с виду (обманчиво!) и чрез меру одарённый юноша вскоре станет образованнейшим человеком, знатоком поэзии, автором-исполнителем, режиссёром и даже самодеятельным литературоведом (во всяком случае, многие папины маленькие открытия в поэзии Гаврилы Романовича Державина и Николая Макаровича Олейникова признаны специалистами, в книгах есть ссылки на них).

То есть люди старались, выбивались из сил, спасая от вихрей истории себя и своих детей, желали им лучшую долю — и сбылось, понимаете? Сбылось. Во мне сбылось — я уж точно живу лучше всех своих прабабушек и бабушек. Так что всегда с благодарностью их поминаю.

Да, надо признать, что молодцами проявили себя женщины — реестр рода полон убитыми, исчезнувшими и покинувшими семью мужчинами. Сгинул куда-то товарищ министра, пропал Михаил, первый муж бабушки Антонины, и повесился её брат Шурка, игрок и пьянчужка, убит на войне Евгений Москвин, увлёкся фронтовой подругой и не вернулся в семью Идель Мовшиевич, ставший затем от большого ума Адольфом Михайловичем, загремел в тюрьму Юра, брат мамы...

Но женщины вытянули цепь рождений, сохранили и преумножили плоть жизни. Думаю, это и есть то главное, что они мне завещали.

(Имущества никто не накопил — не тот подвернулся век!)

Я по складу характера всё-таки отщепенец и отшельник, отвергающий шумные, второсортные и оттого всегда торжествующие признаки времени. Но я приварена к толще, туше, месиву и массиву этой жизни могучим и фатальным паяльником, засунута поваром в эту круто сваренную, не шибко вкусную и пересоленную кашу. Поэтому я всегда могу заговорить по-простому с любым, так сказать, родственным комком этой каши.

Я давала клятву юных пионеров Советского Союза. Пела "Варшавянку" в школьном хоре. С надеждой вглядывалась в мягкое непроницаемое лицо Горбачёва, стоявшего у гроба откинувшего копыта Черненко. Кричала "Мы вместе!" яростному Косте Кинчеву на рок-фестивалях. Получала талоны на еду в 1990 году. Засунула в какую-то мошенническую жопу свой ваучер...

Я притёрлась и к новой жизни, освоила компьютер, оказалась способной к постоянной работе и всегда держу ухо востро — слушаю кипение своей каши...

Итак, вернёмся к истокам: так или иначе, пути вели в страшный город Ленинград. Папа приехал из Новокузнецка учиться, почему-то выбрав именно Ленинград (говорил, что полюбил заочно, собирал открытки с видами). По моим наблюдениям, провинциалы, выбирающие Питер, а не Москву, — все сплошь мечтатели... Ну, а мама его уже тут поджидала, на Семнадцатой линии — оба пошли в популярный тогда Военно-механический и из-за выгодной и престижной, как думалось тогда, профессии инженера, и из-за нажористой стипендии (мама с бабушкой бедствовали). Кстати сказать, оба родителя закончили раздельные школы (до 1955, кажется, года мальчики и девочки учились раздельно — благодаря чему поддерживался исключительный взаимный интерес полов).

Дом №70 по Семнадцатой линии, построенный, очевидно, в самом начале века, назывался в народе "поповским" — видимо, раньше в нём обитали священнослужители из близлежащих церквей. Он выходит фасадом на линию, а боком — на Камскую улицу, идущую вдоль реки Смоленки и ведущую к Смоленскому кладбищу. За Смоленкой — ещё два кладбища, Немецкое и Армянское. (Эти места поэтически показаны в картине Алексея Балабанова "Брат", по ним катит трамвай, ведомый вагоновожатой в исполнении колоритной актрисы Светланы Письмиченко.)

Трамвай по Семнадцатой линии ходил ещё в девяностые годы и был уничтожен только в правление Валентины Матвиенко (2003–2011), этого "успешного губернатора", которому успешно удалось разве что извести ленинградский трамвай — прекрасный, экологически чистый вид транспорта.

Трамвай ходит по центру Рима и Цюриха, вольготно чувствует себя в Праге — но в обновлённом Петербурге ему вышел кирдык. Милое животное трамвай... Сколько отъезжено по маршруту № 11 в детский сад в Советском переулке ("переулочек-переул" отходит от Первой Красноармейской, где как раз стоит мамин-папин Военмех, и ведёт к гастроному "Стрела"). Но не будем плакать: ведь отберут, в сущности, всё, так или иначе — отберут, и здоровье, если было здоровье, и ум, если был ум, и красоту, если была красота, да что там — и жизнь отберут вместе с трамваем и прочей травматической памятью, но вот жалко, жалко, жалко!

Мы жили в большой (но не патологически) коммунальной квартире, на втором этаже, окна с эркером на улицу — напротив, через дорогу, располагался странный холм, обнесённый решёткой, надо думать — бомбоубежище. Окно кухни, где был чёрный ход, выходило во двор, где росла драгоценная липа. В квартире обитало пять съёмщиков, в их числе традиционная безымянная старушка — любительница кладбища, мастерившая бумажные цветы, милиционер Толя, плодоносная хозяюшка Света и чета Захаржевских, явных бывших бар.

Звали их: жену — Агнесса Захаржевская, мужа — Борис Петрович, он любил вырезать по дереву.

Над Агнессой, крупнолицей, носатой, всегда в завивке, посмеивались (барские замашки!), но посмеивались про себя или между собой — понимали, что вообще-то она другого поля ягода. Я заходила к ним на правах дитяти малого и помню, что в их комнате стоял особенный запах — тяжёлый, но не противный, вроде как духи с примесью будто бы ладана. Бабушка утверждала, что Агнесса вообще никогда и нигде не работала (вот она, главная черта барства?), её содержал Борис Петрович, но чем занимался Борис Петрович, кроме художественной обработки корней и других деревяшек, не знаю. Один его подарок, корень в виде змейки, долго жил у меня.

Скандалов не припомню, жили в 29-й мирно, всегда одалживали соль или луковицу, приглашали друг друга на праздники выпить за стол, "очередь" блюли неукоснительно. "Очередь" означала уборку по очереди мест общего пользования — по неделе за каждого жильца. Трое человек живут — три недели убираешь длинный коридор, кухню, ванную и клозет, один живёшь — неделю убираешь. А у себя как хочешь, хоть год не прибирайся. Агнесса Захаржевская так и поступала, и бабушка всегда ворчала, что де "у барыни бардак, и не готовит ничего, бухнет пельменей, каждый день, Борис Петрович, кроме пельменей, ничего не видит".

Наверное, бабушке нравился Борис Петрович. Уж она бы его накормила! Но после исчезновения Иделя Мовшиевича замуж бабушка больше не вышла, Иделя же Мовшиевича за предательство не простила и честила в подпитии крепко. Со своим обычным античным красноречием, обогащённым нотой бытового антисемитизма.

Но без мата. Мата в доме не было никогда. "Великий русский" я познала только в актёрско-режиссёрской среде Театрального института.

Какие-то мужчины у бабушки всё-таки были — женщина видная. Помню, как мама что-то такое ей выговаривала, дескать, а ты не помнишь, как набросилась на меня из-за своего любовника, что я с ним была, как сумасшедшая, не помнишь!

Действительно, бабушка всюду подозревала грязь и обман, такое у неё было зрение, видимо, ещё и обострённое службой в госбезопасности, где чуять измены и козни следовало по должности...

В ванной в те годы стояла дровяная колонка, в каждой комнате — печка, дрова же хранили во дворе. Жили довольно чисто — а бабушка вообще была неистовая чистюля. У неё даже половые тряпки были аккуратно подшиты. Атмосфера склоки и скандала жила не в квартире — она зарождалась каждый день внутри нашей большой комнаты с мирным мещанским растением фикус возле чисто вымытого окна.

Может ли молодая семья жить с родителями? Да, наверное, может, живали же по двадцать человек в избе. Но мы жили не с какими-то абстрактными "родителями", а с озлобленной, несчастной, сильной и жестокой пожилой женщиной опасного пятидесятилетнего возраста. Её энергия и артистизм (бабушка была одарена как актриса и потрясающе изображала своих знакомых в лично сочинённых миниатюрах, достойных Райкина) били через край — но били в нас.

Наверное, она просыпалась по ночам, когда мои молодые родители неловко пытались познать друг друга, и с ненавистью вслушивалась в недоступные уже звуки.

Моё рождение на время сплотило семью — беспокойный больной ребёнок не спал ни днём, ни ночью. Я, правда, ненадолго затихала, когда папа брал меня на руки и пел для меня сочинённую "Колыбельную Татьяны".

В наш большой красивый дом
Серый волк придёт с мешком.
Кто не будет крепко спать,
Тех он будет забирать.
Тех он будет забирать
И в утильсырьё сдавать.

43

Ходит-бродит серый волк,
Всё зубами щёлк да щёлк.
Ты, волчище, не ходи
И на Таню не гляди.
Наша Таня не шумит,
Наша Таня крепко спит.
Мы поэтому её
Не сдадим в утильсырьё!

В те годы ещё были пункты сдачи "утильсырья" — костей, тряпок и прочего. Но вот что такое талант? Это не в последнюю очередь проницательность. Папа проник в мою суть — что я отчаянно боюсь отправиться на свалку, в утильсырьё как неудачная, ненужная вещь. И что чувствую какого-то "серого волка" рядом, то есть грозную опасность в случае неэффективного, неправильного поведения попасть в число начисто ликвидированных.

Но ведь это отсылает нас к образу Пуговичника в финале "Пера Гюнта" Ибсена! Пуговичник именно что хочет отправить героя, как неудачного и ненужного, в "утильсырьё" — в переплавку, в переделку, в общий котёл. Герой не сформировал, не прирастил драгоценную материю, пошедшую на изготовление его души, поэтому в сохранении индивидуальности ему отказано. А сама материя души ценна как сырьё, поэтому изымается и направляется в котёл…

Пера Гюнта спасла песня любящей Сольвейг, а меня спасла любовь родных. Пер Гюнт был сам виноват, что просвистал, как олух, свою жизнь, а я, полтора килограмма жалкой плоти, ещё ни в чём не была виновата. Так что в переплавку или утильсырьё я не пошла и в три года уже околачивалась возле липы во дворе — тогда ребёнка можно было спокойно отправить гулять, изредка за ним приглядывая. Ни машин, ни маньяков. Да и дети тогда были тихие и разумные.

Говорю так потому, что, бывая нынче в разных странах, с горечью замечаю, какие у нас беспокойные и капризные дети. Нигде, никто так не кричит, как новые русские мальчики и девочки! Они буквально изводят родителей требовательным властным воем. Детям моего поколения такое в голову не приходило — да родители бы и не подумали бросаться исполнять наши желания, только бы маленький говнюк заткнулся. С моей бабушкой, как вы понимаете, такой номер бы никак не прошёл.

Меня рано отдали в ясли-сад в Советском переулке, и там я жила неплохо. Там даже завелась у меня летучая симпатия к одному мальчику, но другой мальчик вломил мне, играючи, деревянным кубиком по голове, и я решила как-то подзатаиться со своими симпатиями к этим противоречивым существам...

Милая воспитательница называла нас "киса-рыба-лапа". "Ну, киса-рыба-лапа, давай на горшок". Вот только запах пригара, горелого молока, терзал до тошноты. Напротив детского сада тоже располагался обширный холм, ограждённый решёткой, — опять бомбоубежище!

Семнадцатая линия Васильевского острова (дом) и район Красноармейских улиц (детский сад, затем и школа) — тихие, благополучные районы. Вот уже сдвинешься от Красноармейских к Обводному каналу, к Варшавскому и Балтийскому вокзалам — начинается грязнотца и тревожность, всё чаще мелькают пьяные лица, в воздухе пахнет обманом, кислым пивом, пылью и перегаром. Но от дома до сада ехали мы с мамой торжественным ходом трамвая по центру города и словно возвышались, оказывались вне всякой житейской грязи, переезжали мост лейтенанта Шмидта, и я зачарованно глядела на белый теплоход "Фёдор Гладков".

Фёдор Гладков! Советский писатель, автор романа "Бруски"? Или "Барсуки"? Кто ж теперь помнит! Ах, как ужасна участь плохих писателей. Да нет, Гладков написал роман "Цемент", а "Барсуков" создал Фёдор Панфёров... Впрочем, дослужился же Гладков до теплохода — и вошёл в мою детскую память, так что эдаким сложным путем Фёдор Гладков краешком вышел из песков забвения.

И семья моя, и город Ленинград были тогда в моём сердце погружены в сияние любви без всякой примеси разъедающего скепсиса.

А как было не любить весёлых, вечно оживлённых молодых родителей, которые щедро делились со мной всем, что знали. Папу нельзя было назвать красавцем — марийская кровь сказалась в лепке лица с раскосыми глазами и крупным ртом, — но он был головокружительно обаятелен, потрясающе воспринимал и запоминал Слово, был чертовски остроумен.

Помню, как в девяностых годах он, уходя от моих гостей, просунул в дверь сияющую от удовольствия собственным остроумием милую рожицу, оглядел публику за столом и торжественно провозгласил: "Я ухожу по-английски, не прощаясь!!"

По поводу какого-нибудь пустого человека, от которого вдруг вышла маленькая польза, Владимир Евгеньевич философски замечал: "С паршивой овцы — хоть файф-о-клок!"

А его отношение к родной стране рельефно выражено в стихотворении-песне "Страна наоборот".

Если ехать целый год,
А потом лететь,
То страну наоборот
Можно поглядеть.
В удивительной стране
Чёрт-те что творят:
Здесь работают во сне,
На работе спят!
Ах она — страна чудес,
Всё совсем не так —
Миллион идёт под пресс,
Чтобы дать пятак.
Начиняют пироги
Птичьим языком,
Покупают сапоги —
Ходят босиком.
Бьют коленкою под зад,
Говорят — привет!
Указатели стоят,
А дороги нет.
Кто не сеет и не жнёт,
Сладко ест и спит,
Хорошо смеётся тот,
Кто всегда молчит...

В шестидесятые папа сочинял много детских песен и стихов, и главные его победы на этом поприще посвящены мне — первой и единственной дочери. История про героического маленького ёжика — "Маленький ёжик, четверо ножек, что-то медленно идёт, на спине листок несёт...", которая включена была потом в рекомендации для детских садов как "народная". "В лесу стоит маленький дом, а в нём живёт старенький гном" — за эту песню папа получил какой-то приз на конкурсе песен и очень тогда им гордился. Я выросла под звон гитары, в атмосфере возможного преображения жизни — искусством.

Но то были миги, мгновения, радостные всплески — а суровый мещанский быт брал своё.

Папе надо было уходить из инженеров в профессиональный театр, но у него семья, ребёнок, тёща, а главное — большая ранимость, зависимость от чужого мнения, неуверенность в себе при высоких и справедливых творческих притязаниях. Переучиваться, добиваться, отстаивать себя? Нет уж, лучше по друзьям с гитарой, в оранжерее привычных восторгов, получать необходимую дозу любви...

Мама в те годы была обворожительно женственна, но не по кошачьему типу. У неё, прежде всего, имелась хорошая голова с удивительной памятью и способностями и к искусству, и к постижению невероятного — скажем "ТМ и ДМ, теории механизмов и деталей машин". Коротконожка (а длинных нечеловеческих ног тогда у девушек и не было!), небольшого роста, чуть полноватая, улыбчивая, с тёмными курчавыми волосами и большими серо-голубыми глазами, мама воплощала чёткую и звонкую советскую девушку, которая "умрёт, но не даст поцелуя без любви". Вот как если бы Элизабет Тейлор сыграла молодогвардейку Любу Шевцову. У неё был (и остался, сейчас маме за семьдесят) звонкий голос с прекрасной дикцией, которую ей поставили у Мгебровых.

Был такой странствующий актёр Александр Авельевич Мгебров, автор двухтомника мемуаров и исполнитель роли патриарха в "Иване Грозном" Эйзенштейна. Колорита немереного личность. Он с женой Викторией вёл драмкружок, который посещала мама, и, конечно, чета Мгебровых врезалась ей в память как образец таинственных "бывших людей". Жена Мгеброва на занятия являлась всегда в шляпе с птицей или в причудливом боа — этим людям позволительно было недоедать, но непозволительно было прийти на занятия "просто так", без страусиного пера, уносящего прочь от обыденности.

Тогда в Ленинграде ещё водились "бывшие люди", в основном люди искусства — многих "по спискам" эвакуировали из блокады, иногда целыми коллективами.

Я помню, как это возмущало мою школьную подругу, рассудительную Свету Калашникову. Вот, писателей вывезли, актёров вывезли, а что рабочие? Им помирать, да? Родители Светы были рабочие.

Диковинные остатки артистического Петербурга, в своих вуалетках и перьях дотлевавшие среди старых афиш и сочинявшие свои медлительные мемуары, определённо влияли и на новые времена — к примеру, Мгебровы навечно поставили голос и дикцию моей маме, так что и теперь я узнаю её голос в тысячной толпе, да что там — я даже расслышу, что именно она мне кричит.

Мама до сих пор ненавидит актёров с плохой дикцией и певцов, у которых не разобрать текст. Она вообще, бедняжка, всю жизнь любила прекрасную ясность — но что делать, если жизнь преподносила ей одни запутки.

Я любила родителей, однако свирепая бабушка была основой жизни, возилась со мной маленькой она! Так что их вечные перебранки я воспринимала с острой болью. Дошло до того, что мы с родителями сняли комнату и собрались уехать.

И вот помню, как мама толкает меня в сторону огромного буфета, которым бабушка отгородилась от враждебной стороны, заведя там какой-то укреплённый лагерь с диваном в центре. "Иди, попрощайся с бабушкой..." — говорит мама, и растерянная девочка с "барашками", всхлипывая, падает в негодующие объятия Антонины Михайловны. "Ещё придут и в ножки поклонятся! Пригодится воды напиться!" — восклицает бабушка.

Конечно, придём. Куда меня летом-то девать, спрашивается? Но "поповский" дом на Семнадцатой линии я покидаю как постоянный житель навсегда.

Глава третья
Станция Каннельярви

Помню такую песню на стихи Вероники Тушновой (а может, Риммы Казаковой?): "Сто часов счастья! Чистейшего, без обмана. Сто часов счастья — ну разве этого мало?"

Нет, у меня гораздо больше выходит. Я, бывало, по целым месяцам испытывала самое настоящее счастье, восторг, радость, блаженство, полное приятие жизни. Пожалуй, в каждом буднем дне, кроме самых чёрных (смерть близких, разбитое сердце), набиралось до получаса счастливых минут.

Но жизнь на станции Каннельярви по три месяца в течение пятнадцати лет — это чистое, огромное, беспримесное, упоительное счастье моё.

Я была странная, мечтательная, грустная девочка, погружённая в себя, с четырёх лет сидевшая за книгами (подруги корили маму — Кира, что у тебя за ребёнок, идём мимо её садика, все дети играют, а она сидит с толстенной книгой). У меня не было никаких шансов прижиться в коллективе — поэтому жизнь с бабушкой в лесу явилась абсолютным спасением. С тех пор я никогда и ничего не боюсь в лесу, могу там ходить одна сколь угодно долго — это же мой отец-лес, лес-батюшка, лес-кормилец.

Что такое станция Каннельярви?

А станция Каннельярви — это вот что. Как известно, после бездарной позорной войны 1939/1940 года, которую затеял нехороший товарищ Сталин, тиран и деспот, к СССР отошли финские земли крупным куском вплоть до Выборга. Станция Каннельярви располагалась по железнодорожной ветке Ленинград — Выборг примерно на 76-м километре. После войны финские территории стали постепенно заселять, но, надо сказать, поначалу не слишком удачно. Не блестяще шли дела у поселенцев. Глухо толковали о финском проклятии, о заклинаниях финских колдунов...

Много лет спустя я узнала, что финны, покидая свои земли, увезли все могилы — и действительно, ни одного финского кладбища я никогда не видела, только фундаменты былых усадеб.

Уважаю!

Мы застали всего несколько хуторов, где жили угрюмые пьяницы, сдававшие жильцам маленькие постройки типа сараев с целью дальнейшего пианства. Бабушка называла эти постройки "курятниками". В редкие минуты трезвости опойцы оказывались добродушными рукастыми мужиками, в затяжных запоях — белоглазыми страшилищами, рубившими топором крапиву с воплем "Фашисты! Фашисты!".

Живали мы сначала "У Степановых" — то была грустная семья пьяницы Володьки Степанова, его жены и дочери, немногим старше меня. Жена Степанова работала на переезде товарной железной дороги, по которой возили песок и щебень, и, когда мы ходили в боры вдоль шоссе на Семиозерье, мы обязательно заходили в крошечный сказочный белый домик, казавшийся мне идеалом уюта и покоя (на той дороге поезда ходили редко).

Сказочный палисадник, всё с теми же георгинами и ноготками, маленькое хозяйство внутри, всё чисто и уютно — бедная жена была чистюля и работница. Ушла она от Степанова, когда дочке было лет семь, оставила дом и огород, разрешив нам подъедать то, что на грядках. Пьяный Степанов зверел, бил её и дочь. Помню, как она умоляла не давать ему денег вперёд, в счёт оплаты за дачу, он вечно стрелял трёшки и пятёрки.

Когда Володька Степанов продал свои курятники некоему "директору" (не то магазина, не то базы), мы, уже прикипев к Каннельярви, перекантовались пару лет в куроводческом совхозе "Победа" (5 км от станции), а затем сняли "курятник" уже побольше — "У Голубевых". Хозяйствовали мы в избушках, неравномерно разделённых на большую и меньшую часть, но обе части с печками — мы всегда в меньшей части. В бо́льшей жили наши вечные соседи и друзья, семья Изотовых.

У Изотовых (крепкая советская семья — отец шофёр, всегда на что-то копили) имелась девочка Вера, на три года старше меня, лучшая моя подруга тех лет.

Карельский перешеек — это лес и озёра. Здесь нет русского пейзажа с рекой и бескрайними полями, неважно дело обстоит и с берёзами. Русский пейзаж я обрела много лет спустя, когда мама и отчим купили избушку в Псковской области, в деревне Пищивицы. Но моё детство — это лес и лесные озёра, так что и счастье для меня — лес и лесные озёра. Этого ничего уж не изменишь. Кроме того, это тоже Россия. Ведь добрый дедушка Ленин подарил Финляндии независимость только в 1917 году.

В начале шестидесятых лес был богат, дик, волен, изобилен зверьем. Лоси попадались чуть не на каждом шагу и даже подходили вплотную к нашим избушкам по ночам, терлись рогастыми головами — чесались, а им сопутствовали свирепые лосиные вши, так что голову, идучи в лес, следовало заматывать глухо платком. Комары летали армиями валькирий, от них слабо помогал одеколон "Гвоздика" — спасала скорее особая дачная стойкость к укусам, многолетняя привычка отбиваться веткой, а вообще — терпеть. Видели мы зайцев, удирающих от нас по узким полянкам, мама один раз повстречалась с волком, а бабушка — с медведем, в малиннике. Рассказывали о рыси, крупной хищной кошке с кисточками на ушах, что подстерегает добычу, сидя высоко в ветвях деревьев, и мы побаивались неведомой рыси, но никогда, правда, её не видали. Рысь осталась летней легендой.

Немногочисленные дачники вместе с местными, тоже редкими, жителями не могли собрать и сотой доли ягод и грибов, произраставших в окрестностях. Так что жизнь в Каннельярви — это была могучая и плодотворная работа собирательства.

Мы с бабушкой кормили семью! Нашу беспечную семью, где родители и думать не думали о житейской прозе. "Зимой всё съестся!" — приговаривала бабушка, распоряжаясь урожаем. Мы работали, как крепостные, да что там — лучше крепостных, потому что на себя. Мы посмеивались над родителями, навещавшими нас не каждые выходные, как над легкомысленными барами. Они не думали о зиме! О той самой зиме, когда всё съестся. И всё съедалось взаправду, несмотря на поразительное, просто промышленное количество наших с бабушкой заготовок.

Июнь стоял пустой, только грядки надо было поливать — огород располагался за домом, несколько грядок с редиской, огурцами, луком, картошкой, морковкой и горохом. Огород я поливала коричневой водой "из ямы" — лесного пруда, который, видимо, образовался из воронки снаряда. Такие воронки нам часто попадались в лесу. А благородная вода для питья и пищи черпалась из колодца в километре ходьбы, так что по два раза в день пожалуйте с ведром за водичкой. Раз в день — на станцию к Марьиванне за молоком, брали три литра парного, тёплого. Кружку пила сразу, кружку в обед, а из остатков бабушка делала блины, сметану и творог. Был у нас в июне обязательный загадочный поход "за люпинами" — эти цветы устилали один финский фундамент километрах в трёх от нас, они постепенно расплодились, море люпинов на отвоёванных и разрушенных финских хуторах, мы их рвали огроменными букетами, расставляли дома в банках. Жизнь в люпинах. Своеобразное торжество завоевателей...

Был у нас в заводе маленький палисадник, где много лет бабушка высаживала одни и те же цветы — космею (это разноцветная ромашка), ноготки (календула), флоксы, астры и несколько гладиолусов. Гладиолусы, расцветавшие позже всех, непременно шли мне в первосентябрьский букет, с которым все учащиеся обязательно заявлялись в школу. Не у всех были свои цветы, многим приходилось покупать — а мы вот экономили и на этой статье. Никаких новаций ни по какой части бабушка не признавала, посаженные цветы давали семена, их бабушка раскладывала по мешочкам и неумолимо сажала на следующий год, так что космея, ноготки, астры, флоксы и гладиолусы навеки застряли в сознании как подлинные садовые цветы. Законность прочих была у меня под сомнением — разве что тигровые лилии и георгины "золотые шары", которые сажала бабуля Веры Изотовой, тоже имели право на прописку в цветоводческом реестре.

В конце июня начинала поспевать земляника, но её было маловато, только на зуб. Были, были предания о каких-то таинственных земляничных полянах где-то "возле полигонов" (полигоны с танковыми частями располагались далеко, но всё-таки иной раз мы к их пределам выходили). И будто бы бабушка Зоя (двоюродная сестра Антонины Михайловны, дивный персонаж, ещё расскажу), забредшая туда по своей дурости, наткнулась на земляничную поляну, где земляника, ягода крошечная, была — и бабушка отмеряла фантастическую длину в полпальца — "как клубника"!

Такого не видела. Основной промысловой ягодой у нас являлась черника, сизая служанка-госпожа северных лесов. Она поспевала в начале июля, и всё — лоботрясный отдых заканчивался.

Черника! Встаём утром, до девяти, чтоб не угодить в зной. Чёрные резиновые сапоги (от змей — те реально были и грелись по обочинам лесных дорог, гадюки), тренировочные штаны, куртка, вылинявшая и выгоревшая так, как ни один дизайнер не добьётся. У бабушки — корзинка, куда помещается четыре литра черники, у меня кружка на двести грамм. Изотовы тоже с нами — вместе веселей. Я должна собрать три кружки, и только после этого мне разрешается есть чернику. А скрыть поедание невозможно — черника окрашивает рот с десяти ягод. Идём или в бор, или в болото, черника на бору быстрее поспевает, зато в болоте она крупнее. И болтаем с Веркой обо всём на нашем маленьком чудесном свете.

Черника закатывается в собственном соку (зимой из неё варят кисель) или варится с сахаром, и сверху, чтоб не засахарилось варенье, бабушка льёт слой парафина. Закатываем мы много, больше двадцати литров, кисель существует всю пресловутую зиму, густой, сладкий, дивный кисель. Ещё из закатанной черники можно делать начинку пирога...

Потом созревает малина, потом боры покрываются брусникой — но эти ягоды собирать куда легче, малина растёт высоко, не надо наклоняться, брусника берётся всей гроздью, быстро, споро. Правда, её потом приходится тщательно перебирать — ведь в ход идут только спелые, тщательно отобранные ягоды. А вместе с брусникой начинается священное — грибы...

Переборка черники — тягомотное дело, но ничего не попишешь — надо. Бабушка сдувает из горсти листочки, внимательно разглядывает и кроет тех коварных сборщиков, что дерут нежную ягоду страшной "машинкой". Машинка представляет собой деревянный короб, спереди утыканный гвоздями. Орудующие машинкой сдирают чернику вместе с листьями, после такого сбора кустики стоят голые.

— Это они на продажу! — восклицает бабушка осуждающе.

Сбор ягод и грибов на продажу она считает преступлением. На продажу ничего хорошего быть не может. У Голубевых, в крошечной старой баньке, живёт "банная" старушка, собирающая на продажу, — так бабушка своими глазами видела, как "она вот такущие сыроежки все червастые напополам — и в ведро! С червями солит, а потом на рынок!"

Действительно, кошмар. Мы-то берём сыроежки молодые, не раскрывшиеся ещё старыми тарелками, не обтрёпанные, улиткой даже не поеденные — "бочечкой", и предпочтительно красные.

Маршрут, а точнее, направление атаки выбирает полководец бабушка. Вечером она определяет: пойдём мы "по Танковой", "на Школьную", "к борам на Семиозерье" или "на семьдесят девятый". Всё это грибные места — леса вдоль Школьной или Танковой дороги (полигон недалеко, но ни одного танка не видела), по бокам шоссе к посёлку Семиозерье или прекрасный чистый бор на семьдесят девятом километре железнодорожных путей на Выборг. Но на семьдесят девятый есть смысл идти только за боровиками, тогда как, скажем, на Школьной водятся в вереске красные. Везде своя специфика, и мы давно её постигли.

За грибами мы ходим каждый день рано утром, кроме воскресенья — в выходной налетают "туристы" и всякие другие пришлые, бегут дуром в лес, ничего не видят, давят грибы ногами, поэтому по воскресеньям мы идём после полудня. Как ни в чём не бывало. И собираем то, что скрывалось от "туристов", будучи предназначенным именно для нас с бабушкой.

— Наши грибы нас ждут, — твёрдо говорит Антонина Михайловна и берёт на сгиб руки круглую прутяную корзинку, которую всегда наполняет отменными грибами, даже и в воскресенье. Она с наслаждением рассказывает, как пошли мы в лес, а навстречу — сплошь пьяные мужики. — И дно не прикрыто! Папоротника постлал, кабытто у него там грибы! А мы пошукали-пошукали и тридцать два белых нащёлкали...

Вечером, после грибного штурма, мы с бабушкой долго не можем уснуть и ведём особенные разговоры.

— Тань, спишь?

— Нет...

— А вот если бы тебе сказали сейчас, что на семьдесят девятом стоят сто белых — ты бы пошла?

Бабушка имеет в виду фантастическую картину — белые не надо искать, они в полном составе выстроились на особой поляне и "нас ждут".

— Пошла.

— Сейчас, ночью?

— Пошла бы!!

Бабушка удовлетворённо молчит.

— Тань, спишь?

— Не сплю я.

— А если бы тебе сказали, что на семьдесят девятом — пятьдесят белых, пошла бы?

— Да.

— Ночью — пошла?

— Я бы побежала!

Бабушка довольно хмыкает. По отношению к грибам нет взрослых и детей — тут все дети, и на лицах удачников сияет одна и та же горделивая радость: "Я нашёл!".

На первый свой белый гриб я напала, ещё не умея ходить. Бабушка на прогулке увидела на краю лесной тропинки что-то заманчивое, посадила меня на пенёк, отправилась проверить, что там такое. И услышала за спиной крик — "Бабука, бабука! Никак, никак!". Оказалось — я доползла до маленького толстого гриба и пытаюсь выпростать его из почвы детскими ручонками...

Да, охотничий счёт положен только белым грибам и красным. О них мы с Веркой кричим в лесу: "Нашла! Два белых!" — и бежим смотреть находки друг друга. Бабушка — темнит (что вы хотите — госбезопасность!), никогда не кричит. Только когда, проаукавшись, мы встречаемся для краткого временного смотра достижений, она покажет, что нашла, или вздохнёт — нет, боры сегодня пустые... вот бы дождика... Ими, белыми и красными, украшается верх корзины, о них с усталой и скромной улыбкой говорится соседям и встречным (у грибников принято спрашивать про трофеи). Остальные грибы — бессчётны.

Среди бессчётных есть чудесные грибы, ничуть не уступающие красным и белым, — скажем, черноголовики. Это род подберёзовиков, растущих на болотах, с толстой ножкой и чёрной шляпочкой. Черноголовик синеет на срезе, как и подосиновик. Он и красив, и вкусен, но его всё ж таки никто не считает. Он идёт в множество, дескать, что набрали? Девятнадцать белых, десять красных и всякое там, черноголовики, маслята, козлята.

Маслята, растущие большими семействами, — приятные создания, в молодости под шляпкой они покрыты белой плёнкой, скрывающей нежно-жёлтый плюш низка. Они считаются прекрасными промысловыми грибами. Их отлично можно и сушить и мариновать. В маринаде они беленькие, привлекательные, их часто вылавливают вилкой в застолье. Но маслёнок — это будни грибника. В удачную минуту их нарезают корзинами. Их трудно чистить, потому что белая плёнка липка, пачкает руки и они тут же чернеют.

Тогда как белый и красный — это праздник грибника. Это мгновенное узнавание (сто раз принимал листок или щепку за боровик, но когда он въявь осуществляется перед тобой во всей красе и гордости — его не спутаешь ни с чем!) и точный укол счастья.

Белые и красные выкладывались на верх корзины, чтоб их было видно любопытствующим, но чуть-чуть прикрывались листьями папоротника — не знаю, кто первый завёл такой "грибницкий дизайн", однако мы его соблюдали неукоснительно и перед окончательным выходом из леса прилежно формировали корзину "напоказ".

Белый или красный чистить — одна радость, потому как что его чистить? Срезал низ корня, убедился, что гриб чист от червя ("Как перламутовый!" — любила приговаривать бабушка), или с печалью увидел мелкие дырочки, проеденные гадами, и всё.

Правда, те, кто брал грибы "на продажу", имели свои негодяйские секреты — существовала легенда, что червивый белый следует положить в солёную воду, отчего черви его покидают, бросаются зачем-то в эту воду и всплывают мертвяками, а гриб совершенно очищается от губительных постояльцев и пригоден в пищу.

Не знаю, не пробовала!

Сбор мы сортировали на четыре кучки: сушка, солка, маринад и немедленно съесть.

Придирчивей всего бабушка выбирала грибы на маринад. Для него годились только калиброванные (шляпка не больше пяти сантиметров в диаметре) маленькие благородные грибы, то есть трубчатые, не пластинчатые. Гриб можно было, конечно, и рассечь надвое для маринада, но тогда он должен был быть безупречен во всех отношениях — чистый, твёрдый, высшего благородства (боровик или лесной красный, отличный от борового красного ярко-оранжевым колером шляпки и прямо-таки фаллической толщиной корня).

На сушку шли опять-таки благородные, но покрупнее. Сушили мы на печке, наколов грибы на вязальные спицы и положив их на кирпичики. Или иногда подвешивали к печке на нитках — шёл грибной дух, какой шёл дух!

На солку отправлялись "соляшки" — волнушки, гладыши, сыроежки, свинушки. Горькушки и черные грузди перед засолкой бабушка вымачивала, отбивая горечь, они в хорошую пору росли полянами, но мы ими не пренебрегали — неказистые с виду, эти мещане грибного царства обладали потрясающими вкусовыми качествами.

Кажется, только у русских водится это благоговейное обожание грибов, страсть к грибам. Другое дело, что компетентных грибников, разбирающихся в этом деле, не больно-то и много. Массы варваров топчут, злобно уничтожают неизвестные им грибные существа. Книгу Солоухина "Третья охота" (благодаря ей он сумел избежать песков забвения) читали в 60—70-х годах, а потом подзабыли. В легкомысленные мещанские головы волнами вливался компромат. Вдруг какой-нибудь гриб объявлялся подозрительным — верили!

"По мнению учёных..." Дальше можно клепать что угодно. Фамилий и фактов никто не спрашивает.

Так, в какой-то газете появилась заметка "Коварный гриб", посвящённая свинушке. Этот грибной "солженицын" (в таком же стиле и с похожими названиями писали и об авторе "ГУЛАГа") был обвинён в накапливании радиации и свинца, и даже вкусовые качества подвергнуты сомнению. Что ж, подействовало, Изотовы перестали брать свинушку совсем, мы иногда брали, но чуть-чуть.

Потом, предавшись внимательному изучению грибов летом 1981 года (беременная Севой), я открыла множество пригодных в пищу, превосходных грибов среди тех, кого мы обходили или — увы! — пинали ногами. Среди них — "колпак кольчатый, лесной шампиньон", съедобный гриб первой категории. Его я позже реабилитировала в специальной статье "Трагедия колпака" (сборник "Энциклопедия русской жизни").

И я рада, что вступилась — за гриб, несправедливо пинаемый. Распространила мысль о "прирождённых правах" значительно дальше обыкновенного ареала...

На еду шли хорошие грибы, бабушка не скупилась — клала белые в суп, а для "солянки" прекрасно годились подберёзовики и подосиновики. Солянкой именовались тушенные с маслом, луком и картошкой грибы, в которые за пять минут до финала добавлялась заболтка из яйца, сметаны и муки. Бабушка прекрасно готовила грибы, профессионально их собирала, но никогда не ела. Видимо, сказались последствия страшной истории с мнимыми "шампильонами".

Одно лето по соседству с нами жили бабка Зоя (бывшая красотка, которую бабушка твёрдо именовала "афериской"), её муж дед Андрей и внучка Лена. Деда Андрея угораздило принести из лесу корзину бледных поганок, которые он принял за "шампильоны". Взрослые крепко выпили и закусили, после чего чуть не отдали Богу душу — но слава Богу, детям они этих "шампильонов" не давали. Видимо, из-за этого бабушку от грибов как от продукта употребления отвело начисто...

Бабушкина солянка из свежих грибов, густая от заболтки, с мяклыми кусочками подберёзовиков — наверное, лучшее, что я ела в жизни.

Ах, боже мой, как я ела на станции Каннельярви!

Мне есть с чем сравнивать — бывали мы и в Римах с Парижами, сиживали в дорогих московских ресторанах, на брегах Средиземных и прочих морей искали себе утробных радостей. Да и сама я умею кашеварить — однажды в домашних условиях соорудила я провансальский супец буйабес по всем, то есть, правилам, и в семье нахваливали.

Но Каннельярви — это несравненно.

Бабушка, напуганная моей недоношенностью и дистрофией (а это пугающее слово возвращало её к памяти о блокаде), откармливала меня специально, как гуся или свинку. Она сама (особенно после операции на прямой кишке) ела мало, но всегда садилась возле меня и смотрела, как я ем. На её лице отражался каждый мой глоток. Она мысленно ела вместе со мной...

Когда я очевидно пошла в рост и вес, бабушка с удовольствием говорила, оглядывая мои бока:

— Экий лось вымахал!

Готовила она божественно, и это при том, что в Каннельярви никакого мяса не было — в пристанционном магазине продавались хлеб и соевые батончики, дешёвые приторные конфеты. Мясо или курицу ("куру", как говорили тогда) привозила мама по выходным, яйца можно было купить на станции у хозяюшек, рыбу иной раз продавали мужики, вечно ищущие на бутылку. Но парное молоко, овощи с огородика и ягоды-грибы — этого было вдоволь, и томлёные утренние каши, и черника с молоком, и щавелевый суп (щавель с полей, сами собирали), и блины с пенками от варенья, и грибки во всех видах... что говорить! Для счастья человеку нужны лето и бабушка!

Учтите, не было ни холодильника, ни электроплитки. Продукты бабушка хранила в маленьком подполе, сливочное масло — в холодной воде, сыр обертывала мокрой солёной тряпочкой. Готовила на керосинке, чьи боковые окошечки были прикрыты кусочками слюды, за керосином мы ходили раз в месяц на станцию, его продавали из цистерны, как квас, и я была заворожена сильным одуряющим запахом...

Парное молоко и свежий керосин — наверное, чемпионы моих детских летних запахов. На третье место я бы поставила одуряющие ароматы нагретого солнцем болота, с его доминирующими нотами багульника и клюквы.

Летняя работа на заготовках сообщила моей фантастической книжной натуре некоторую практичность, которая очень меня выручила в жизни.

Когда пришлось самой вести семью, во мне в полный рост воскресла покойная бабушка, и в доме всегда был запас, всегда был обед, даже с супом, и никто из семейства не посмеет сказать, что в области еды было проявлено небрежение.

Я ещё и потому так нежно вспоминаю станцию Каннельярви, что никогда больше не выпало мне в жизни столь рьяной и любовной заботы обо мне. Так уж сложился узор судьбы.

А как иногда хочется, чтобы кто-то что-то сделал за меня — приготовил обед, переменил постель, снял дачу на лето, купил тёплые носки... но это решительные чудеса, которых неоткуда ждать.

Жизнь определила меня на такую должность, где за меня никто ничего делать не будет, вот и весь разговор.

Мой первый бессознательный импульс — всегда всё сделать самой. Когда мне помогают, я дико и приятно удивляюсь, но в душе тревожусь — как-то это всё... беззаконно. Не было б потом наказания какого!

Насобирал черники, нарвал гриба — есть награда: озеро. Кстати, в Каннельярви (“каннеле” — поющий, “ярви” — озеро, *фин.*) было множество озёр, посёлок в нескольких километрах от станции назывался Семиозерье, но я считаю, что то самое “поющее озеро” — это моё озеро, где я научилась плавать, озеро, которое мы называли просто Лесным.

Как приезжаешь на станцию, слева лесистый холм без признаков жизни, вроде там ничего и нет. Нетушки: иди по тропинке вверх, и увидишь наше поселение, а дальше тропинка всё так же прямо, без извилин, ведёт через лесной ручей и другую железную дорогу (товарную, по ней возили песок и камень из карьеров) к сопкам, по сопкам через молодой лес (были пожары, засадили молодняком) — к чудному озеру, лежащему в маленькой долине аккуратным синим блюдечком. Чистейшая прохладная вода, песчаное дно и почти безлюдно, разве на выходные туристы с палатками, о, эти шумные, гитарные, топающие по тропинке через наш хутор туристы. Этим словом бабушка ругается, “туристы” сиречь бездельники, выпивохи, неряхи. Турист в природе — лишний и опасный человек, он оставляет мусор, он может не загасить костёр. “Туристами” в злые минуты бабушка припечатывает родителей, когда те на выходных не дают никакой пользы хозяйству. “Приехали как туристы!” Помню, особенно уязвили Антонину Михайловну белые брюки, в которых на дачу однажды заявился папа. На что годен в лесу человек в белых брюках? Примирило же бабушку с ним искусство отыскивать поляны грибов — лисичек, за что папу в нашем поселении прозвали “королем лисичек”. Это уже было хоть что-то!

Кроме материальной части, жизнь в Каннельярви прирастала и культурой, и умственным развитием. Вы бы попробовали при советской власти скрыться от культуры, ха. Это было нереально. Советская власть не могла оставить в покое ни дальние кишлаки и аулы, ни глухие деревни и полустанки. Везде были обязаны учиться, учиться и ещё раз учиться, везде работала система доставки и сования культуры прямо в рот. Поэтому на станции существовала библиотека, а каждый месяц на три дня прибывал "вагон-клуб" — передвижной кинотеатр.

Ты платил десять или двадцать копеек, заходил в вагончик и смотрел себе кино. Помню, я просидела сразу два сеанса — на первом давали индийский фильм "Цветок в пыли", на втором — "Дядю Ваню" Кончаловского. Никакой разницы между фильмами я тогда не ощущала, для меня всё кино было одинаковым чудом. Однажды я так волновалась за героев, что сгрызла подол своего нарядного шёлкового платьица и вышла вся в крупных дырках спереди.

В дождь мы играли в карты — бабушка и мы с Веркой. В дурака — подкидного, переводного и круглого, в девятку и кинга. Вместо денег фигурировали, как правило, спички, предмет вообще на даче важный — из спичек мы строили игрушечные дома и колодцы... Турнир же на двоих с бабушкой в подкидного длился всё лето, и результаты к августу достигали былинных размеров — скажем, 123 бабушкиных выигрыша супротив 95 моих. Бабушка всегда по итогам летнего турнира выигрывала, потому что жульничала, да, жульничала!

Но в грозу мы не играли — грозы я боялась панически, до потери сознания. Гроза на глухом хуторе, без громоотводов — дело серьёзное. Сразу отключали электричество, бабушка затаскивала в дом все вёдра и тазы (притягивают молнию), я забиралась под одеяло с головой. О проделках молний, особенно шаровых, говорили много страшного — одна такая залетела в дом Марьиванны, у которой мы брали молоко, ушла в розетку под окном, был палёный след. Говорили, когда влетает шаровая, надо не шевелиться, замереть совсем. Говорили, никогда нельзя вставать в грозу под одинокое дерево среди поля — это я выучила крепко и при первых звуках грозы, если она заставала меня в открытом пространстве, простодушно падала плашмя и лежала, как кающийся грешник, до конца Его Гнева.

Спали мы с бабушкой не на кроватях, а на матрасах, набитых сеном и положенных на козлы (деревянная чурка на ножках, с разлапистыми упорами для пилки дров). Спальных мест было всего два, и родителям, когда и если они к нам заявлялись, приходилось ночевать на сеновале, под крышей наверху. Но это было приятным неудобством — на сене спится блаженно.

В субботу вечером (пока ещё не ввели второй выходной — а тогда в пятницу) поглядываешь на тропинку — не идут ли родители. Родители — это гостинцы: колбаса, конфеты, печенье, диковинные фрукты вроде какой-нибудь там черешни. Приезжают родители и ко мне, и к Верке, мы уединяемся и через некоторое время торжественно выходим с блюдечками — она несёт угощение мне, а я ей. Это обязательно принято у нас, это церемонная соседская дружба. То, что мой папа инженер, а Веркин — шофёр, никакой роли не играет. Да, мои родители имеют высшее образование, они считаются интеллигентами, и тем не менее мы все по уши погружены в обычную жизнь советского обывателя.

Папа и мама усиленно сплетают себе кокон из плодов человеческой культуры, они читали Шекспира, Брехта и Александра Грина, они знают наизусть стихи, а папа и сам умеет сочинять, но сочинить какую-то другую жизнь у них не выйдет. Культура войдёт в клинч с нравами советской мещанской среды, она украсит их жизнь, она даже их отчасти преобразит, но быт и нравы — это дракон почти непобедимый.

Брехт Брехтом, а ссорились при ребёнке, некрасиво, вульгарно, с воплями и оскорблениями, плохо понимали друг друга, плохо уступали. Для меня мещанская среда — это не мелкость житейских целей, безвкусица или крохоборство, а именно грубость нравов, отсутствие полутонов. Я бы хотела отойти от этого как можно дальше, но осознать себя и родовые проклятые пятна своей среды — это ещё не преодоление...

Ребёнок притерт к обыденности, ему трудно выйти за рамки семейного круга, оттого даже ничтожные мелочи могут его серьёзно ранить — взрослые проорутся да и разойдутся по делам, по друзьям, а маленький очевидец ещё долго дрожит от горя и ужаса: любимые люди сейчас так долго и страшно обижали друг друга. Такие перекошенные, нехорошие были у них лица... Это я к тому, что между нами, "интеллигентами", и Изотовыми по части быта и нравов очень уж большой отлички не было...

Веркин отец, Витя Изотов, худощавый красавчик с тремя золотыми зубами, имел в шустрых глазах вольный блеск, не сулящий ничего хорошего его полнобокой жёнке Наде. У Изотовых прочная семья — двое детей и полусибирский кот Вася, — и шофёр Витя никуда не денется, но он гулёна и бабник прирождённый. Верка вся пошла в обожаемого папашку и лет в четырнадцать тоже стала красивой оторвой. Веркина привлекательность выдержала бы даже сегодняшние суровые стандарты — стройная блондинка с большими глазами и чувственными губами, она обладала к тому же лёгким, весёлым и добродушным нравом. Она первой принесла в мой мирок вести о странных делишках взрослого мира, где откуда-то берутся дети. Я узнала об этом в семь лет.

Надо сказать, Веркины сведения были ошеломляющими, но довольно туманными.

Глава четвёртая
Страхи и глупости

М не было семь лет, а Верке около десяти, когда она рассказала мне о тайне взрослых. Как выглядят половые органы ("глупости" на детском арго), мы знали, поскольку в игре "фанты" существовал самый знойный фант — показать друг другу "глупости", а игра была общеполовой, и мальчики, дети окрестных дачников, охотно в ней участвовали. Правда, мальчиков было немного, однако роковой "фант" им всегда почему-то выпадал.

Но для такого фантастического дела, как рождение детей, явно было недостаточно простого соединения общих глупостей. Не знаю, придумала ли это Верка, или миф сотворили до неё и он жил в блаженной перемычке между полным незнанием "того, откуда..." и точным, из опыта, знанием, — но Верка утверждала, что для зачатия ребёнка следует в состоянии соединения глупостей находиться не меньше суток.

Не шевелясь?? Неподвижно??

Да. Иначе ребёнка не получится. Мужчина и женщина делают это обязательно после свадьбы. В этом виде их ни в коем случае нельзя тревожить, а то они могут так и остаться...

Так — остаться??

Да. Защёлкнет внутри — и всё. Тогда в больницу к врачам. Был такой случай...

Ничего себе пельмешки. Это, кстати, тоже из детского фольклора: слон вывалялся в муке, идёт по улице и хохочет — "ничего себе пельмешка!" Мысль о замужестве (даже с капитаном Артуром Греем, приплывшим к тебе на алых парусах) стала как-то удаляться на больших скоростях. Алые паруса алыми парусами, но сутки лежать неподвижно, с мужскими глупостями внутри?

Впрочем, ладно, это ещё не скоро. Может быть, к тому времени, когда я вырасту, дело как-то наладится. Тем более это же надо только для ребёнка, а для любви можно просто целоваться.

Правда, и тут засада — Верка приехала из школьного турпохода и рассказала, что целовалась всю ночь, причём взасос и "с языком".

Язык внутри твоего рта — тоже не многим лучше, чем глупости внутри глупостей. Какая-то, ей-богу, антисанитария.

Но, к моему ужасу, мне пришлось однажды самой объяснять младшей девочке-дачнице (оказалась вреднющая), что к чему — она пристала неотвязно. Сказать словами я не могла — написала на бумажке. На её "да не может быть", "да ты врёшь" пожимала плечами — я тут при чём, интересно!

Полового просвещения в те годы не было никакого, знания передавались изустно, сопровождаемые дикими стихами и похабно-невинными песенками.

Пошла я на речку,
А за мной бандит,
Стала раздеваться,
А он и говорит:

Какие у вас ляжки,
Какие буфера!
Нельзя ли по..аться
Часочек-полтора?
Час проходит, два проходит,
А на третий мать приходит.
— Ах ты сука, ах ты б....!
Ты кому дала .....!

Вот такое безобразие тайком пели друг другу девочки шестидесятых. Это, конечно, сочинил невзрослый человек — скажем, явно преувеличены возможности и аппетиты таинственного бандита — "часочек-полтора". Где те бандиты, спрашивается.

В реальности у меня были два столкновения с миром бандитов, которым зачем-то нужны "ляжки и буфера". Мне было лет девять, когда на сеансе стереофильма "Майская ночь", шедшего в "Стереокино" (это было то самое 3D, которое выдают сегодня за передовую технологию, а тогда считалось скромным фокусом для детей), ко мне подсел неизвестный, принявшийся сбоку гладить мне ногу с каким-то горячим и вонючим текстом. Не помню, что он урчал, я выбежала из зала — и, боюсь, подхватила неприязнь заодно и к стереоэффектам.

В другой раз на меня напал мальчик прямо на лестнице моего дома, по-воровски обшарив моё тельце так быстро, что я даже не успела закричать или позвать на помощь.

Эти травматические происшествия я сложила в тёмный угол головы.

Легенды, сообщённые Веркой, и похабный фольклор не имели никакого отношения к моему собственному телу, которое никак не возбуждали мысли о бандитах. В нём рано завелись странности. То ли из леса набежали древние силы, то ли бабушкин прокорм был чрезмерен, но с семи-восьми лет на меня стало "накатывать" — внезапно, без повода из внешнего мира. Точно грозовая туча, разряжавшаяся молниями. Я и не пыталась понять, что это такое, и спросить было не у кого, просто примирилась, что иногда будто теряю сознание и превращаюсь во что-то. Никто меня не трогал, и я сама ничего не предпринимала, оно завелось само — постыдное блаженство неизвестно откуда берущегося эроса. Об этом никто меня не предупреждал, даже всезнающая и всемогущая Верка ничего такого не рассказывала. Ладно бы ночью перед сном, с кем не бывает, но оно могло накатить и в школе, и в троллейбусе, и в кино, без всякой связи с реальностью! Наверное, в самом деле какое-то самопроявление природы — думаю я сейчас, а тогда я ничего не думала, просто скрывала и таила непонятное, боялась быть вдруг разоблачённой (без всякой вины).

Страхов вообще было вволю. С окончания войны прошло не так много времени, чтоб в Ленинграде забылась блокада. В шестидесятые по детскому фольклору вовсю гуляли анекдоты про "дистрофиков", предельно истощённых людей. Дистрофики вставляли пальцы в розетку, улетали в окна от малейшего чиха и говорили мухам: "Кыш! Кыш, проклятая птица! Всю грудь мне истоптала!" Мама и дядя Юра маленькими прожили в блокаде зиму сорок первого года, потом их с бабушкиной мамой, Татьяной Ивановной, эвакуировали в Пятигорск, а Пятигорск заняли немцы. Чернявую, кудрявую полуеврейку — мою маму — добрые люди держали в подполе, спасали от расстрела. Антонина Михайловна, получив отпуск, сразу рванула в освобождённый Пятигорск за детьми, почти месяц добираясь на перекладных, военными поездами, нашла, повезла домой, и тут — "Попковский вызов недействителен!" — трагически шептала бабушка, рассказывая всё это мне.

Попков — секретарь Ленинградского обкома, человек, спасший город от эпидемий: он организовал очистку Ленинграда от трупов. Эвакуированные могли вернуться в город по вызову, им подписанному, но к тому времени его, разумеется, объявили врагом народа, и его "вызовы" сделались недействительны. Сколько ужаса и горя это принесло людям!

Но бабушка напрягла связи и детей вернула. Её рассказы о голоде и бомбах сильно врезались в сознание — вот, оказывается, чем может обернуться жизнь... Ведь жили до войны сыто, спокойно, как мы сейчас. Правда, бабушка утверждала, что мы ничего хорошего в принципе знать не можем, потому что всё хорошее было "до войны" — настоящие вещи, вкусные продукты.

Много лет спустя я встретила подобную жалобу в записках Юрия Олеши — он утверждал, что у фруктов "до войны", особенно у слив, был абсолютно другой, "настоящий" вкус. Что это — аберрация личного восприятия или непостижимая действительность? Как исследовать мир вкуса, это ведь так индивидуально. И если деградировало, то что именно — продукт или его ощущение?

До войны у бабушки родился от Иделя Мовшиевича (категорически восстававшего против аборта) ещё один сын, Славик. Когда ему было восемь месяцев, он на даче в Шапках случайно разжевал попавшую в рот муху и умер от дизентерии. Я вообще-то думаю, что это не такой уж плохой был выход для Славика, который давно ангел (а откуда, по-вашему, берутся ангелы-дети?), потому что впереди ему ничего не светило, он умер летом 1939 года. Он бы не выжил в блокаду, ясно. Да если бы и выжил... Но бабушка думала иначе и возлагала на своего сказочного уже Славика какие-то существенные надежды. Она время от времени проговаривалась, что вот, Славику было бы столько-то лет и он наверняка...

Он наверняка — что?

Хотя бы в тюрьму не попал, как старший сын Юра. Это была тёмная сторона жизни семьи, тут все отмалчивались. Почему Юра так долго сидел? Такое впечатление, что больше двадцати лет. Мама кричала иной раз бабушке: "Это ты его посадила!"

Что-то всплывало: Юра воровал, сначала по мелочи, потом стал тащить из дома, и бабушка заявила в милицию. Он попал в тюрьму, и зона его затянула — выходил ненадолго и снова попадал, кроме того, там ещё была серьёзная драка и попытка побега (неудачная, как вся дядь-Юрина жизнь).

Посадили ли его в первый раз по бабушкиному заявлению? Или он был взят на заметку, поставлен на учёт, а попался в другой раз? Всё-таки правоохранительные органы не очень-то любят сажать по заявлениям родственников, если это чистая уголовка, а не политика. Если политика, так за милую душу... Во всяком случае, эта язва горела на бабушкином сердце постоянно. Она собирала Юре посылки, плакала по ночам, писала корявые письма — и вот не знаю, ездила ли на свидания. В конце пятидесятых он ненадолго вышел и успел заделать сына Андрея простодушной, некрасивой деревенской женщине Клаве. Я их видела, они гостили у нас; бедолаги. А самого Юру увидела, кажется, в 1972 году, когда он наконец вышел и вскоре умер от туберкулёза. Чтобы его содержать, бабушка продала бронзовые подсвечники. Маленький, застенчивый, беззубый, деликатный человек — что за судьба...

Война, тюрьма, голод, болезни — эти страшные псы бабушкиных рассказов обступали мою жизнь, ощерив злобные пасти. Они рычали где-то близко, рядом. Я постоянно делала какие-то белкины запасы на случай повтора блокады и завела в лесу ещё один огородик — мало ли. С едой вообще были связаны несчастья — бабушкина мама, тихая труженица Татьяна Ивановна, умерла до моего рождения от рака пищевода — пища не могла проходить в желудок, она скончалась от голода, мучительная смерть.

Да, ещё и смерть! В лицо я её не видела. Рассказывали, что хозяйского пса, овчаркоподобного Рекса-пустолайку (мы его подкармливали, Степанов пса держал на голодном пайке), мужики, которых он тяпнул за ногу, сожгли в паровозной топке. Дети надеялись, это легенда, зачем нужно такое тупое злодейство. Но смерть бродила где-то рядом — конец, прекращение всего, тьма. Я часто, думая о смерти, прижималась к горячей батарее в ванной комнате, так выходило как-то полегче. Кошмаров прибавилось, когда в школе (в самых ранних классах!) нам стали в красках расписывать вероятную атомную войну.

Со всеми прелестями. С тенями на стенах в Хиросиме, с демонстрацией атомного гриба, с точными данными о том, сколько будет умерщвлено в случае чего, как долго продлится заражение, что такое лучевая болезнь, как выглядит ядерная зима... Сволочи, что ж они делали. Атомный гриб снился мне всё детство.

Несколько умерила мои страхи школьная подруга Света Калашникова, пожав плечами однажды: "А чего бояться? Современная война будет длиться от пяти до семи минут".

Так думали дети шестидесятых.

Сила впечатлительности подпортила мне детство, само по себе довольно спокойное. Я-то не голодала, не теряла близких, ничем смертельно опасным не болела! Но я волновалась о вещах, меня прямо не касавшихся, так, как будто они меня прямо касались, были моими. Если эрос самозародился во мне без моих инициатив, то могло самозародиться с той же мощью и переживание ужасов бытия. Видимо, при всём развитии, я ещё не отделилась от общего тела жизни, чувствовала общую боль, общие страхи. Я волновалась как капля моря — вместе с морем.

На детских фото — серьёзная, даже угрюмая девочка с большим лбом, русой косой и хмурым взглядом исподлобья.

Смотрит так, как будто говорит — ну да, сейчас-то ещё можно жить, а что будет завтра?

Нельзя сказать, чтоб я тревожилась напрасно.

Глава пятая
Проспект Космонавтов

Когда состоялось историческое покидание бабушки, мне было пять лет, и некоторое время мы с родителями прожили на съёмных квартирах. Хорошо помню только одну, на Крюковом канале, в низкорослом доме с разъярёнными маскаронами по фасаду — бородатые морды, гневно разинувшие пасть. Подобный ужас внушала мне только статуя Сатурна, пожирающего своих детей в Летнем саду, жутче этого сомлевшего ребёночка, которого безумный старец тянет к своему раззявившемуся в сумасшедшей гримасе рту, я ничего не видела.

(Мне говорили про Сатурна — "это аллегория Времени"! Слабое утешение...)

Родители работали и все свободные минуты посвящали своей Драме — самодеятельному театру, который стремительно, под папиным влиянием, развивался и обрастал настоящим успехом. Из него могла бы вырасти со временем ленинградская Таганка, но в Ленинграде Таганки не растут.

В городе не было сильной фронды, не было детей дипломатов и министров, тянувшихся к запретному, да и в принципе не было "золотой молодёжи" в московском понимании, не было посольств могучих враждебных держав, не было "Нового мира" и прочих очагов вольнодумства. Ленинград, понеся чудовищные потери в блокаду, опустился, съёжился, притих, сжался действительно до областного центра. Из него уехали великие деятельные люди — скажем, Уланова, Шостакович, Чуковский, Маршак. Ленинград не дал ни одного барда, сравнимого с Окуджавой, Высоцким или Галичем. Ни одного поэта, чей грохот равнялся бы с евтушенковско-вознесенским (глухая ленинградская слава Бродского — принципиально другого сорта). Ленинградская "глушилка" пригнетала, притушивала славу любого таланта, пусть бы и мировой величины. Видный местный писатель в центральных списках всегда значился "одарённым ленинградцем" и шёл в пристёжке к прославленным перечислениям.

Может, и потому, что уж слишком своеобразен был ленинградский опыт, ленинградские ритмы жизни? Чтобы здесь пробиться и встать в полный рост, прогреметь на всю страну, следовало быть уже не талантом, а каким-то сказочным великаном, вдобавок одарённым некоторой гибкостью в диалоге с властью, — так вышло у режиссёра Товстоногова и композитора Петрова.

А просто талантам тут — вечная маета и вечная опасность бесславия.

Папин спектакль, весёлый, насмешливый, острый, лёгкий, очень молодой — по пьесе Осьмнадцатого века, сочинение баснописца Ивана Крылова, "Трумф, или Подщипа", — имел бешеный успех, его собирались транслировать по ленинградскому ТВ (тогда всё было только в прямом эфире). Даже в программке телевизионной пропечатали. Но — раздумали: сомнительно! Какой-то царь-дурак, совет у него собирается из дураков, намёки, аллюзии... Прямо как из анекдота начала века — человек кричит на улице: "Дурак! Дурак!", и городовой тут же ведёт его в участок. Помилуйте, за что? — Знаем мы, кто у нас дурак!

"Трумфа, или Подщипу" я видела — отличный был спектакль, а маму, игравшую главную роль царевны Подщипы, в русом парике с длинной косой, в голубом сарафане, с большими накрашенными глазами, я даже не узнала, точнее, узнала, но не могла поверить: как все по-настоящему талантливые люди, она дико хорошела на сцене...

Ну а по квартирам мы кочевали недолго — вмешалась запасливая бабушка Елена Сергеевна из далёкого Рустави (там она с мужем Константином, папиным отчимом, работала на химкомбинате), дала денег на первый взнос в кооператив.

Когда я говорю о действительных преимуществах социализма перед джунглями, учтите: я родилась через пять лет после смерти Сталина и не видела ужасов сталинизма. Я застала советское общество уже значительно очеловеченным, смягчённым, смирившимся перед явной невозможностью построения коммунизма в отдельно взятой стране.

Хрущёвский, а точнее, "косыгинский" социализм был самым настоящим, самым реальным социализмом, в отличие от сталинской драконовской империи. Именно тогда стали раздавать шесть соток в садоводствах и строить доступное и дешёвое жильё при минимуме заработной платы в семьдесят рублей. Мы, никто и ничто, семья молодых инженеров, и года не прождали, как в мир явилась наша пятиэтажка на проспекте Космонавтов — рассчитанная на двадцать пять лет эксплуатации (гарантированный срок пригодности железобетона), она стоит себе до сих пор.

Проспект Космонавтов, дом 52, корпус 3, пятый этаж, квартира 78. Здесь прожито больше десяти лет, здесь к чему-то прицепилась моя бедная душа и до сих пор во сне наведывается в эти убогие места...

"Таков человек — к чему ни на есть, да прилепится сердцем", — написала я через двадцать лет в повести "Чужая жизнь", посвящённой бездомным кошкам. Повесть я потеряла, не могу найти, а слова эти помню — они правильные. И сердцем прилепляться — тоже правильно, тем более какое-то жалкое очарование эти "новостроечки, новостроечки" всё-таки источали.

Когда мы поселились на проспекте Космонавтов, то был решительный "загород". В ручье, на пустыре за проспектом, водились ондатры! Охотничья собака соседа, бодрая Альма, поймала несколько штук. Пятиэтажки утопали в зелени — особенно через несколько лет, когда подросли яблони и сирень, посаженные по неумолимому социалистическому плану. Всё было в шаговой доступности — химчистка и галантерея в ста метрах, так же булочная и молочные продукты. Большой продовольственный магазин с кулинарией — в квартале от дома, возле него пивной ларёк. Через пару лет построили типовой кинотеатр "Планета" и большой дом напротив продмага, с канцелярскими товарами и библиотекой!

И всё быстро, всё в срок. По плану.

В том-то и загвоздка, что в тогдашней нашей жизни вещи разумные и благотворные сочетались с идиотскими и противоестественными в какой-то чёртов коктейль сложных пропорций — впрочем, как и сейчас.

Только, безусловно, воровства и казнокрадства в нынешних масштабах быть не могло.

Была патологическая лживость. Ведь за каждой тошнотной статьей в газете "Правда" стояла какая-то часто вовсе не гнилая, а здоровая действительность — люди неплохо работали, строили, читали, писали, играли, пели, и даже на этих их съездах принимались иной раз более-менее разумные решения.

Но когда перед тобою воздвигается тусклоглазый мертвяк в каменном костюме и чеканит голосом Командора: "Высшая цель партии — благо народа!", ты понимаешь, что тебя имеют и притом не объясняют, за что и как долго это будет продолжаться.

Кремлёвские деды ничего не могли объяснить толком, нормальным человечьим языком! Ничего! Даже принимая осмысленные и разумные решения.

Много лет спустя я с изумлением поняла, что афганская война абсолютно не была бессмысленной и преступной. Что была политическая необходимость защитить свои границы от серьёзной опасности. Что иметь под боком страну, возглавляемую религиозными фанатиками и не производящую ничего, кроме наркотиков, ни одно вменяемое руководство не может.

Но это — национальные интересы, а такого термина в заводе не было. И вот деды изобретают какой-то шизофренический "интернациональный долг" (кому? куда? зачем?). Окутывают всё мерзким туманом — нет-нет, никто не гибнет, все шито-крыто. Но ведь рот матерям не заткнуть, а это их сыновья гибнут, значит, так, потихонечку, кривя губы, будем всё-таки признавать, что — воюем? Что — воевали? Что, скажем, война во Вьетнаме была в том числе и войной русских с американцами и мы вообще-то её выиграли?

Говорю так с печалью, потому что именно в годы моего детства у страны был шанс отказаться от Догмы и начать жить в контакте с реальностью. Но догматизм, отчаянная верность мёртвой Букве — хроническая русская болезнь.

Откуда она берётся? Не с неба упала, поверьте.

Натура русских мужчин не знает меры. Сами знаете — им литр не выпивка, сто километров — не скорость, миллион — не деньги. На эту натуру нужна узда из законов и запретов. Налагающие узду (из религии или идеологии) чувствуют норов своего коня. Но тоже не знают меры! Коню надо пить, жрать, скакать — а они всё вяжут снасти, всё стреножат и наваливают ношу, а воли не дают.

Так он вообще скинет узду вместе с седоками да унесётся в любимое чисто поле. Тем более к восьмидесятым годам все уздечки давно сгнили...

Вернёмся на проспект Космонавтов — в двухкомнатную квартиру с изолированными комнатами (14+8,5) и кухней, где я как барыня поселилась в собственном закуту 8,5 метра. (По-моему, это до сих пор идеальный для меня размер пространства. Это, на самом деле, размер хорошей просторной кельи — видимо, я по сути человек монастыря, а не дворца.) Мебель — самая необходимая и самая простая, из магазинов: раскладной диван у родителей, стол, шкаф, у меня узкая кроватка, полки для книг и секретер с откидной крышкой, на ней пишу, делаю уроки. Всё типовое, обычное. Стол — чтобы есть, стулья — чтоб сидеть. Мы ничего и никогда не "доставали", по знакомству, по блату, с чёрного хода, шёпотом называя фамилию, с переплатой. Когда телевизоры стали доступны — купили телевизор. Помню нашу боевую раскладушку, обтянутую холстом цвета хаки, — самую дешёвую... Я нисколько не горжусь этим — чем тут гордиться, а пишу, как было. В квартире на Космонавтов я прожила несколько райских лет — без ругани родителей с бабушкой, в мире и согласии простой интеллигентной вообще-то семьи.

По утрам родители пили кофе — ещё один разнотык с бабушкой. Она, как допетровский боярин, никакого кофе в рот не брала! Но всякое движение в сторону Европы, видимо, сопровождается в России запахом кофейного дурмана. Кофе мама покупала небольшими порциями (запасов в доме особенно не держали — о, молодость!), и он всегда не вовремя заканчивался. Итак, кофе, яичница, бутерброд с колбасой. Колбасу помню трёх сортов — докторская, любительская (вкрапления сала микрокружочками) и лучшая из возможных, но и самая дорогая — телячья. Дальше папа шёл на работу, он работал в каком-то "п/я", "почтовом ящике", то есть в закрытой секретной организации, молотящей что-то на оборону страны, а мы с мамой тоже отправлялись на трудовое поприще — мама в научную лабораторию Военмеха, я в школу № 275 "с преподаванием ряда предметов на французском языке".

Но уже из школы до дому я ехала бесконечным троллейбусом — одна. Рассеянная ужасно, я постоянно теряла ключи, и мама в отчаянии повесила ключ мне на шею, на капроновой ленточке.

Ключ был длинный, тяжёлый. Так я и жила, точно корова с колокольчиком, — с ключом на шее.

Вроде бы после этого терять было нечего. Как бы не так! Я тут же потеряла портфель. Когда я приезжала в троллейбусе на свою остановку, то меня властно тянуло погулять за ней — там было что-то немного похожее на поля, холмы, перелески, правда, всё засранное. Высились кучи гравия и щебня, где попадался увесистыми кусками полевой шпат — заманчивые кристаллы мутно-зелёного или голубого цвета. Туда тянуло!

А портфель тяжёлый, плотненько набитый — предметы для труда, для рисования, физкультурный костюм. Ну, я его и оставляла возле остановки — дай, думаю, поброжу, никто не возьмёт портфель младшего школьника, на фиг он нужен.

И однажды начисто забыла про него — заявилась домой без портфеля. Но его мне принесли и отдали, притом долго разыскивая владельца через школу. О, совестливые советчане.

Вот так, с семи лет одна через весь город, с ключом на шее. А с девяти — вообще шлялась по городу дотемна. Никаких происшествий у девочки Тани до полного полового созревания не случилось, только два раза были неприятные столкновения — но как раз в замкнутом пространстве, а не на воле (о них я рассказала в главе "Страхи и глупости").

Да, детям можно было жить в Стране Советов, теперь это факт непреложный. Нам бы только намекнули, куда мы живём, вот чего хотелось бы. А то пришлось перестраивать поезд изнутри на полном ходу — дикое занятие. Но кто мог намекнуть? Кремлёвские деды сами-то ничего не знали, цеплялись за хвост отлетающего дракона...

Весь наш район назывался (он и сейчас так называется) Купчино, по имени бывшей деревни или села. Как потом выяснилось, там выросли многие будущие звёзды рок-н-ролла и литературы — Гребенщиков, Цой, Панов ("Ау"), Крусанов. Крусанов вообще жил в двух шагах. Наш квартал представлял собою приблизительный квадрат, ограниченный проспектом Космонавтов и параллельно шедшей железнодорожной линией Ленинград — Павловск — Вырица, а с боков — проспектом Славы и улицей Орджоникидзе. По Орджоникидзе шёл громадный пустырь, заросший бурьяном, — там мы выгуливали потом нашу собаку Джульку, а со станции "Проспект Славы" я вскоре стала ездить в школу, это было удобно, всего двенадцать минут до Витебского вокзала, потом на трамвае или троллейбусе. Но это уже лет с десяти.

Так и повелось с тех пор — и на четверть века, — что жила я в одном месте (новостроечки, новостроечки), а училась и работала в другом (центр, только центр). В бетонном коробке́ своём отсыпалась, а с утра влеклась туда, где сияли красоты архитектуры и прочей культуры. В результате движения весь город как бы помещался во мне, весь, старый и новый, петровско-екатерининский, сталинско-хрущёвский, и с розарием на Исаакиевской площади, и с собачьими какашками на купчинском пустыре за остановкой троллейбуса, где порскали незнаемые птицы, неизвестно на что рассчитывали ондатры и даже росла малина, а под редкими кривыми берёзками некоторое время выползали подосиновики. Потом затоптали грибницу, заломали малину...

Зимой мы с родителями катались на лыжах и коньках — меня даже отдали в школу фигурного катания, где я продержалась с полгода, поскольку моя "ласточка" неумолимо напоминала подбитую ворону, о чём мне беззлобно сообщал тренер. Алкоголь в семье не водился, и только однажды папа пришёл с каких-то посиделок на работе в странном виде — присел в коридорчике на корточках и что-то мычал. Мама ласково сказала, что папа устал, и увела его в комнату, это был единственный случай! Говорю об этом с грустью, потому что вскоре мне пришлось увидеть и разделить совсем другой образ жизни взрослых.

88   (Бабушка — та, конечно, попивала, но всегда тайком от меня, так что только сверхобычная говорливость и красные пятна на щеках её малость выдавали. Но она скрывалась всегда, прятала бутылочку — и я считаю это здоровой чертой. Не надо вываливать на детей свои пороки!)

Удерживала меня на проспекте Космонавтов, кроме убежища в 8,5 метра, мощная рука искусства — кинотеатр "Планета". С десяти до тринадцати лет я пересмотрела в нем, наверное, все советские фильмы, снятые в те годы. Эта доступность прекрасного совершенно снимала всякое ощущение бедности — впрочем, как бы скромно я ни жила, этого ощущения и не было, не знаю, отчего так.

Мама, привлекательная женщина, работала в мужском коллективе, но никогда не наряжалась. Два платья, костюмчик, демисезонное пальто, зимнее пальто — и всё. Не было привычки к тряпкам, и модниц мама презрительно именовала "тряпичницами". Почти не было и украшений. Красилась мама утром, при мне, и я отчётливо помню — голубыми тенями подмажет веки, чёрным карандашом проведёт твёрдую черту с мнимой раскосинкой, чуть тронет тушью ресницы (длинные, загнутые от природы). Потом неяркая помада, и всё — пошла! Она была так задорна и моложава, а мужчины в её области (механика) водились так густо, что не было нужды в искусственной красивости, в нарочитом выпячивании прелестей. А я не знала косметики лет до семнадцати.

Что ты летаешь, моя птица, над чахлыми кустами старых уже новостроечек, приговаривая "а здесь химчистка была, а тут нашлась кошка Симка", что ты здесь оставила, глупая? Ну, голуби ворковали в вентиляции, ну, дорожка на станцию, ну, сдавала стеклотару, чтоб купить билет на "Мою прекрасную леди", ну и что? Пустяки, право, пустяки...

Позже, лет в двадцать, я сочинила такое:

Я житель новостроек,

Хамовитый и беспамятный,

Но у меня

Заветное припрятано до поры.

Произрастаю возле помоск,

Шагаю, порожней посудой звеня —

На-кось, выкури меня из норы!

Да не ступит чужая нога на мои богоданные метры,

Да не взглянет недрёманый глаз на мои припасённые

литры,

Я не ваш

Я ушёл.

Я вот наемся спинки минтая от пуза

Чаю с сахаром тихо напьюсь и пойду искать музыку.

Бездомные кошки укажут дорогу мне,

И в тишине

Один я один я на тысячи тысяч

Расслышу две бедные ноты —

Всё, что смогла, дорогая, ты высечь

Из этой жизни за долгие годы работы.

Всё ж таки какой-то внутренний опыт жизни "птицы-души" в этих строчках есть, потому и привожу их здесь — долгие годы я сочиняла не для печати, а из потребности сформулировать прожитое, что, как вы понимаете, сразу выводит меня из славного и ничуть не презренного мною племени графоманов... или нет?

Глава шестая
Парле франсе!

Между тем школа, в которую я пошла в шесть лет, была "языковая", "с преподаванием ряда предметов на французском языке". Так значилось на фасаде, и, ей-богу, не знаю, что означало. Никаких предметов на французском языке нам не преподавали, а просто со второго класса шел французский язык, а потом и французская литература. Мама сама учила в школе французский и была рада, что под боком, у работы, нашлась такая школа.

Моя 275-я известна всей смотрящей телевизор стране, но не как школа, а как здание РУВД. Не помните? Такое с белыми колоннами? Именно там служат "менты" с "улиц разбитых фонарей". Фигурирует это здание с колоннами и широкими коридорами, совершенно излишними для ментовки, и в "Тайнах следствия" — в нём шустрит бравый опер Винокуров (хороший артист Сергей Барышев). Поскольку ленинградская школа кинематографа всегда тяготеет к "пррравде жизни", замечу: в здании моей бывшей учебной юдоли действительно с давних пор трудится РУВД. Перемена произошла, когда я заканчивала седьмой класс, — чтоб доучиться до восьмого, нас перевели в школу по соседству, а потом расформировали. Доучивалась я у Нарвских ворот...

Но семь лет жизни — это немало. Советский переулок прочно вошёл в моё личное время, в личную историю, тем более что спустя много лет там поселилось издательство "Лимбус-пресс", где вышли многие мои книги. Так что я как ходила по Советскому переулку, так и хожу, прямо как в песне "Ноля":

Так и живу на улице Ленина,
И меня зарубает время от времени...

И ведь улица Ленина в самом деле осталась улицей Ленина. Кстати, и она играла в моей судьбе некоторую роль — там располагался "писательский дом", где жили друзья родителей, Жарковы. Алексей Жарков и его жена, Майя Серебровская, дочь писательницы Елены Серебровской. Их дети, круглолицые и добродушные Алёна и Алёша, были моими "зимними" друзьями, а потом стали родственниками — ибо в третий и последний раз папа женился на Майе Серебровской.

(Его друг Жарков был этим убит, страдал отчаянно, потому что любил Москвина чисто и пламенно, не прозревая ни малейшей возможности для такого предательства.)

И что может быть хорошего на улице Ленина!

Советский переулок — другое дело, в его названии есть простая констатация факта ("советский" — исторический, неотменяемый эпитет в жизни страны). Тогда в Стране Советов разгорался настоящий бум образования — все валом валили учиться в институты, а потом тащили своих детей в спецшколы — языковые, математические — всякие, но удивительно было то, что этих школ было предостаточно, целая сеть, целое море.

Потом я сформулировала жёстко: дескать, это была садистская идея — дать нищим людям образование. Развить в них тонкость ощущений, изобилие запросов — и оставить в бедности, примитивности материальных нужд.

Ведь в "цивилизованном мире" образование прочно сопряжено с достатком. Учиться трудно, тяжко, муторно, к тому же дорого. Чем дольше нужно учиться той-иной профессии — тем выгодней будет в ней работать. У нас такого не было. Мы учились неведомо зачем, на будущее, впрок, по завету Ильича. Он же сказанул, что "коммунистом нельзя стать, если не обогатишь свою память знанием всех богатств, которые накопило человечество". А ведь каждый из нас мог потенциально стать коммунистом — стало быть, "учиться, учиться и ещё раз учиться" (ещё один лозунг, провозглашённый Ильичём на съезде комсомола, а комсомольцами были вообще почти все).

Французский язык явно был составной частью списка накопленных человечеством богатств.

Но где, где нам, детям обычных советских людей, он мог бы пригодиться? Мы и мечты свои не выпускали за границу, просто не думали в эту сторону. Никто из наших родственников и друзей никогда за границей не был. Оказаться там, где фланирует Ив Монтан, обретается Жерар Филипп, бегает Луи де Фюнес? С тем же успехом можно было воображать, что гуляешь с Мольером или Дюма...

Вы будете смеяться, но французский язык нам пригодился, многим из нас!

Моя одноклассница Алла Беляк стала переводчицей (она переводила, скажем, Аготу Кристоф и Мишеля Турнье), работала во Французском институте. Света

Калашникова отучилась в университете на французском отделении, много лет трудилась в совместной с французами фирме. Татьяна Кондратович (пишет под псевдонимом Маруся Климова) — знаток творчества Л. Селина, тоже переводчица, удостоена ордена Почётного легиона. А я, каждый раз приезжая в Париж (последние годы завела такую простительную слабость), не устаю благодарить Провидение за свою французскую школу — для нормального бытования "туриста" моих знаний более чем достаточно.

Найдя на Пер-Лашез могилу Альфреда де Мюссе, я знаю о судьбе злосчастного любовника Жорж Санд, могу продекламировать на языке оригинала его стихотворение "Майская ночь". Сидя в "Комеди франсез" на пьесе Мюссе "Фантазио", я в силах оценить трактовку режиссёра и игру актёров. Бродя по Лувру, читаю сопроводительные тексты без напряжения. Могу объяснить в кассе музея, что нет у меня, простите, другой купюры!

Прав был Ильич. Правы были суровые догматики, покрывшие страну сетью спецшкол. Учиться, учиться!

Но когда меня, в белом праздничном переднике, привели в школу, я сначала была в панике. Однако одна из форм паники была здоровая.

Однажды, расхрабрившись, я подсела к симпатичной девочке с широкой белозубой улыбкой, нос картошкой, круглые карие глаза, и сказала: "Девочка, давай с тобой дружить".

Инстинктивно я сделала наилучший выбор, потому что девочка Ирина Порошина была доброй, славной девочкой, хоть немного и задавакой (будущая круглая отличница!). Она никогда надо мной не смеялась, приглашала в гости к себе домой на Вторую Красноармейскую, кроме того, Ире без труда давались кошмары типа геометрии, и я у неё преспокойно списывала и срисовывала.

Как известно, советское образование было построено по принципу средневекового университета и стремилось к Абсолюту. Мы должны были знать всё. Поэтому потенциальные гуманитарии мучились с алгеброй и тригонометрией, а потенциальные технари — с сочинениями про образ Печорина и Базарова. Но у Иры способности были сбалансированы, к тому же её бабушка Анна Абрамовна многие годы работала в редакции журнала "Звезда". Порошина тоже была из племени читателей беллетристики и пристрастила меня к Диккенсу. Чуть не сто томов в тёмно-зелёной обложке...

(Но к её любимой Жорж Санд я так и не прикоснулась! Не могла простить той измену бедному Мюссе! До сих пор не читала ни строчки...)

Мальчики-одноклассники, одетые в мешковатую форму мышиного цвета, нас не интересовали совершенно, кроме одного. Почему-то сильное впечатление произвёл мальчик Володя Костюченко, и мы, совместно с Ирой, ему что-то подарили — открытку и какой-то фрукт. Костюченко был смущён до потери сознания, и мы прекратили ухаживание — но примечательно, что оно было совместным, то есть никто не жлал расположения Костюченки лично для себя, речь шла о коллективе. Такая приятная смесь любви и дружбы, причём редкая, ведь женскую дружбу обычно рассекает как раз страсть к одному и тому же предмету.

Наверное, это и потрясло Костюченко — он мог бы в принципе принять симпатию одной девочки, но что делать с двумя? Тем более к нам почти что присоединилась и строгая Света Калашникова.

Скептическая Света не была захвачена вихрем страсти к Костюченко. Но намечалась какая-то интересная совместная деятельность с хорошими, умными девочками (мы считались умными). Поэтому она тоже несколько поучаствовала в маленьком и летучем фан-клубе. Продлилось это недолго — Костюченко нас быстро разочаровал, чему немало способствовало совместное обучение. Вскоре мы сами смеялись над собой: а помнишь?? Вот дуры были!

Ну, неинтересные у нас в классе подобрались мальчики — смотреть не на что и говорить не с кем. Они же позже созревают. Если вообще созревают. Не знаю, в чём тут дело, но мальчики моего поколения учились неважно (на уроках французского в лидерах только девочки!), были неспортивны, необщительны. Первый мальчик-ровесник, который меня заинтересовал, в 1982 году, оказался Сергеем Шолоховым, то есть будущим мужем...

Кроме того, их и по числу было мало — в классе преобладали девочки. Учителя тоже преимущественно женщины. Летом — Каннельярви с бабушкой и подругой Верой. Женское царство!

Да, женское царство. Хорошо ли это?

Что ж, вот у нас с начала девяностых завелось строго мужское царство (царство бандитов и прислужниц бандитов), можно сравнить, собственно говоря.

В женском царстве царит слабость, бестолковость и грусть, но там соблюдаются интересы детей и стариков. Там возможны жизнь "потихоньку" и развитие внутреннего мира.

В мужском царстве, если оно идёт по левому пути, детям, старикам и прочим слабакам нет места. Детям положено как можно раньше присоединяться к папашиной агрессии, и для развития внутреннего мира нет запаса времени...

В начальной школе почти все предметы вела одна учительница, она же классная руководительница — добродушная Тамара Львовна Южина, женщина нормальных педагогических способностей, на наших глазах вышедшая замуж и ставшая Т.Л. Царёвой. По-моему, идеальный вариант учительницы. Никогда не грубила, не придиралась, ко всем относилась ровно-доброжелательно.

Пение, ритмику, физкультуру, труд и рисование вели разного рода беззлобные чудаки.

Учительница пения была бодрой коренастой разумницей в очках. Она мигом рассортировала нас по степени голоса и слуха и некоторых записала в школьный хор, а некоторым предложила сделать доклады о творчестве композиторов. Я попала в хор (второй голос), но вызывалась и доклад сделать — о Бетховене, поразившем моё воображение обликом и судьбой. Музыка само собой, я даже сочиняла сказки под его сонаты. Одна, навеянная "Лунной", начиналась так: "Ночью, когда за окошком тихо падал снег, потихоньку двигался диван... Но это был уже не диван!"

Папе нравилось начало, он просил рассказать дальше — но дальше ничего не было, мне казалось, сделанного достаточно — фразы прекрасно ложились на первые такты "Лунной сонаты".

На ритмике мы учились танцевать, и я помню, как преподавательница ритмики, пожилая дама с крашеными волосами и острым носиком, показывая па вальса-бостона, приподняла край юбки — а из-под неё показались тёплые штаны с начёсом ядовито-розового цвета! Мы погибли от смеха, но ритмичка невозмутимо продолжала урок.

Такая же дама-экзот вела труд — этот предмет девочки и мальчики постигали раздельно. Мальцов вели к механизмам и электрике, а нам рассказывали о домашнем хозяйстве бедняка. Один урок назывался — век не забуду — "Как из старой простыни сделать новую скатерть". Следовало обрезать края и дыры, что-то обшить, где-то что-то вышить... Но, кстати, что касаемо шитья, это у меня шло в охотку, я до сих пор помню все узоры и все швы, я реально научилась шить и смастерила на труде вполне качественные вещицы: передник, трусы и юбку. Наверное, сказалась портновская лавка братьев Кузнецовых и ткацкая фабрика господина Рябушинского, да и в прочем родстве бродило "искусство кройки и шитья" — умело шила бабушка Елена, были портные и у еврейской родни, как же без этого. (Предполагаю в шитье запасной вариант судьбы: вот затравят — уйду в портнихи!)

Теперь-то я понимаю, что педагогини по труду и ритмике родились, вероятно, сразу после революции и хлебнули всякого лиха от пуза. Не от лёгкой жизни они угодили в школу и сделались аутичными чудачками. Но тогда мы, конечно, посмеивались над ними — правда, легко и без открытой агрессии.

Самые сильные чувства вызывала Алевтина Константиновна, преподавательница алгебры и геометрии, существо лютого нрава и воинственной строгости. Если ты получал у Алевтины тройку — в любой другой школе она превращалась в пятёрку. Высокая и сухая, Алевтина олицетворяла кошмар феминизированной школы, но учителем была отменным. Вбила алгебру даже в мою голову — а плюс б в квадрате равно а квадрат плюс два аб плюс б квадрат — какого чёрта я это помню, Алевтина Константиновна?!

Этой колоритной фигуре мы с подругами посвятили переделанную из "Варшавянки" песню под названием "Алевтишавянка": "Учителя злобно реют над нами, школьные силы нас злобно гнетут, в бой роковой мы вступили с Алевтиной, нас ещё двойки безвестные ждут..." Алевтина никогда не натягивала оценки, но щедро сыпала двойки и редкие в быту школы единицы.

Но большинство уроков были скучной прозой — а уроки французского чистой поэзией.

Вели уроки всегда женщины, которых можно было смело называть "дамами". Или даже "мадамами". Обязательно стройные, привлекательные, элегантно одетые — франсэ формировал их тотально. Учили нас французскому литературному языку девятнадцатого века — мы это выяснили, когда в новой, 392-й школе пришлось встретиться с реальными французами, которые нас понимали, но удивлённо таращили глаза.

А как было не удивляться — представьте себе, что вы приезжаете в чужую страну и с вами разговаривают таким образом: "Милостивый государь! Соблаговолите поведать мне, как вам пришёлся по душе этот родной для меня город? Я проживаю в нём с детства. Вы уже изволили посетить наши музеи, из которых самый прекрасный — это Эрмитаж?"

Мы вслух читали стихи Вийона. Сдавали на зачёте рассказ о Париже, тыкая указкой в его план: "Это Новый мост. Он соединяет город с островом Ситэ", что по-французски звучало: "Сэ ле пон Нёф. Иль ли ля виль а лиль де ля Ситэ"...

Когда в курсе русской литературы нам полагалась "Молодая гвардия" Фадеева, на уроках французской литературы велась речь о злоключениях Альфреда де Мюссе, страстно полюбившего Жорж Санд. "И, когда он заболел в Венеции, она изменила ему с врачом".

Понятно, что Франция была для нас вне всякой критики — страна-призрак, страна-мечта. Где люди живут странной и ненормальной (естественной и обычной) жизнью — любят, болеют, едят, гуляют... Не имея никакого плана строительства жизни. Без пятилеток и съездов партии. Болтая на своём кружевном пижонском языке.

"Франс — э тюн репюблик буржуаз, ситюэ а люэст де лЕроп" ("Франция — буржуазная республика, находящаяся на западе Европы") — так начиналась глава о Франции в учебнике, и мне до сих пор нравится подобный стиль изложения: коротко о главном.

В седьмом классе появилась у нас Евгения Ефимовна, прелестная учительница французского с модной стрижкой и раскосыми глазами, сменившая на посту классного воспитателя Тамару Львовну. Умненькая и приветливая, она снискала всеобщую любовь, и мы были сражены несколько лет спустя известием о дикой её смерти.

Евгения Ефимовна подрядилась работать в одну из африканских франкоговорящих стран и, возвращаясь на Родину, так хотела скорее попасть домой, что выскочила первой из самолёта на трап — а двигатели ещё не полностью выключились. Её затянуло в жерло и перемололо. Хоронили в закрытом гробу.

Она была для меня первой и единственной учительницей, воплощавшей тип прогрессивного, как говорили раньше (и как сказали бы сейчас — продвинутого), интеллигентного педагога шестидесятых–семидесятых годов, который известен по ряду фильмов того времени.

С кружком избранных вне школы, с разговорами обо всём на свете, с вниманием и уважением к личности школьника. Одна, больше подобных не встречала. Если педагог знал свой предмет и умел его хоть как-то интересно преподнести, не унижал человека и не вредничал — этого уже было вполне достаточно. И таких-то было кот наплакал. А уж разговаривать с учащимися об их насущных интересах за ту же зарплату...

Энтузиастка, передовичка. Вот и на родину так хотелось, что выскочила на трап раньше всех.

Глава седьмая
Катастрофа. Развод

Как писали в старинных романах, "с нелёгким сердцем приступаю я к своему повествованию...".

Неожиданный развод моих родителей стал для меня катастрофой и предопределил многое в дальнейшей моей судьбе. Это, как говорят у нас в Театральном на уроках режиссуры, "исходное событие".

К моменту катастрофы жизнь моя, пройдя через травму школы, более-менее наладилась. Летом была станция Каннельярви с подругой Верой, осенью, зимой и весной — проспект Космонавтов и школа с подругами Ирой и Светой. У меня имелась своя комнатка и множество книг, в основном собрания сочинений, которые покупал отец. Марк Твен, Конан Дойл, Жюль Верн, даже загадочный А. Малышкин — всё прочитано от корки до корки... Летом я купалась в чистейшем озере, зимой каталась на лыжах. У меня была лучшая в мире бабушка и лучшие в мире родители. Я ходила на папины спектакли, в которых играла мама, и восхищалась ими до обожания. Я не так уж много болела — классическая скарлатина да ангины. Правда, в семь лет мне вырвали гланды (тогда вообще любили рвать и резать — аппендикс, гланды, — считалось, это прекрасная профилактика вероятных осложнений), было чудовищно больно (без наркоза), и к тому же я обиделась на родителей, не предупредивших меня об этой боли, но всё быстро прошло, зажило, забылось.

И вдруг...

Ну, разумеется, не вдруг. В родительском кругу друзей уже многие знали и кто-то — ах как остроумно! — выписал нам на полгода журнал для слепых, набранный брайлем, огромные тома с выдавленными точками. Журнал для слепых исправно приходил, вызывая моё изумление, а на последнем томе было написано: "Ты ещё не прозрел?"

Надпись предназначалась папе и намекала на мамину измену.

Привлекательная женщина в мужском коллективе — ситуация известная. Мама была любопытна и отзывчива на мужской напор, она рано вышла замуж и явно не созрела для постоянной температуры горения в мире чувств.

Она увлеклась.

В Киеве. Куда она ездила в командировки и привозила фантастический "киевский торт", основу которого составляли молотые каштаны, перемешанные с безе, — нашёлся некий Иван... Вот такой вот получился "киевский торт".

Иван из Киева — я видела его, но ничего не помню. Наверное, детская ненависть к виновнику катастрофы стёрла его черты из памяти. Он был женат, ухаживал тайком, писал письма — вот эти-то письма папа и обнаружил в мамином рабочем портфеле.

Думаю, кто-то из друзей уже не стал намекать брайлем, а сказал прямым текстом. Есть такие люди на свете, чтоб им на том свете кипящее масло в задницу века на три.

Глава седьмая. Катастрофа. Развод

Папа рухнул, погас его светлый разум. Он повёл себя настолько варварски, глупо и пошло, что я поражаюсь до сих пор — умный, талантливый, добрый человек, что он сделал со своей жизнью?!

Он подал на развод. В целях вразумления мамы! Когда их развели, спросил её с гордостью — ну, как тебе понравился мой "этюд"?

Этюд? — переспросила мама хладнокровно (не забудьте, то была одарённая актриса). — Какой этюд? Мы развелись.

Имущества у нас никакого не было, делить было нечего, кроме квартиры. Но как её делить? И тут в пожарном порядке из Новокузнецка прилетает папина подруга детства, Наташа К.

Папа немедленно женится на этой Наташе. И поселяется вместе с ней в моей маленькой комнате. А я живу теперь вместе с мамой в большой (четырнадцать метров).

Ох уж эти Наташи. Всех жён зовут Наташами! Это, ей-богу, мистика. Некоторые видные мужчины по два раза женятся — и оба раза на Наташах (А.И. Солженицын, П.В. Крусанов). Среди Наташ попадаются славные, хорошие, милые и просто отличные женщины. Но не зря Чехов в "Трёх сёстрах" сделал свою Наташу, жену брата Андрея, мещанской змеищей. В общую светлую стихию Наташ замешано и тёмное пятно — "велю понасажать цветочков, цветочков, и будет запах... зачем здесь на скамье валяется вилка? Зачем вилка, я спрашиваю!" Эта Наташа выживает из жизни всех трёх сестёр с их пятью языками и нежными повадками...

Ничего ужасного в этой папиной второй жене, вообще-то, не было, баба как баба, про своё хлопочет, и очень может быть, что отца она на свой мещанский

104

лад любила. Хозяйственная, чистоплотная. Вскоре они построили кооперативную квартиру на улице Брянцева, я навещала там папу и видела, что ему душно и тошно. Однажды мы с ним (он был маленько подвыпивши) ушли гулять, потом зашли в гости к его друзьям, а когда вернулись, Наташа устроила разнос. "Ушёл пьяный, ушёл с Таней!" — причитала она с характерным сварливым мещанским завыванием, свидетельствующим о немалом опыте свар, разносов и выволочек. Несходство характеров и жизненных ценностей этой нелепой, из досады образованной пары привело к тому, что в один прекрасный вечер папа ушёл из дома насовсем, в чем был, не прихватив даже чемоданчика. Этот казус он называл "пожаром". Я его потом, бывало, спрашиваю, где, папа, собрание Шекспира, у тебя было, надо глянуть, — а он разводит руками с иронически-горестным вздохом: "Сгорело! Всё сгорело! При пожаре..."

Ну, а тогда, после развода, будущей пожар ещё пребывал в стадии сырых дров.

На глазах у меня и мамы папа якобы любовно снимает с новой жены ботиночки. Варит ей кофе. Изображает счастливое супружество. На кухне (шесть метров) теперь нагло торчит высокая, статная баба, которую мы с бабушкой в сердцах прозвали "шваброй". Швабра устраивается работать по специальности — она воспитательница детского сада — и носит в дом бидоны с супом и пакеты с яйцами, остатки от не съеденного дитями. Я думаю, это действительно были остатки (сибирские люди не вороваты), но бабушка скептически хмыкает: знаем мы эти остатки! детей объедает!

Бабушка приезжает к нам время от времени, привозит летние припасы, и мы спим с ней "валетиком" на диване, а мама на раскладушке. За стеной — папа с новой женой. Нехорошо, неладно, тесно, в груди кипит горечь и злоба, маленькое сердце разрывается от противоречивых чувств — я же не могу разлюбить папу, это невозможно...

Разваливается, конечно, и театр — какой театр, если режиссёр в состоянии войны с главной актрисой? Чёрт обожает такие ситуации и всегда стремится извлечь из них максимум возможного дерьма, потому как всё, что с приставкой "раз" — развод, раздор, развал, разлад, — всё идет от него. Была семья, был театр — и вот вам, ни семьи, ни театра.

Противоестественное сожительство длилось недолго: из Москвы приехал брат Наташи К., накричал на папу ("Ты с ума сошел?!"), и молодожёны съехали от нас, сдав мою бывшую комнатёнку по коммерческой цене новым жильцам.

Так я опять очутилась в коммуналке. Но, надо сказать, жильцы подобрались не вредные — сначала вообще жили друзья по Военмеху, тихая семейная пара, потом поселилась "тётка Ритка" — уморительнейшая бабёха, любившая слушать пластинки с советской эстрадой (Аида Ведищева!) и работавшая на ткацкой фабрике. С фабрики стройная Ритка выносила отрезы тканей, обмотанные вокруг талии. Из похищенного шила наряды, искала мужа, напевала, чуть выпивала — лёгкий, уживчивый характер.

Жизнь раскололась и завертелась, рождая всё новые происшествия. Иван из Киева померк и сгинул, но мама опять увлеклась — на сей раз вихрь страсти увлёк её в роман с Анатолием, студентом Военмеха (к тому времени мама что-то там преподавала), спелым молодым красавцем. У Анатолия имелась безумная мамаша, которая поставила целью жизни разрушить эту связь — она своими руками отдала сына в армию и добилась, что маме предложили уйти с работы. С этой поры маму стали преследовать несчастья и болезни — она слабела и не могла понять причину (потом обнаружилось ХВП, хроническое воспаление лёгких). Хотя упрямая мама храбрилась, дела наши были плохи.

Жили в коммуналке, работу мама нашла — её пристроил в конструкторское бюро (лифты, подъёмники) друг по Военмеху Лёня Вышедский, — но бюро было далеко, мама уставала. Обе любви (Иван и Анатолий) закончились полным крахом.

Мне категорически не нравился иногда появлявшийся в нашей квартире Анатолий — не из-за личных качеств, которых у него, здоровяка-красавца, и в помине не было, но из-за тесноты общего житья (иногда он оставался ночевать, спал с мамой на раскладушке, и, не вовремя проснувшись, можно было услышать...). Но в целом я обнаружила, что развод и разлад — почти что норма жизни. В разводе были и родители Иры Порошиной, и родители Лены Ким, притом их мамы завели отчимов, и ничего. Ощущение катастрофы притушилось, затаилось. Жизнь с самого начала не сулила мне ничего лёгкого и радостного — ну вот и начинает сбываться.

С папой мы теперь встречались по воскресеньям, гуляли по городу и пригородам, и он замечательно интересно и вдохновенно рассказывал мне о книгах (однажды пересказал "Мастера и Маргариту") — мы никогда не говорили о жизни, никогда. А разве часто мы вообще говорим о настоящих серьёзных вещах? В основном люди отмалчиваются, тем более дети и подростки. Только много лет спустя, когда мне было под сорок, я сказала папе о той детской драме — как моё сердчишко рвалось от горя, когда он привёл Наташу, как я тихо ревела, скрывшись в ванной. Папа прижал меня к сердцу и заплакал...

Какими дураками делают страсти самых умных людей, как жесток делается добрый человек, если оскорблено его самолюбие! Папа, единственный ребёнок в своей семье, любимый своей мамой до предела, предполагавший в жене такую же преданность и самоотверженность, ослеп и оглох именно из-за травмы самолюбия, его желанием было — отомстить, дать почувствовать обидчице, что он ценный мужчина, что его любят, желают, боготворят. А такую мелочь, как я, родители в расчёт не брали. Страсти меняют оптику!

Потом папа построил очередной кооператив на улице Брянцева, куда приходилось ехать на трамвае чуть не полтора часа и где вскоре завёлся ребёнок Андрей (ныне известный панк Андрей Фига).

А мама... мама вышла замуж, как это принято у мам.

От меня вечно всё скрывали, отправляли то к друзьям на дачу, то в Рустави к бабушке. Когда я вернулась из Рустави, мама встречала меня не одна, её сопровождал невысокий брюнет с короткой бородкой и насмешливым выражением лица.

Мне было сказано, что это Валерий Шапиро, что мама вышла за него замуж и он будет с нами жить.

Шапиро тоже закончил Военмех, тоже играл в самодеятельности — и в Драме, и в эстрадном коллективе, тоже недавно развёлся с женой (была дочь Катя). Он принадлежал к тому же домену, что и родители, с блеском исполнил роль Франка Давенанта в инсценировке романа А. Грина "Дорога никуда", обладал эффектной внешностью, и папа даже написал на него дружелюбную эпиграмму:

Чтобы скрасить жить свою,
Серую и сирую,
Я себе щенка куплю,
Назову Шапирою.

(У Шапиры были большие выразительные карие глаза, которые можно было с равным успехом назвать и типично еврейскими, и типично собачьими.)

Как оказалось, он давно любил маму, и сила этого чувства, конечно, бесспорна — я не сомневаюсь, что Валерий обожал маму и никогда ей не изменял. Иначе они бы не прожили больше сорока лет вместе (и живут до сих пор). Но он хотел владеть мамой безраздельно и быть главным человеком её жизни.

Я должна была это ясно понять — и с первых дней Шапиро стал вести себя так, чтобы я это поняла.

Его с полным правом можно назвать кристально порядочным человеком из той серии, про которую говорят: "копейки не украдёт". До потери трудоспособности (в 2007 году его избили до полусмерти молодые отморозки на Каменном острове) Валерий неустанно работал, уже после шестидесяти лет овладев дефицитной специальностью "кислородчика" (в больницах есть такая должность, для обслуживания кислородных баллонов). Он много читал и обладал самостоятельным, насмешливым умом критического склада. Но у него, к несчастью, рано сформировался тяжёлый характер, осложнённый пьянством. А это штука, истребляющая в пепел любую добродетель.

Маму понять было нетрудно — сама выросшая без отца, она боялась остаться одна с ребёнком. А тут такая любовь, такое ухаживанье. Шапиро был щедрым человеком, и притом у него водились деньги.

Материально мы зажили куда лучше — Шапиро выкупил у папы мою комнату, и я опять заняла оставленные позиции. Он зарабатывал недурно, поскольку возглавлял бригаду монтажников на космодроме Байконур. Это было во всех отношениях замечательно — командировки длились по два—три месяца, и я блаженно отдыхала от его попрёков, высказанных всегда в крайне резкой форме, без всякого учёта моего возраста.

В первый же день знакомства нетрезвым голосом он сказал, что "для этой женщины я готов на всё, понятно? И ты сопли вытри сначала, ясно?". То есть дал почувствовать, кто тут главный.

Такой стиль жизни я встретила впервые и среагировала на него ясно и упруго: постаралась как можно меньше времени проводить дома.

За четыре года — с развода до полного воцарения Шапиро — я резко, ураганно повзрослела. Сформировалось тело, определился дух. Я написала об этом лет пятнадцать спустя так:

Чижик умер, и кошка сбежала.
Эх, на колготках дыра...
Уморилась, читать перестала,
Что-то маятны вечера.
Мама, ты плачешь? Где папа?
Где наш воскресный обед?
Сбежал перепуганный запах
Пригара домашних котлет.
В школе смеются: толстая!

Пышет и прёт естество.
Хихикайте, буду жить вдосталь,
Слепая, глухая — назло!
Семьдесят лет! Девяносто!
Знаменита, умна и хитра.
Круто замешано тесто,
Жизнь выпекать пора.
Я вырасту завтра без денежки,
Так просто, на смех и красу,
Как жёлтая сыроежка
В безгрибье, в поганом лесу.
("В тринадцать...")

Чижик умер — действительно. Я держала птиц, чижика, щеглов, потом голубого волнистого попугайчика. С чижиком вышла история: у нас были гости, и один шутник, мимоходом глянув на птицу, грозно сказал: "Чижик, я тебя съем!"

А чижик болел чем-то, не ел, не пил, я хотела, чтоб он попил воды, сунула клювик под струю, он и захлебнулся. Испуганная, я положила мгновенно окаменевшее тельце обратно в клетку и ничего никому не сказала. Каково же было изумление весёлого гостя, когда он увидел мёртвого чижика через пять минут после угрозы!

Под общий хохот он утверждал, что пошутил, что совершенно не хотел напугать чижика до смерти. Но всё — с тех пор ему неумолимо припоминали загубленную птичью душу, утверждая, что он не только пригрозил пернатому, но и дыхнул на него парами спирта, а чижикам много ли надо, вопреки известной песне...

И вот как пишется история!

"Эх, на колготках дыра". Колготки, сменив хлопчатобумажные чулки, пристегнутые к лифчику, прочно вошли в девичий быт, но были крайне низкого качества. Я постоянно ходила в зашитых-заштопанных колготках, причём цветных, в основном почему-то зелёных. Одевали меня никак — помню какое-то бежевое платье фабрики "Большевичка", нарядное, с вышивкой, но колючее и скучно-прямое. Иногда что-то шила мне сердобольная бабушка Лена — но редко...

"В школе смеются: толстая". Да, после развода как раз началось созревание, на рекордных скоростях, чуть не в одно лето. Очертилась чрезмерно, до карикатуры женственная фигура: разбухла грудь, расширились бёдра. О месячных меня никто не предупредил, и однажды (была одна в квартире) я решила, что умираю. Оказалось — наоборот, живу. Теперь уже заправской женской жизнью, и это "ничего страшного, так у всех". Так какого чёрта вы мне ни слова не сказали, как оно там "у всех".

Что вилять да хитрить — подзабыли меня взрослые в пожарах своих страстей.

Отмеченный в стихотворении упрямый вектор сопротивления верен действительности: да, я стала жить не благодаря, а вопреки. Крушение домашнего рая спровоцировало мощное желание противопоставить личную волю — любым обстоятельствам.

Ход развития был таков: на благосклонность внешнего мира рассчитывать не приходится, враждебного в нём куда больше, чем расположенного ко мне. Всё может измениться, рухнуть, пойти не так. Тут, понимаете ли, лучший из пап превращается в некое вздорное чудище, а каких-то озлобленных пьяниц приводят в дом и объясняют, что теперь их надо любить и жаловать. Никто меня ни о чём не спрашивает! Я вообще ничего не значу! Значит, ставку следует делать на внутренний мир.

Жить — внутри. И там вырасти до таких размеров, чтоб внешний мир с этим считался.

Тем более, скоро пришла подмога: в класс поступила новенькая девочка, Лена Ким, удивительно весёлое создание с круглым лицом, курчавой головой и узенькими глазами (отец кореец). Я уже дружила с Ирой Порошиной и Светой Калашниковой, но они были центровые, и после школы мы недолго общались — мне надо было тащиться на свой проспект Космонавтов. А Лена жила рядом, в такой же пятиэтажке, только на Витебском проспекте, до меня три остановки троллейбусом! Мы вскоре сделались неразлучны и предались разным затеям.

Одной из затей было самостоятельное питание. Мы покупали хлеб, докторскую колбасу (сто грамм на двоих) и поглощали всё это на пустырях среди деревьев и трав (около Витебского проспекта, у железной дороги, долгое время рос яблоневый сад, который, как водится, опять кому-то помешал). Осенью мы покупали маленькие арбузы и лихо их раскалывали пополам путём грамотного кидания на землю.

Мы озорничали: писали записки от имени Фантомаса и бросали их в почтовые ящики.

Мне нужен труп,
Я выбрал вас.
До скорой встречи.
Фантомас.

Проявился наш энтузиазм и в школе — мы стали рисовать стенгазеты. У Лены оказался чёткий крупный почерк, и мы сооружали что-то вроде просветительского листка с разными сведениями — по географии, по литературе. Лена тоже была из разведённой семьи, но её отчим (по фамилии Школьник), остроумный физик с жёлтым лягушечьим лицом, мне нравился куда больше моего собственного. Трудно было представить, что Борис Школьник лежит поперёк коридора, храпя в пьяном виде. Он и не лежал.

Кому-то везёт!

Некоторую психологическую сложность пришлось преодолеть, вписывая Лену в уже завязавшуюся систему отношений с Ирой и Светой. Лена казалась им поначалу слишком легкомысленной и простой. Читала ли она Жорж Санд?

Нет, не читала.

Ира презрительно фыркала.

Ну, а когда ей читать Жорж Санд? Она пловчиха, занимается три раза в неделю...

Ира, Лена, Таня, Света. Кажется, в нашем поколении это были самые частотные имена, особенно Лена. Так и говорили: "У вас мальчик или Леночка?" Однако и физиономии, и характеры у нас были преоригинальные. Четыре личности — как четыре стороны света. Крепкая, устойчивая конструкция, ведь, скажем, трое — этого для кружка мало, а пятеро — уже много, уже стая, и нужен вожак. А у нас вожака не было — полное равноправие.

Ира — отличница, ей даются все предметы, и, кроме того, она ходит в кружок рисования. (Однажды, благодаря своим умениям, она виртуозно подделала билеты в ТЮЗ (изменила дату) на самый популярный тогда спектакль — "Наш, только наш", где молодые актёры блистательно пародировали зарубежную эстраду.) Но у неё при том лёгкий, заводной характер, и смеётся она много, охотно и заразительно. Ясная, толковая голова: когда я проболела сложный раздел алгебры (функции, интегралы), Ира объяснила мне всё исключительно внятно, куда лучше учителя, и тёмное на миг стало для меня светлым.

Света — самая рассудительная, до занудства. Подозреваю, у неё в роду были старообрядцы. Лицо — как на фотографиях рабочих и крестьян начала века: строгие черты, сжатые губы, пышные пшеничные волосы расчёсаны на прямой пробор и уложены в две толстенькие старорежимные косички. Света всегда казалась самой старшей из нас, зато впоследствии жизнь её почти не изменила. Удивительно, как такой вдумчивый и серьёзный человек увлёкся коллективным переживанием любви к театру, но тут, конечно, не обошлось без гипноза — и гипнотическое начало воплощала Таня. Если мне что-то нравилось, я пыталась заставить всех окружающих понять и разделить мое увлечение — именно я притащила девочек в ТЮЗ, посмотреть вживую на исполнителя роли Раскольникова в фильме "Преступление и наказание" Георгия Тараторкина. А ознакомившись с репертуаром театра, твёрдо решила, что актёр Николай Иванов гораздо сильнее Тараторкина, — и убедила в этом подруг. Как известно, маньяки всегда побеждают! У людей нет силы им сопротивляться... Света сопротивлялась дольше всех — ей Тараторкин продолжал нравиться, да и вообще Света не любила менять пристрастия. Но Иванов в ту пору действительно играл так великолепно, что увлёк и Свету — силой искусства.

Лена, напротив, была переполнена чувствами и переживаниями, и решиться на самые отчаянные поступки ей ничего не стоило. Толстенькая, плотная Лена — насмотревшись на изящных актрис ТЮЗа и справедливо предполагая, в чём состоит гипотетический идеал Николая Иванова, — не просто похудела, но кардинально преобразилась. У нас на глазах она стала тонкой и стройной девушкой. Такая могучая воля, исходящая не из рассудка, а из страсти, поразила даже Свету...

Впоследствии я взяла схему дружбы четырёх девочек для романа "Она что-то знала". В действительности никто из нас не был похож на персонажей этой книги, не продлилась наша дружба и "на всю жизнь", не получилось. Но спасительный союз помог мне (и нам всем) выжить в тревожную пору девичества и юности. Благодаря ему мы не были одиноки и нас невозможно было разбить — ни вождям (учителям), ни массе (ученикам). Стало быть, существовало ещё одно положение в государстве, которое мы нащупали и примерили на себя, — для тех, кто хочет быть сам по себе. Для свободных людей!

Кстати, никто из нас, девочек, не пошёл на исторический общешкольный митинг, одобряющий высылку А.И. Солженицына из СССР. Решение принималось единодушно. Мы были солидарны не только в увлечении театром, но и в оценке своего времени. Мы читали Солженицына, слушали Галича и насмешничали. Помню, как мы распевали на мотив песни Шаинского "От улыбки станет всем светлей..." следующий текст:

Двадцать пятый съезд КПСС!
Сколько в этом слове дивного, ребята!
НТР в эпоху МТС,
Пятилетки поступь гордая двадцатой...

Однако никакого конца этому царству не предвиделось, а надо было готовиться к будущему поступлению в какой-нибудь вуз. Некомсомольцу мало что светило, поэтому мы — на общем собрании нашего кружка — решили в комсомол всё-таки вступить. Это было против убеждений, против совести, но поделать было ничего нельзя.

Шли в райком (там принимали окончательно) — молча, со слезами на глазах. Громада лжи, в которой мы жили, казалась такой незыблемой, такой безнадёжной!

Ты комсомолец? Да!
Давай не расставаться никогда!

Но это я вперёд забежала...

Глава восьмая
Беда не приходит одна

Да, беда не приходит одна: открылась дверь в несчастье — считай до трёх. Это если повезёт.

Вскоре после развода заболела бабушка, и это случилось летом. У неё обнаружилась кишечная непроходимость, бабушка, разумеется, терпела до последнего (стойкая нелюбовь к врачам и больницам). Помню, она отправила меня к фельдшеру в совхоз "Победа", за пять километров от Каннельярви, почему-то хорошо помню дорогу, которую я одолевала с трудом и печалью, будто подозревая, что всё это абсолютно бесполезно. Фельдшер выдал мне пургену для бабушки, что, думаю, немало позабавило рак прямой кишки, который у неё был уже в полном расцвете.

Операцию сделали удачно, но вывели бабушке отвод в бок, и она десять лет носила калоприёмник, отчего её стремление к чистоте стало уже маниакальным, а есть она почти перестала. Из довольно полной и моложавой женщины бабушка сделалась худой морщинистой старушкой. Можно было сделать ещё одну операцию и вернуть пищеварительный тракт в его окончательном сегменте на положенное место, но Антонина Михайловна, я подозреваю, нового хирургического вмешательства панически боялась.

Ей не сказали про рак — твердили про какие-то "полипы". Бабушкиного образования хватило как раз на то, чтобы в таинственные полипы свято поверить. Слова "рак" тогда избегали все — да и сейчас предпочитают говорить "онкология". Бабушка решила, что полипы произросли исключительно оттого, что в молодости она питалась всухомятку и не кушала супа. (В результате до смерти бабушки мне не удалось пообедать без супа.) Хотя Татьяна Ивановна, её мама, умерла от рака пищевода, и трудно было не догадаться — но система самообмана у бабушки была отлажена идеально.

Ведь и Татьяна Ивановна, по её убеждению, получила рак пищевода оттого, что пила слишком горячий чай!

А то, что Татьяна Ивановна прожила жуть обыкновенную, то есть русскую женскую жизнь XX века — две войны, блокада, эвакуация, голод, нищета, без мужа с двумя детьми, сын (брат бабушки) повесился, — этого Антонина Михайловна в расчёт не брала. Жуть обыкновенная была всеобщим уделом, при чём тут всякие раки.

Последствия болезни бабушка переносила исключительно стойко — время от времени она голодала начисто и, что называется, "съедала" потенциальные рецидивы подлого рака. Продержалась она после операции десять лет. Правда, попивать стала круче, влетала даже в запои, но запои малые — на три дня. Пила бабуля моя портвейн из чайных чашек, наливая его в чайник (неужто влияние "Бесприданницы"? было ли это в старом кино?). Первый день был ещё ничего — бушевать бабушка начинала в день второй. Там был монолог из непереводимой игры слов. На третий день в ход шла голова, обвязанная мокрой тряпкой, и тихие стоны...

А весной 1972 года, когда мне предстояли экзамены за восьмой класс, случился и со мной кошмар.

Мы тогда с девочками ходили запойно в Театр юных зрителей, много гуляли вместе и разговаривали, а весна была довольно холодная. Помню, что простыла, что болело за правым ухом, — и вдруг со мной стало происходить нечто необыкновенное. Я не чувствовала вкус пищи, у меня не поднималась правая бровь, рот начал как-то странно скашиваться на сторону и не закрывался глаз!

Участковый врач мигом упёк меня в больницу: правосторонний паралич лицевого нерва. Экзамены за восьмой класс я не сдавала — получила освобождение.

Куйбышевская (ныне Мариинская) больница всегда была "больницей для бедных" — палата на двенадцать человек, скудная пища и лечение не слишком тщательное. Меня каждый день обкалывали новокаином в шею (новокаиновая блокада — наверное, чтобы паралич не пошёл дальше), а уж косметические последствия в расчёт не шли. Что такое паралич лицевого нерва для девочки в тринадцать лет, объяснять излишне, наверное?

И так не красавица. А тут пол-лица неподвижны, как после инсульта. Из некрасавицы уверенно превращаюсь в страшилище. С такой физиономией мне в драмкружке уже делать нечего — а ведь в Доме культуры Ильича, под водительством добрейшего Николая Петровича Карамышева, я игрывала в "Хрустальном башмачке" фею Мелюзину!

Существовала даже настоящая, на бумаге, программка спектакля, где значилось синим курсивом: "Фея Мелюзина — Татьяна Москвина". Мне выдали блестящее голубое платье, я задирала руки с волшебным посохом и вдохновенно колдовала:

> Ну-ка, мачехины мыши,
> Станьте больше, станьте выше,
> Обрастите гривою —
> Пышною, красивою,
> Шею выгните дугой,
> В землю топните ногой!
> Раз-два-три!

Вот тебе и "раз-два-три". Вместо обычного лица, чьи мышцы подвластны сознательному усилию, что-то вроде символической театральной маски, где одна половина лица скорчилась в плачущей гримасе, а другая хохочет. Теперь на сцену путь закрыт — на улицу-то выйти неловко.

Физиотерапия не помогает, массаж не помогает, рекомендуют вывозить на море — едем в Евпаторию ("очень жаль мне тех, которые не бывали в Евпатории" — Маяковский; согласиться не могу, жили в сыром цоколе одного санатория, тоска), несколько помогли только сеансы иглоукалывания в ведомственной, железнодорожной больнице. На иглоукалывание вышла мама, она умела находить связи, у неё к тому времени накопился опыт лечения-общения с медициной. Так всё и слиплось в горестный клубок: развод, житьё с папой и его новой женой Наташей К., рак у бабушки, появление отчима, мамины хворобы, мой паралич, три—четыре года бедствий.

(Кстати, замужество её "Кирки" бабушка откомментировала в своём неподражаемом стиле: "Вот, ботинок сняла — и лапоть надела!")

Однако "лапоть" наш неплохо зарабатывал на байконурских командировках, так что со временем мы выплатили папе его часть пая за кооператив и стали искать вариант обмена — съезжаться с бабушкой. Мама-то знала правду о её болезни и предполагала, что вскоре за бабушкой нужен будет уход да уход. Но до этого бабушка так и не опустилась в своей лютой дисциплине — она слегла только в 1981 году, после рождения моего сына Севы, и пролежала всего месяц...

(Вот не знаю, куда записывать это событие, съезд с Антониной Михайловной — в бедствие или обыкновение, потому что совместное наше с бабушкой житьё было склочное и нервозное. Но таким образом комната её на 17-й линии не пропала, а влилась в общее существование на Будапештской улице, дом 49, корпус 1, квартира 3. А в те времена, как и сейчас, история *жилплощади* — вещь немаловажная, и лёгкой и простой она у *немногоимущих* людей не бывает.)

Что явилось первопричиною бед?

Определённо — развод. До развода родителей ни бабушка, ни мама, ни я не болели ничем серьёзным. Развод — это раскол быта и бытия: в трещину полезли несчастья. А я тогда была лицом не действительным, а страдательным, ничего предотвратить не могла и заливалась горючими слезами в одиночестве. Теперь залиться оными горючими было ещё проще: взглянуть в зеркало.

У меня была такая славная улыбка! Её больше не будет никогда... Иглоукалывание смягчило последствия паралича, но при любом движении губ теперь сокращались мышцы под правым глазом, и он невольно сощуривался. Это придавало мне насмешливый и скептический вид без всякой вины с моей стороны... Вдобавок расформировали мою родную школу! Всем ученикам пришлось подавать документы в другие районы, где были французские школы, — и мы с Ирой и Светой поступили в школу № 392 у Нарвских ворот. Строптивая Лена Ким зачем-то перевелась в другую, у Витебского вокзала — но потом опять пришла к нам, и наша великолепная четвёрка восстановилась.

Это было единственным спасением и защитой — дружба с девочками, ведь мы были действительно и глубоко преданы друг другу. У нас был любимый театр, и у нас имелся идеал человека — артист Ленинградского ТЮЗа Николай Иванов. С таким запасом прочности мы могли противостоять всякой агрессии мира, и мой паралич девочкам был безразличен — подумаешь! Дружбе это никак не мешало.

Паралич лицевого нерва имел два по-настоящему серьёзных последствия: я задушила все мечты о сцене (конечно, хотела в актрисы — а что, нормальный человек может хотеть стать критиком?!), и резко возросла моя скрытность/замкнутость. Откровенна я была лишь с друзьями, хотя меня сильно тянуло к людям, ко всяким людям, даже явно неблизким по духу.

Но теперь, разглядывая сложившийся в результате узор, я оцениваю мой паралич не просто как случайную беду.

А ну как его бы не было и я бы реально попёрлась в актрисы и меня бы взяли? Что бы меня ожидало с моим характером и данными, кроме разврата, пьянства и препирательств с режиссёрами? Энергия утекла бы в никуда. Если судьба собиралась сделать из меня литератора, ей, конечно, следовало резко и как можно раньше пресечь актерский вариант, исключить его принципиально. Так она и поступила — а методы, что ж методы? Кому-то достаточно психотерапевта, а к кому-то приходят с набором хирургических инструментов. К кому-то не приходят вообще.

Глава девятая
Героин по-советски

Во всём мире каждую секунду рождаются дети — одних ждут, других нет, на одних возлагаются надежды, другие растут себе как трава. Но мы, дети, родившиеся в России конца пятидесятых, как и предыдущее и последующее поколения, попали в особую, насквозь идеологизированную страну, где тотально царила героическая модель личности. Такого в тот момент на Земле было немного и располагалось очагами, среди которых СССР был самым могучим и властным.

Очаг героизма, где о подвигах твердили с колыбели до могилы. В человека вбивали и вливали чёткую программу действий.

Притом революцию, Гражданскую войну, коллективизацию с индустриализацией и прочие прелести творили те, кто был рождён и воспитан при царе и церкви. Мы же выращивались на долгом эхе этой беспримерной исторической гулянки. Уже не стихийно, а планомерно. Потенциальный героизм планировался, как отрасль промышленности.

Вся история — история СССР, история КПСС — была рассказом о кучке героических проходимцев, которые подготовили восстание, а потом принялись переделывать огромную страну по пришедшему в их головы фантастическому плану. Они и чаю не пили, и за грибами не ходили — разве в ссылке, — а собирались на съезды, прятали подпольные типографии, писали революционные программы действий, как захватить почту, телеграф и телефон, учили массы сражаться за будущее, а когда оно наступило, бесконечно воевали. Всё — борьба, и всё в борьбе, так нас учили.

"Труд — дело доблести, славы и геройства".

"Да здравствует героический рабочий класс!"

На уроках пения мы пели вообще несусветное. Скажем, песню "Мечтать, надо мечтать!" с таким текстом:

Мчатся ракеты к дальним мирам,
К подвигам сердце рвётся!
Кто верит крылатым, как песня, мечтам,
Тот цели своей добьётся!
Припев:
Мечтать, надо мечтать
Детям орлиного племени,
Есть воля и силы у нас, чтобы стать
Героями нашего времени! *(2 раза)*

По-моему, это не песня, а магическое заклинание ("есть воля и сила у нас"). Нам по десять — двенадцать лет, а мы уже должны мысленно тренировать себя для будущих подвигов, причём без всякой скидки на пол и возраст — среди иконостаса "пионеров-героев" чётко продуманное, равное число мальчиков и девочек. Молодогвардейцы — тоже юноши и девушки в равном представительстве. Женщинам никакой поблажки не полагается — если ты сама не герой, так ты мать или боевая подруга героя, это тоже ценится.

Вспоминаю совсем уж экзотическую песню из школьного репертуара — о греческой певице Мелине Меркури, посвятившей свою жизнь борьбе за счастье родного народа против режима "чёрных полковников".

> На сцену в чужих столицах,
> На митинги площадей
> Выходит, как в бой, певица,
> На подвиг зовёт людей.
> (и чего там такое... не помню)
> *Припев:*
> Поет Мелина Меркури,
> Зовёт Мелина Меркури,
> Эллады бесстрашная дочь! *(2 раза)*

"Выходит как в бой", "на подвиг зовёт" — это были устойчивые штампы, будни, повседневность. Нас заранее предупреждали, что маленькая детская жизнь, которой мы живём, — только пролог к той большой и тревожной, где идёт постоянный бой и требуются непрерывные подвиги. Дескать, вы там не очень-то разнеживайтесь со своими Винни-Пухами. Впереди не опушка леса, набитого игрушечным зверьём, но арена вечного сражения с врагами.

> Неба утреннего стяг,
> В жизни важен первый шаг.
> Слышишь, реют над страною
> Ветры яростных атак!
> Весть летит во все концы,
> Вы поверьте нам, отцы, —
> Будут новые победы,
> Встанут новые бойцы!

Припев:
И вновь продолжается бой!
И сердцу тревожно в груди!
И Ленин такой молодой,
И юный Октябрь впереди!

Это уже Пахмутова и Добронравов. Такие и тому подобные песни гремели по радио и ТВ каждый будний день, а в праздники выдавались праздничным щедрым пайком.

Героем патриотических песен был уже не живой Сталин, а давно умерший Ленин, то есть героическая тень Ленина, поэтому от них веяло чем-то готическим и макабрическим. Вот точно от нас, "детей орлиного племени", требовалось воскресить нечто мёртвое, страстно желающее воплотиться и стать живым.

Вторым, но равнозначным Ленину героем патриотических песен была Родина, могучее существо с массой лесов, озёр и полей, требующее исступленной любви и клятв-уверений в этой любви.

(Помню, папа хмыкал, цитируя одну песню: "И где бы я ни был, куда бы ни шёл я, пред Родиной вечно в долгу" — и он саркастически подчёркивал голосом это "вечно в долгу!".)

Дай мне любое дело,
Чтобы сердце пело,
Верь мне, как тебе верю я!

Так, подрагивая головой от чувств, задушевно пел певец (Магомаев, Гуляев, Кобзон, Хиль), обращаясь к Родине, которую в песнях называли Россией, а не СССР, потому что "СССР" не выпевалось и не имело для себя хороших римф, а "Россия" и выпевалась, и рифмы хоть и хроменькие, да приводила.

> Гляжу в озёра синие,
> В полях ромашки рву,
> Зову тебя Россиею,
> Единственной зову...

Эта советская литургия никакого ответного восторга в массах не вызывала, но считалась чем-то обязательным, непременным. "Так надо". Раздражал только откровенный фальшак (вроде завойки про коммунистические бригады — "В коммунистических бригадах с нами Ленин впереди!"), а песни, профессионально сделанные, выслушивались спокойно, иногда и с удовольствием.

Я так много говорю о песнях, потому что согласна, "песня — душа народа". И та тухлятина, которую поют сейчас, тоже выражает душу народа, замерзевшую и опошлившуюся до вселенского позора. А тогда, в шестидесятые, душа народа раздвоилась на официоз и самодеятельность (с тонкой прослойкой песен "про любовь и дружбу", разрешённых официально, и при этом хороших, без идеологии) — процесс шёл до девяностых годов.

Окружённая врагами страна делала вид, что сражалась за всё — за хлеб, за сталь, за ракеты, — но добытую с такими боями вещественность распределяла по бойцам довольно равномерно. И героизма особого не было — все нормально работали. Если бы покорителям целины платили побольше, в чём бы был их героизм? Нормальная, в сущности, идея — освоение новых земель. Действительность до поры являла спокойный, планомерный лик — спрашивается, для чего нас воспитывали в героическом духе, для чего грузили патриотизмом, омывали песнями и фильмами про героев?

Потому что получилось что-то не совсем запланированное — многие воспитанные в героическом духе реально стали затем борцами, только не "за", а "против". Программа повернулась против программистов!

Уныло и упрямо советские идеологи шестидесятых–восьмидесятых вызывали к жизни героический дух воинственности, который им был абсолютно не нужен. Для поддержания порядка нужны были не герои, а циники и конформисты. Но в этом кремлёвские деды опять-таки не могли признаться! Не могли сказать — ребята, вы как-нибудь там потихоньку работайте, не шумите, мы тоже как-нибудь порулим, и эта чёртова колымага ещё поскрипит. Нет, они с патологической основательностью плодили ненужных героев, которые опять прятали подпольные типографии и мечтали о насильственном и скором преобразовании Родины, у которой так много лесов, полей и рек.

Фырканье Бродского в пересказе Довлатова — "Советский, антисоветский, какая разница?" — точнейшим образом характеризует эту парадоксальную ситуацию. Антисоветское выросло из советской программы воспитания борца за будущее.

Представьте себе, что вы растёте под заклинания о том, что человек обязан бороться с несправедливостью за счастье людей, изменять жизнь к лучшему, отвечать не только за себя, но за весь мир, никогда не быть равнодушным, готовиться к подвигу и совершать его. Родина ждёт! Эта героическая литургия идёт каждый день. Да, вроде бы враг назван в ней, но вы никогда этого далёкого врага-буржуина не видели. Вы видите ту жизнь, что перед вами.

И именно она — поле для применения вашего героизма. Вы без труда различаете именно в ней несправедливость, именно её надо переделывать к лучшему. Поэтому те, кто воспринял героическую программу, действовали логично и последовательно.

Такова уж судьба насильственных, революционных преобразований: свершив их, дух воинственности не может угомониться и плодоносит до последнего, до полного уничтожения своими воспитанниками — себя же самого.

Кроме того, советская идеология была не слишком удачной, но в чём-то довольно точной пародией на христианство.

Бог-отец — Карл Маркс (с добавкой Фридриха Энгельса), двуликий бог, эдакий "элохим".

Христос, сын Божий — Ленин, затем "Ленин сегодня — Сталин", затем опять Ленин, но умерший и при этом вечно живой.

Богоматерь — Россия.

Дух святой — марксизм-ленинизм.

Апостолы — большевики.

Христианская церковь — Коммунистическая партия.

Патриарх (Папа Римский) — Генеральный секретарь Коммунистической партии.

Царство Небесное — Светлое будущее.

Язычники — немарксисты.

Народы — народы.

Вера — вера.

Таким образом, от союза Карла Маркса и России рождался Ленин, создавший с большевиками и оставивший нам Коммунистическую партию для переправки народов в Светлое будущее.

Этот миф требовал определённого отрешения от реальности и напряжения трансцендентных способностей. Для этого напряжения и работала машина пропаганды, нацеленная на массовое производство "героина по-советски".

В довольно вяленькую тушу уже адаптированного к действительности социального государства зачем-то впрыскивали убойные дозы галлюциногенов и стимуляторов. Миллионы граждан спокойно покупали торшеры и раскладные диваны в новые квартиры, копали грядки на своих (бесплатных!) шести сотках, строили планы на тринадцатую зарплату, ходили в кино/театр смотреть очень приличные фильмы/спектакли, ненавидели рабочие, "чёрные" субботы и пили хорошую дешёвую водку.

Где тут было место подвигу, непонятно. Но им твердили, что оно есть! Вот они со временем и нашли свой подвиг — порушили на фиг социальное государство и стали жить в социальных джунглях.

"Героин по-советски" действовал не на всех. Большинство обывателей его не воспринимало, сколько ни впрыскивай. А вот молодая интеллигенция и её дети — те, конечно, были в группе риска. Когда мама в шутку спросила меня, читая мне сказку Катаева "Цветик-семицветик", а какие бы я выразила желания, если бы они могли исполниться волшебным образом, то среди первых я назвала: 1. Чтобы был жив дедушка Ленин. 2. Чтобы наступил мир во всём мире и запретили атомную бомбу. 3. Чтобы не убивали Мартина Лютера Кинга...

В семь лет! Оболванили ребёнка напрочь. Ну что мне Мартин Лютер Кинг? Я о нём только по телевизору и слышала. Но детской своей душонкой отозвалась на пропаганду — был хороший человек, боролся за счастье своего народа, его убили, гады, сволочи, враги негров, рабочих и крестьян. Негры почему-то воспринимались как абсолютные друзья там, в мире капиталистических антиподов...

В пионеры нас принимали девяти лет от роду, причём всех подряд без исключения и без вопросов о личном волеизъявлении — но сначала, 22 апреля, в день рождения Ленина, самых достойных. Остальных в мае. Я надеялась, что меня примут как одну из самых достойных — нет, не подошла. Рыдала в школьном туалете до истерики! Это же так просто — построить иерархию (кто лучше, кто хуже), а уж в желающих быть лучшими недостатка не будет.

А потом, с бьющимся сердцем, на линейке (линейкой назывался общий сбор школьников, выстроенных строго рядами, как "по линейке"), давала клятву юных пионеров Советского Союза.

"Я, юный пионер Советского Союза, перед лицом своих товарищей торжественно обещаю: жить, учиться и бороться, как завещал великий Ленин, как учит Коммунистическая партия. Всегда выполнять законы пионеров Советского Союза!"

— Будь готов!

— (*звонким хором*) Всегда готов!

Что за ахинея, Господи. "Будь готов", "всегда готов". К чему? Что придут враги, будут пытать? Что полетишь в космос? Что воскреснет великий Ленин?

На самом деле следовало бы добавить — будь готов! к тому, что вся эта петрушка в один прекрасный день ёкнется к праотцу и праматери.

Но к этому никто оказался не готов!

Итак, шло время, и героическая программа во мне медленно поворачивалась против её создателей. Я читала много книг из серии "Пламенные революционеры", и среди них были довольно вменяемые сочинения о Робеспьере и Марате. Французская революция, зажигательно проливавшая кровь под сияющими лозунгами свободы, равенства и братства, выглядела подозрительно знакомой. А тут — доклад Хрущева на XX съезде, который я нашла на книжных полках вместе с "Одним днем Ивана Денисовича" — всё затолкнутое за первый ряд книг, свернутое в трубочку.

"Иван Денисович" — книга без аналогов. Книга-мститель, книга-терминатор. Другой такой в истории человечества нет. Советские чудовища, сами вожди, их идеологи, их воспеватели, блудящие словом, не заметили, как вся убойная сила русского слова утекла от них к другому, ими выращенному чудовищу — или, скорее, чудищу. Драконы выращивают героев своими собственными когтистыми лапами! И я думаю, с этой книги Солженицын перешел под непосредственное покровительство Михаила Архистратига, Господнего полководца...

Оказывалось, что наше сегодняшнее благополучие куплено ценой крови — невинной крови. Что ради него у людей отбирали свободу, заключали в зону. Я потом записала в дневнике такую картинку: я покупаю булку за семь копеек, сайку, дешевую и вкусную, разламываю её, а оттуда хлещет кровь. Я живу, а у людей отобрали жизнь и молчат об этом, все молчат.

Ложь.

Несправедливость.

Надо что-то делать.

И в неполные тринадцать лет, уже обколотая "героином по-советски", я совершаю довольно героический поступок...

Итак, седьмой класс. Мы проходим "Молодую гвардию" Фадеева, которая занимает по учебному плану почти всю четверть. Как-то странно была составлена школьная программа, скакавшая от "Слова о полку Игореве" до "Молодой гвардии" за два года, а потом опять возвращавшаяся к Некрасову с Островским. Наверное, для того, чтобы вбить героину в отроков и девиц как можно раньше, подсадить их, пока они не успели зачерстветь...

Я люблю Лермонтова и Достоевского, я читала Доде, Мопассана и Экзюпери, и роман Фадеева мне не нравится абсолютно, кажется напыщенным и фальшивым. Спокойно и обстоятельно я говорю Тамаре Львовне, которая вела наш класс с первой ступени, а теперь стала преподавать нам литературу, каждого из нас знает назубок: "Тамара Львовна, изучению романа «Молодая гвардия» отдано слишком много времени, а между тем в художественном отношении это слабое произведение. Враги изображены карикатурно, герои неживые. Я читала роман внимательно и хорошо его знаю, а потому не буду присутствовать на уроках, пока там разбирается «Молодая гвардия». Это пустая трата времени. Вы можете проверить моё знание Фадеева и литературы вообще на специальном зачёте".

Ошарашенная Тамара Львовна пробовала было отговорить меня от дикой затеи. Но я стояла как скала — причем буквально. Ученики отправлялись на урок литературы, а я монументом отщепенства торчала в коридоре: сказала — не пойду, значит, не пойду. Так закаляется сталь или иначе?

Меня водили к директору. Приходила тётенька из роно. Я понимала, что пробил час испытаний, и держалась хладнокровно и слегка насмешливо, как Овод (в подзабытом ныне романе Э. Войнич про итальянского революционера). Выдвигала всё те же аргументы про недостаточную художественность книги — нет причин изучать её три месяца. Про то, что "Молодая гвардия" и не могла быть художественной, потому что ложь и дутый пафос ещё не научились обретать совершенную форму, ну вот не получается пока что, я умолчала. Моей целью было не исключение из школы, а избавление от присутствия на уроках, где изучалась книга, от которой меня тошнило.

Наверное, я к тому времени уже что-то излучала тревожно-убедительное. Учителя могли догадаться, что уроки усвоены, и вот же он, перед ними — юный пионер Советского Союза, честный, искренний, бескомпромиссный и готовый к борьбе. Пять с плюсом за обучение, господа учителя! Что ж вы теперь удивляетесь, чем смущены?

Казус настолько выпадал из обыкновения, что школа дрогнула и сдалась. Мне разрешили не быть на уроках по "Молодой гвардии"! И Тамара Львовна действительно учредила для меня особый зачёт, на котором велела прочесть наизусть десять любых стихотворений из русской классики. Славная, как вы понимаете, была женщина...

Глава десятая
Экономная экономика

Теперь, когда нас "перевели на цифру" и мы всем народным дышлом въехали в тот самый "мир голого чистогана", которым нас пугали в детстве, я с некоторым интересом всматриваюсь в свою жизнь при социализме. Как же и на что мы жили?

Бабушку отправили на пенсию сразу после смерти Сталина, и она до семидесятых годов получала 55 рублей. Потом прибавили 15 рублей, потом еще немного (ведь воевала, имела награды), так что рублей 80 бабушка имела и распоряжалась ими виртуозно. Наши полдомика, "курятник" в Каннельярви стоил 50 рублей на все лето (а прибывали мы в конце мая). Квартплаты же почти что не существовало — бабушка платила нечто вроде двух рублей. Пай в кооперативе стоил около двух тысяч рублей, но его выплачивали, после первоначального взноса, долгими годами, рублей по пятнадцати в месяц.

Папа и мама, как молодые инженеры, получали рублей по 120, так что проплаты за кооператив не были слишком чувствительны. Расходы на одежду — минимальные: всё в одном экземпляре, нарядное платье, костюм, демисезонное пальто, зимнее пальто, туфли, сапоги. Совсем ветхую одежду отправляли в рубрику "ходить в лес", кое-что ещё крепкое после мамы или меня отдавали бабушке.

Помню, как забавно смотрелось её морщинистое личико в моей бывшей шапке искусственного голубого меха с ушками. Однажды она отправилась в магазин в моём же сером пальто из кожзаменителя (чистый ужас) и в этой шапке — и была остановлена пожилым господином с целью лёгкого приставания! Бабушке было под семьдесят, от разговоров на тему "а где вы живёте, не зайдёте ли чайку попить?" Антонина Михайловна давно отвыкла. Встреча с господином стала источником вдохновенных рассказов... Замечу, что "молодёжное пальто" и детская шапка, несомненно, стали катализатором инцидента.

Сто двадцать рублей — это была заветная цифра нормальной средней зарплаты квалифицированных бюджетников. Она не менялась, а с чего бы ей было меняться? Когда в 1986 году меня после аспирантуры взяли на работу в "сектор театра научно-исследовательского отдела Ленинградского государственного института театра, музыки и кинематографии" на должность научного сотрудника, я получала те же самые 120 рублей.

Папа и мама в 1966-м получали 120 рублей, и я в 1986-м — те же 120. Но и остальное почти не менялось: проезд на метро — 5 копеек, картофель — 10 копеек килограмм, яйца — 90 копеек десяток, докторская колбаса — 2 рубля 20 копеек килограмм, антрекот в кулинарии — 30 копеек штука, школьная карточка на месяц (все виды общественного транспорта) — 1 рубль, ткань "ситец" — 40—60 копеек за метр, плацкарта в Москву — 5—6 рублей, пол-литра водки — 2 рубля 87 копеек, затем легендарные "три-шестьдесят две" и "четыре-двенадцать", роман Достоевского "Преступление и наказание" в типовом массовом издании — 1 рубль 10 копеек.

(В прекрасном романе Ольги Славниковой "2017" один герой говорит с горечью: "Я отличный писатель, не хуже никого, не хуже Трифонова, но никогда, никогда, никогда цена моей книги не будет выдавлена сзади на обложке!" Да, цена любой книги специально выдавливалась в левом верхнем углу твёрдого переплёта, а мягкого переплёта в мрачной солидности социализма почти что и не было, цена же всяких-разных журналов пропечатывалась в том же левом верхнем углу...)

Книги имели ценность, в трудную минуту их можно было продать букинистам, в "Старую книгу" — особо ценились дореволюционные издания и собрания сочинений. Помню, как в эту самую трудную минуту я сдала за 20 рублей собрание сочинений В. Вересаева с острой печалью в сердце. (Вересаева я прочла внимательно и с удовольствием, он немного походил на Чехова (даже внешне), но писал о вещах, актуальных в двадцатые годы: к примеру, о половой жизни студентов (повесть "Исанка"). Половая жизнь студентов двадцатых, при отсутствии противозачаточных средств и плохой гигиене, явственно отдавала неаппетитным трагизмом. Герой-студент хронически боялся "дойти до конца" и подвергнуть возлюбленную риску аборта, чем замучил её до психоза... и таким интересным писателем пришлось пожертвовать! Позже я узнала, что Вересаев был чрезвычайно порядочным человеком, почти безупречным...)

Крупные покупки — холодильник, телевизор — делались в кредит, и кредит составлял 7–8 рублей в месяц. В ресторане можно было посидеть, с вином и горячим, на 3 рубля с человека. Культура (билеты в кино, театр и музеи) доставалась всем желающим практически бесплатно. Если человек не обладал большим житейским аппетитом и не вожделел трёхэтажного дома за городом и личного автомобиля, он спокойно жил "как все" и ни в коей мере не страдал ощущением бедности.

До середины девяностых годов я не видела богатых людей. Мне и сейчас на них как-то не везёт.

Ну, кто в близкой мне среде может быть богат — телеведущие, рок-звёзды? Пожалуйста вам — была я в гостях у Виталия Яковлевича Вульфа, ведущего программы "Мой серебряный шар", и у Константина Кинчева, лидера знаменитой группы "Алиса".

Вульф, ныне покойный, жил в переулке у Смоленской площади, в скромной маленькой квартирке (метров сорок), заставленной книгами. Конечно, у него были два больших телевизора, на кухне и в кабинете. Несколько раз в неделю к нему приходила женщина для уборки и готовки. Два раза в год по две недели Виталий Яковлевич отдыхал в Ницце или каком-нибудь Жуан-Ле-Пине. Вот и всё, этим исчерпывался его материальный достаток...

Костя Кинчев с семьёй тоже обитает в центре (не скажу где) — у него трёхкомнатная небольшая квартира без всяких излишеств. Летом он предпочитает жить в Лужском районе на берегу озера, где, судя по фотографиям, удачлив в лове рыбы. Правда, был роскошный, цвета кофе с молоком, котище — британец Шип Шипыч. Вот он, думаю, тянул на примету богатства? (Что меня поразило — у Кости даже не развешано в квартире ни одного плаката, ни одной афиши с собственным изображением...)

Это я пишу в тему "экономной экономики", нежно вдалбливая в гипотетического читателя нехитрую мысль о том, что бытие и сознание определяют друг друга в каждой человеческой жизни своеобразно. Есть общие законы, а есть и личный выбор. Когда иной социалистический в прошлом человек вдруг осознаёт, что ему недодали, и начинает жадно хватать и ловить недоступные раньше блага, наступая на других, роняя достоинство, он, возможно, заслуживает снисхождения — но он виновен.

Моё уважение принадлежит квалифицированным специалистам, добившимся умеренного благосостояния честным трудом. Это благосостояние было (как правило) умеренным и при социализме, и остаётся таковым и теперь, при нашем не имеющем названия строе.

Я вообще скажу "от всего сердца": на этой (нашей) земле счастливых билетов нет. Единственный выход — стать вот этим самым квалифицированным специалистом, что даёт всё-таки почти наверняка, если нет форс-мажора, кусок хлеба и глоток свободы...

Лет до тридцати я жила в самой настоящей честной бедности, которую не осознавала и которой не тяготилась нисколько. Чем тяготиться, когда таких, как я, миллионы, десятки миллионов?

В начале восьмидесятых написала такой стих:

Дворик, нищая зелень.

Здесь я любила какого-то дядю, чего ради?

И снова родные приметы —

Вот тополь скривился уныло,

и здесь,

И за тем углом, и дойти до моста, и проехать две

остановки

Глава десятая. Экономная экономика

— и всё я кого-то любила...
Всегда была бедна и одна,
Влюблена, нелюбима, ни на что не годна.
Обращала внимания мало
на кров, на одежду, на пищу,
И воды реки моей
От нищеты моей
Чище.

Я не воспеваю бедность, умеренный достаток кажется мне куда привлекательней. Однако никакой обиды на советское государство из-за этого не держу. Хотя бы потому, что бесплатно получила хорошее образование и океаническую дозу культуры — почти бесплатно...

Существовало всего несколько категорий советских граждан, которые выбивались из общей аскезы.

"Грузины". В советской мифологии застоя грузины представляли собой неких инопланетян, живущих по принципиально иным законам, нежели все прочие граждане. Они иначе одевались, по-другому разговаривали и всегда добивались своего. Доброе кино про добрых грузинских папаш само собой, а действительность, где "грузины" всегда были богаты непонятно с чего ("понятно с чего"!), — сама собой. "Красивых девушек всегда уводят наглые грузины", — вздохнет в конце семидесятых Довлатов со знанием дела.

Считалось, что "грузины" покупают всё — дипломы, нажористые должности, правосудие и при этом хорошо и задушевно поют, причём все и часами, в непрерывном застолье.

Признаюсь, мой личный опыт этой мифологии не подтверждал. Бабушка по отцу, Елена Сергеевна, жила в Рустави (это полчаса езды от Тбилиси), и я бывала там в разное время, лежала на балконе, читала "Великого Моурави" и ела огромные черешни.

Ощущения пребывания среди инопланетян не было — вот только в поры девичества бросались на меня там куда свирепее, чем в России. Одной гулять было категорически нельзя... Грузинские друзья бабушки жили неплохо — но точно так же, как и бабушка, работавшая с мужем на химкомбинате и получившая приличную квартиру и хорошую пенсию.

Ещё один грузин, муж сестры Шапиро, по имени Джемал, был вполне интеллигентный тихий человек, увлекавшийся фотографией и живший с родителями Шапиро в двухкомнатной квартире в Купчине. Нет, решительно, и на мифических "грузин" мне не везло, как и на богатых людей. Кстати, и другие герои мифа о счастливой изобильной жизни — евреи — тоже попадались мне в неправильном виде. Отец Шапиро, Роман (Рахмаил) Абрамович Шапиро, кроткий работящий человек, излучавший чистой воды доброжелательность, ничего не нажил своим еврейским трудом, кроме маленькой квартиры и крошечной дачи на шести сотках в Сосново. Друг родителей, талантливейший Лев Вышедский, с возрастом оказался обычным русским пьяницей, и еврейский моторчик выживания у него вообще не работал... Нет, решительно в моей "честной-бедной" среде все национальности были равны.

Что-что, а это у "больших уравнителей" получилось.

"Сфера обслуживания". Сюда входили директора ресторанов, кафе, рынков и магазинов, также их персонал, затем автосервис и автозаправки, таксисты, начальники химчисток, ломбардов, складов, ремонтных мастерских, парикмахерских, театральных касс, ателье пошива, пунктов приёма стеклотары и макулатуры и проч.

Сфера обслуживания в самом деле жила иначе, нежели техническая и прочая интеллигенция или рабочий класс и трудовое крестьянство. Существовал и художник, пристально интересовавшийся жизнью этой Сферы, — Эльдар Рязанов. То есть его принципиально волновала, конечно, жизнь интеллигенции, но именно в столкновениях-притяжениях со Сферой. Там существовали другие каноны, другие стандарты, другой стиль жизни и другие типы личности. Юная прогрессивная директорша ресторана ("Дайте жалобную книгу") с её стремлением переформатировать старый советский ресторан с пыльным плюшем, пальмой и чучелом медведя в модерновый приют молодёжи, осталась в шестидесятых годах. Возобладали наглые морды, у которых Юрий Деточкин ("Берегись автомобиля", шедевр) и угоняет неправедно нажитые автомобили. Апофеозом художественного познания Сферы стала, наверное, директор рынка в картине "Гараж" — шикарная тётка (А. Вознесенская), реально плюющая на гнилую и вдобавок нищую, по её меркам, интеллигенцию...

Но замечу, хоть "Гараж" снимали в Ленинграде, ситуация была чисто московская. Какие ещё там гаражи у коллектива научного института, в Ленинграде, в семидесятые годы? Нереально.

Моя семья и наш круг общения со Сферой близко не сталкивались, ибо напрочь отсутствовала проблема доставания и добывания чего бы то ни было. О Сфере гуляли рассказы. На чьи-то двухэтажные дома показывали пальцем — "это дом директора!". О ком-то рассказывали совсем чудесное: будто те скупали золотые украшения, складывали в трёхлитровые банки и зарывали на участке возле дачи.

Вот бы найти такую банку! Но то были детские грёзы, где Сфера с её дворцами и золотыми банками располагалась в непосредственной близости от капитана Флинта и попугая Сильвера с его бессмертным криком "Пиастры! Пиастры!".

Они были где-то рядом, пиастры, пиастры. Но для попадания в Сферу следовало знать коды, ключи, заветные слова. Хотя бы уметь что-то попросить — люди Сферы мгновенно отзывались, ведь, если ты что-то просишь, ты что-то предлагаешь взамен или приходишь с именем таких людей, которые что-то могут взамен. Можно было получить что-то и без обмена — на чистой жалости к бедным людям, не умеющим жить. Приди, как человек к человеку, объясни свою нужду!

Конечно, борьба с хищениями социалистической собственности шла и художественно отражалась в "милицейских" картинах пятидесятых–восьмидесятых годов. Но посадить человека Сферы было не так-то просто. Скажем, директор магазина получал товар и не выкладывал его моментально на прилавок, а запирал в особых помещениях. Оттуда шла левая распродажа, но в миг проверки директор мог с чистой совестью сказать, что товар вот-вот должен был отправиться к покупателю, а здесь он на временном хранении.

Именно в Сфере в шестидесятых–восьмидесятых вызревали те законы нашей жизни, которые через некоторое время станут основными, главными, определяющими. Это было государство внутри государства, шар внутри шара. Но для связи с этим миром нужно было иметь житейский аппетит, крупные запросы, очевидные желания иметь что-то сверх обычной пайки. Ничего этого в семье не водилось, поэтому никаких соприкосновений со Сферой у меня не было.

А хорошо бы хоть кто-то из Сферы шестидесятых–восьмидесятых годов обладал литературными способностями и написал бы нам свой "биороман"!

Кстати сказать, сегодня вызревает иная Сфера, но тоже потенциально весьма опасная. Заходя в её мир (с целью подвергнуться обслуживанию), я снова наблюдаю некую однородность и сплочённость, уже по национальному признаку. В Сфере нынче говорят, как правило, с характерным акцентом — и уж конечно, это снова "шар внутри шара"...

"Элита, или Мажоры". Это о детях "мажоров" споёт потом трогательный обличитель Юрий Шевчук: "Приветствую вас, сыновья дипломатов, артистов, министров... по улице чешут мальчики-мажоры, на папиных "волгах" мальчики-мажоры...". Видимо, и это чисто московское явление — какие ещё мальчики в Ленинграде на папиных "волгах"? Что-то явно грезилось нашему уфимцу из чьих-то рассказов... Какая-то элита в Ленинграде, конечно, существовала, но вела себя — в отсутствие иностранных посольств — тише воды и ниже травы. Был ли богат композитор Андрей Петров? Да должен бы, но никаких рассказов на эту тему не припомню. В Москве люди из своих талантов, куда более скромных, как-то выжимали масла пожирнее, ленинградцы решительно "жить не умели". Подержанная "мерседес" Товстоногова была одна на весь Ленинград и никаких "классовых чувств" у населения не вызывала.

Бывшая столица империи и колыбель трёх революций действительно стала образцовым социалистическим городом, "примером примерных"!

Единственное, что отличало Ленинград по материальной части, — это остатки империи в виде драгоценностей, мебели и живописи, которые осели на руках у населения. В городе проживали несколько крупных коллекционеров, но вообще добра после изгнанных хозяев и умерших блокадников было так много, что почти в каждом семействе что-нибудь да водилось — фасонистый стул, дореволюционное колечко с рубином или картинка маслом неизвестного, но приличного художника...

Водилось и у нас! Украшения бабушка в блокаду продала, а стулья ампирные (взяла на распродаже шесть штук и уверяла, что из Зимнего дворца) остались. Фигурировали в её комнате и два бронзовых подсвечника, японская ваза, люстра "прежнего времени" с хрустальными подвесками, модерновое зеркало, этажерки на нервных тонких ножках, буфет — хоть не красного дерева, но явно не пролетарский, а хороших мещанских кровей. Всё это бабушка приобрела в пору достатка, то есть в конце тридцатых годов. Эпоха называлась "до войны", и её бабушка вспоминала с придыханием и слезами на глазах.

На нашу мебель, еду и одежду бабушка смотрела прищуренно-скептически. Это была не мебель, не еда, не одежда — всё настоящее было "до войны", и знать этого мы, несчастные, уже никак не могли. Там, "до войны", проживали настоящие сосиски ("ткни вилкой — сок брызнет!"), настоящая селёдка ("залом"!), в магазинах, владельцев которых бабушка знала лично, продавался настоящий хлеб и настоящий шоколад.

А ткани! Креп-жоржет, креп-сатин, бостон! Им не было сносу, что правда, то правда, — я перешивала себе бабушкины кофточки из пресловутого креп-жоржета и носила их годами. Бабушкина люстра до сих пор висит у родителей...

А у нас, в молодой семье, всё уже было типовое, страшненькое, из полированной фанеры. Ковров и хрусталя (образ мещанского вожделения тех лет) мы не покупали, ножи и вилки помню самые обычные, с ручками "под слоновую кость" — желтовато-бежевый, чуть светлее, чем крем-брюле, самый популярный тогда вид отделочной пластмассы. Из неё делали телефоны, ею украшали радиоприёмники и внутренности автомобилей.

"Экономика должна быть экономной!" — провозглашал на партийном съезде Леонид Ильич Брежнев, и это не были пустые слова: я всё детство, девичество и юность провела в условиях такой экономики. В панельной "хрущёвской" пятиэтажке, с холодильником и телевизором в кредит из универмага, с самым дешёвым торшером из "Электротоваров", в троллейбусе № 24 до школы, в штопаных-перештопаных колготках, не имея никакого представления о маникюре, парикмахерской, хорошем белье...

Кстати сказать, заботы о развитии космоса и тяжёлого машиностроения так занимали партию, что о предметах женской гигиены не задумался никто (а партийные женщины, видимо, стеснялись встревать с ничтожными женскими проблемами). Советские женщины действовали с помощью ваты и марли, что было громоздко, трудоёмко и неэстетично. (И вот почему мы сейчас любуемся на рекламу прокладок и вообще на победоносный бунт "ничтожных женских проблем" —

ПОТОМУ, ЧТО ВСЁ, ЧТО УНИЖЕНО, —
БУДЕТ ВОЗВЫШЕНО.
ВСЁ, ЧТО ВОЗВЫШЕНО, —
БУДЕТ УНИЖЕНО.

Это закон.
Он работает.
Он работает без перебоев!)

...О том, что я плохо одета (с дрожью вспоминаю купленные мне однажды мамой шерстяные ядовито-зелёные брюки, севшие после первой стирки, так и ходила с куцыми штанинами), я догадалась к восемнадцати—девятнадцати годам и тогда только начала думать в эту сторону — шнырять по комиссионкам, что-то себе шить и вязать. Вот настолько голова жила отдельно от тела!

Но — "я телом в прахе истлеваю, умом громам повелеваю...". Депривация рождает, как известно, пророческие грёзы, аскеза — путь к плодоношению духа. Нисколько не жалею о материальной скудости своего "детства, девичества, юности", потому что это не стало настоящим душевным переживанием. Летом у меня был лес — а лес сам по себе образ богатства, изобилия! — а в прочее время "лесом" были книги, фильмы, спектакли, так что мою жизнь определяла не школьная программа и не партийные съезды, а:

искусство и природа.

Да сам Гёте сказал бы вам — это всё, что надо человеку.

Глава одиннадцатая
Конечно, Достоевский!

С Достоевским я повстречалась в одиннадцать лет и с тех пор не расстаюсь. "Конечно, Достоевский!" — так называется моя киноповесть, которая под именем "Жар" зажила с 2011 года на сцене петербургского Театра на Литейном. В ней я обыграла некоторые мотивы из сочинений любимого автора, причём ни в одном отзыве на спектакль никто на это не обратил внимания, так что играла я, как и положено, для собственного удовольствия. Не может же быть, чтобы дипломированные театроведы не опознали ни Смита с дохлой собачкой из "Униженных и оскорблённых", ни Крафта из "Подростка" с его идеей "русские — второстепенная нация и в качестве русского не стоит жить"?

Хочется верить, что этого быть не может и дело обстоит куда лучше — многим пишущим об искусстве сегодня просто не под силу анализ драмы. (Куда там! Надо прибиться к какой-нибудь шайке, защищать её имущественные интересы, продавливать "своих" в свалке за чинами, наградами, грантами. Если вдруг встречаешь в прессе спокойный искренний голос, который действительно что-то рассказывает о спектакле, — это сто процентов не театровед, а приплывший в критику со стороны филолог или журналист...)

Достоевский для меня — нечто вроде ментального отца. Достоевский привёл меня в мир, где я поселилась и провела всё "отрочество и юность". Я не читала его книги, а жила в них. "Преступление и наказание", типовая серенькая книжка с гравюрой петербургского двора-колодца на обложке, была у меня вся в закладках — "Убийство", "Первая встреча с Порфирием", "Первая встреча с Соней", "Вторая встреча с Порфирием"... то есть я по желанию открывала и перечитывала отдельные сцены, после того как несколько раз подряд прочитала весь роман. Не могла расстаться с ним.

Бывают художники, награждённые "вечным детством". А Достоевский был награждён вечной юностью — непрекращающейся для него порой духовных поисков, тревог и вопросов. Не зря так молоды его главные, заветные герои! Если человеку за сорок — он, в системе Достоевского, как правило, уже "поконченный". Он циник, развратник явный или тайный, он напитался пороками мира. Старики (если это не святые старцы) — воплощённый ужас. Разваливающийся на части слабоумный князь из "Дядюшкиного сна" — пожалуй, самый привлекательный персонаж, его хотя бы немножко жалко, а так — Фёдор Павлович Карамазов, Великий инквизитор, старуха-процентщица, какие-то подлые и пошлые генералы... В мире спасения от мира нет, пожил — значит, изгадился. А Раскольникову 23, Ивану Карамазову 23, даже Мите Карамазову — 27, лет 25—26 Мышкину и Парфёну Рогожину, а вообще-то чем моложе — тем лучше, ближе к истоку, ближе к Богу. Алёше Карамазову нет и двадцати, а его подружка Лиза — совсем ребёнок, и дальше уже идут детишки Достоевского, в ангельском чине.

Образы и ритмы прозы Достоевского идеально подходят подростковому дисбалансу психики. Вот, ты в жизненной иерархии никто и ничто, какой-нибудь жалкий ученик, которым все норовят командовать, но в душе пробуждаются огромные силы, разрывает скорлупу и встаёт на дрожащие лапы твоё великое "Я" — и как тут приходятся кстати люди Достоевского, которые в свои юные годы уже успели вместить в себя двухтысячелетний опыт страданий и мудрствований человечества!

Нет у Достоевского никаких надежд на отцов — и, боюсь, на Отца тоже. Вся его любовь и все надежды и тревоги сосредоточены на сыновьях — и на Сыне. Достоевский приводит к юной душе своего облюбованного и вымечтанного Христа, и это может стать чем-то вроде спасения. Для меня, юного пионера, стало.

Картина советской жизни очень уж совпадала с предчувствиями и предвидениями Достоевского: власть была в лапах отвратительных старцев, моложе шестидесяти в Политбюро никого не было, и даже если кто-то помоложе попадал туда, он начинал стареть и дряхлеть катастрофически. Тогда в искусстве было много фильмов и спектаклей, воскрешающих молодых героев революции и Гражданской войны, — реакция на угнетение молодости в жизни, жест восстановления нарушенного порядка: молодым положено творить свою историю, или, во всяком случае, такой шанс иным поколениям выпадает.

Были ли кремлёвские старцы все сплошь монстрами? Да нет. Личность Косыгина, скажем, безусловно заслуживает почтения и благодарности — ведь и построенное худо-бедно в шестидесятые–семидесятые социальное государство можно скорее назвать "косыгинским" (много было его инициатив, его труда). Но старцы ничего не могли сказать по-человечески и держались на облаке, с которого вещали суконным языком чугунный бред. На кремлёвские трибуны падала откровенная Тень Великого инквизитора...

А Достоевский дарил мне свободный мир свободной ментальности, без запретов и пределов. Правда, я любила его героев и несколько чуралась героинь.

Теперь-то я могу примерить на себя хотя бы тип "генеральши" Достоевского ("Бесы", "Идиот"), а в отрочестве ни кроткие, ни фатальные его героини ни к какому боку мне не приклеивались. Они, как и герои, были умны (у Достоевского все умны, даже аттестованные дурачками), но не так, не тем умом. Для них было главным не "мысль разрешить", а навязать свою волю. Потом, многие из них являлись красавицами-соблазнительницами, а это был совсем чуждый мне тип мироощущения.

По-настоящему полюбилась мне только Катерина Ивановна из "Преступления и наказания", потому что пульсирующий жар её речей был под стать раскольниковской ментальной лихорадке. Как черноглазый Раскольников, отпавший от Бога, стал надеждой Люцифера (но обманул его чаяния, "не вынес"), так и Катерина Ивановна не просто нищая жена-мать из петербургского угла, но вопль замученной и загнанной твари Божьей, представительствующий за тысячелетия нескончаемых страданий.

Интонации гневного, прямого и откровенного разговора с Создателем взяты Достоевским из библейской "Книги Иова" и не уступают (а то и превосходят) их в силе и страсти. Катерина Ивановна в своём отчаянии возвышается до этих интонаций — поэтому для меня она становится вровень с Иваном Карамазовым. Делать предъяву, так настоящую! Всему миру, самому Создателю мира! А Настасье Филипповне жить помешал какой-то Тоцкий (Грушеньке — какой-то полячишка) — фу, какая мелочность. Всё-таки слишком много места в головах этих женщин занимают мужчины. Вот Лиза Хохлакова ("Братья Карамазовы") ещё свободна от подобных всепоглощающих страстей, её чувства ещё детские, смутные — поэтому она тоже в силах возвыситься до настоящих, острых, смелых суждений о мире.

Но, поскольку Достоевского я читала-перечитывала всегда, во все времена жизни, менялись и мои оценки. Вскоре я имела случай понять, что ничтожество первого мужчины действительно может ушибить юную женщину до катастрофического гнева, до перемены всей личности, и Фёдор Михайлович был прав. Вот про "народ-богоносец" он устами своих персонажей, пожалуй что, и загнул (ну, надеялся человек на свой народ, кто ж тогда знал, что задачей народа было произвести Достоевского, который и был "богоносец", Достоевский, а не народ!), а насчёт психованных инфернальниц сказал художественно преувеличенную, но истину.

Эта истина сопрягается, в глубинах своих, с гностическими учениями об "ошибке Софии", то есть о падении некоего высшего женского божества. "Ах, кабы она была добра! Всё было бы спасено!" — загадочно говорит князь Мышкин, глядя на портрет Настасьи Филипповны. Но падшая, заблудившаяся женственность доброй быть не может...

Достоевский, войдя в мой мир, сильно потеснил прежних кумиров. Поскольку папа покупал собрания сочинений, я воспринимала многих писателей в виде большой совокупности их творений. Так были прочитаны Джек Лондон, Брет Гарт, Марк Твен, Альфонс Доде, Александр Грин, Викентий Вересаев, Ги де Мопассан. В школе я брала книги серии "Библиотека научной фантастики", а из них предпочитала Рея Бредбери и Айзека Азимова. Детские же книги были давно освоены, к девяти—десяти годам, потому что я читала на продлёнке по книге в день.

Очень любила "Приключения капитана Врунгеля" А. Некрасова, полную юмора книгу, отлично объясняющую к тому же устройство корабля под парусами. При всём уважении к одноимённому мультфильму, не могу не заметить — книга глубже, смешнее, оригинальнее, самобытнее, лишена банальных сюжетных ходов. И являет собой возможность на всю жизнь усвоить морскую терминологию, никогда уже не путая клотик с яликом и навек отличая зюйд-вест от норд-оста.

"Славянские сказки" — этот изысканно иллюстрированный сборник волшебных сказок Чехии, Болгарии, Польши и Сербии читала бесконечно. И ещё мне кто-то из маминых друзей подарил толстый том "Иозеф Лада — детям", на чешском языке. Там были стихи, басни, маленькие рассказы — и всё в картинках великолепного художника Иозефа Лады (он иллюстрировал и "Швейка"). Написано на латинице, а то и дело складывается в понятные слова — дивилась я чешскому языку. И наверное, отчасти и поэтому впоследствии посоветовала своему старшему сыну Севе пойти учиться на чешское отделение филфака университета.

Сейчас Сева — один из самых известных "богемистов" в городе, язык знает превосходно, и скоро,

скоро уже, выбрав времечко, мы осуществим с ним мою детскую мечту — прочтем книгу "Иозеф Лада — детям"!

Конечно, "Маленький принц" Экзюпери, уникальный прорыв французского духа, вообще-то не склонного к тому, в мир детства. "Серебряные коньки" Мэри Мейп Додж — после книги я и записалась на фигурное катание, где бесславно провела полгода...

Выходили тогда и отличные советские книги, рассказывающие, к примеру, о жизни первобытного общества или китайской древности через судьбу отдельного мальчика. Ни авторов, ни названий уже не помню, но сцену, как охотники племени, в голод, подбили мамонта и как они его распределяли на еду и хранение, помню прекрасно. В этом популяризаторстве кормились неплохие литераторы, околачивались там и женщины-писательницы, которые, в отсутствие специальной "дамской литературы", сочиняли повести для девочек (какой-нибудь там школьный ситцевый бал, девочки шьют платья, читала такое), пользуясь тем, что великий истребитель дамской литературы, Корней Иванович Чуковский, к старости ослабил бдительность.

К слову. Корнея Ивановича я чту и люблю. Но два "убийства" (ментальных, в слове) на его совести есть — это сочинительница повестей для гимназисток Лидия Чарская в начале века и поэт и переводчица Шекспира Анна Радлова в тридцатых годах. Причём Чарская была "убита" без личных мотивов, в плане расчистки поля детской литературы, а Радлову Чуковский убил из любви к Анне Ахматовой. Радлова была "другая Анна", красавица, пишущая стихи, державшая в Ленинграде салон и воспетая М. Кузминым. Разница масштабов "двух Анн", понятная сегодня, в тридцатые годы была ох как неочевидна, и Чуковский истребил ненавистную соперницу Ахматовой...

"Научная фантастика" прививала вкус к размышлениям о будущем человечества — тема, ныне почти закрытая. Что произошло и куда делся космос, я, бывший житель проспекта Космонавтов, не понимаю. Но его в нынешнем искусстве нет! Тот самый космос шестидесятых с его "пыльными тропинками далёких планет", который населялся не только идеальными советскими людьми, но и международными экипажами, — зачах, съёжился, исчез. И у нас, и повсеместно, и в Америке тоже, в Америке-то в первую очередь...

Сначала появилась мысль о неблагополучии космоса, о "звёздных войнах". Потом — о возможном вторжении захватчиков на Землю. А теперь любое инопланетное проявление однозначно трактуется как вражеское! Там обитают только чудовища, только враги, только воинственные гадины. Нам там делать нечего. Нас там никто не ждёт. Мы не нужны. На бывшем космосе, как на гостинице, недоступной для той или иной нежелательной нации, висит табличка "свободно от землян"...

Гипотеза, объясняющая наибольшее количество известных фактов, является самой вероятной. Ну, а если предположить, что после советских и американских космических успехов обитаемый космос решил защититься от нашей незрелой и патологической цивилизации? А вдруг на Землю были срочно командированы соответствующие "прогрессоры", которые постарались погасить в умах землян идею освоения Вселенной?

Что, если нам тупо дали по носу, чтоб мы не высовывались? И следят за этим специально. Космос от

157

нас закрыт и спрятан. Современным людям напрочь, решительно отказано в космической визе. Да, кто-то там летает — уже ни за чем и ни для чего, так, развести правительство на бабки. Понюхать насчёт полезных ископаемых, потешить аппетиты империализма. Нас ткнули рылом в землю, в собственное дерьмо, и ободряющие надежды на то, что Вселенная приветливо открыта для громадья наших планов, давно "почили в Бозе".

Но как раз Достоевский-то отчасти предвидел такое развитие событий. В рассказе "Сон смешного человека" главного героя после самоубийства некий летающий проводник утаскивает на другую планету — автор описывает, как они летели мимо звёзд, — и там он видит идеальное общество гармоничных людей, живущих на райском "двойнике" Земли. Насладившись гармонией, "смешной человек" развращает эту дивную цивилизацию! Идеальные люди приучаются врать, воровать, убивать, отъединяться друг от друга, губить природу и... мечтать о былом "золотом веке". А герой страдает, но не может не развращать ниспосланный рай — в нём живёт некий "вирус", бацилла, нечто вредоносное в принципе. Он заражает невинных невольно, бессознательно — одним присутствием, одним прикосновением своим к их жизни, как чумной или прокажённый.

И не то бы удивительно, что нас, чумных, не пускают в космос, — а то, что мы там всё-таки были, прорвались, зарвались. Намечтали тысячи томов о своей будущей жизни во Вселенной! А оказывается, правомерность нашего существования даже на этой планете — сомнительна. И, покинув свои колонии на Марсе и Альфе Центавра, мы опять вернулись к Достоевскому и его проклятому вопросу: так люди в силах преодолеть "злое насекомое" в себе или это безнадёжно?

Кстати, довольно смешно, что перед самыми отвлечёнными от реальности понятиями в те годы стояло слово "научный": "научный коммунизм", "научная фантастика". Логичным было предположить, что "научный коммунизм" — это есть отрасль "научной фантастики", что являлось истиной. Но слово "наука", как проворный паук, опутывало нежной паутиной всякий анализ. Сказано — "наука", ну и падай ниц! Коммунизм — вековая мечта человечества. Была. Теперь, с помощью науки, мечта станет действительностью. Как?

"Ну, мыши, я — стратег!" — так ответил на этот вопрос мудрый филин мышам, посоветовав им превратиться в ёжиков...

(Кстати, о коммунизме. Разговоры о том, что при коммунизме не будет денег, тревожили обывателя. Никто всерьёз не верил в такое развитие событий, но беспокойство было: кто их, коммуняк, знает! Мало ли они экспериментов понаделали — возьмут да отменят. Отчасти и этим объясняется нервозная предприимчивость жителей верхних этажей Сферы обслуживания — пожить бы, пока коммунизм не ввели!)

Я почти не читала запретной литературы, самиздата, — в моём кругу она не циркулировала — помню разве тоненькие листики папиросной бумаги с еле различимыми ("слепая копия") стихами Гумилёва и Бродского. Понравились они мне до дрожи, правда, в те годы меня волновали всякие стихи. Лермонтова, Некрасова, Маяковского и Есенина я знала наизусть километрами. Любила Твардовского, Слуцкого и даже Мартынова с Дудиным и Шефнером.

(*"Какие хорошие выросли дети,*
У них удивительно ясные лица!" — писал в шестидесятые годы Леонид Мартынов, и я так понимаю, что поэт пишет о нашем поколении. Это у нас были "удивительно ясные лица"? Хм-хм, надо бы взглянуть на детские фотографии Гайдара, Чубайса и Грефа...)

Какого вкуса можно ждать от бессистемно читающего ребёнка из семьи "интеллигентов первого поколения"? Никакого у меня не было вкуса. Конечно, я понимала, что поэмы Егора Исаева — тупой барабанный бой, а наивно-назидательный Эдуард Асадов годится разве для девочек, которым тяжело одолеть даже школьную программу по литературе. (Его стихами терзала меня моя летняя подруга Вера, списав их в особую девичью тетрадь.) Но выстраивать иерархии я не могла и не собиралась. Неужели это так важно — определять, кто в первом ряду, кто во втором и так далее? А кто тебя уполномочил, собственно?

Разве есть такие весы, на которых можно взвесить, скажем, поэтов и уверенно сказать, что Блок "лучше" Гумилёва, а Мандельштам — Есенина?

Или Борис Слуцкий. Он уж точно не в "четвёрке" и даже не в "десятке" лучших поэтов XX века — но разве не обеднил себя тот, кто не знает об этом уникальном суровом голосе, исключительно своеобразном опыте, претворённом в чеканное слово?

Надо служить народу,
Человеку, а не рублю,
А если на хлеб и воду —
Я хлеб люблю. И воду люблю...

Или обожаемый мной Дмитрий Кедрин, чью поэму "Зодчие" я выучила наизусть сорок лет назад и помню до сих пор. Ни на кого не похожий умница, виртуоз, каким-то чудом проглотивший частицу чистейшей мировой поэзии, сочинивший великолепную ироническую балладу о судьбе поэтов ("Приданое")...

По-моему, пора всё-таки попридержать игру в "империю словесности", выстраивая "вертикаль власти". Пусть и в этом деле будет немножко демократии. Ведь в жизни мы чего-то всё-таки достигли — скажем, обязаны формально уважать президента, не оскорблять его и не марать — словом, "отдавать дань" (это с татар повелось, отсюда выраженьице), но любить-то, любить-то его мы не обязаны! И никто, кстати, не требует. Это и есть прогресс!! Царей-то и коммунистических вождей требовали любить. Принуждали к любви, так сказать, — мы помним, с каким в итоге результатом.

Вот и к "царям и вождям словесности" тоже любовь необязательна. Мой причудливый папа, например, любил сильно подзабытого уже в 50—60-е поэта Илью Сельвинского. Написал прекрасные песни (точнее, вокальные циклы — просто папа был дилетант и композиторскими терминами трепетал пользоваться) на его стихи. Почему Сельвинский подвёргся остракизму и был изгнан из умственного обихода — понятия не имею. Видимо, у нас справедливости нет нигде и ни в чём...

Черепаха на базаре Хако-дате на прилавке обессиленно
лежит,
Рядом высятся распиленные латы, мошкара над
окровавленной жужжит,
Миловидная хозяюшка степенно выбирает помясистее
кусок,

Отрубите мне, прошу, на пол-иены этот окорок или
вот этот бок...

И пока мясник над ухом у калеки смачно хрякает
топориком, рубя,
Черепаха только суживает веки, только втягивает
голову в себя,
Отработавши конечность, принимается торговец
за живот,
Но смотри — не умирает черепаха, удивительно
живучая — живёт!

Здесь, читатель мой, кончается сюжет,
Никакого поучения здесь нет,
Но, конечно же, я не был бы поэтом,
Если б мысль моя закончилась на этом...

Илья Сельвинский

Так что у меня строгой иерархии любви не имеется — я люблю русское слово, отечественную словесность почти всю без изъятия. Ну, конечно, жуткие советские генералы от литературы (Марков, Чаковский и пр.) сюда не входят, а вот уже с Проскуриным или Ивановым ("Вечный зов") вопрос не элементарен, высиживали они свои эпопеи, отчаянно подражая Льву Толстому и Шолохову, чугунной задницей и доводили их таки до корявой выразительности глиняных идолов. Многих же русских и советских литераторов безвинно настигли пески забвения.

Поэтому я с величайшим сочувствием отношусь к вызывающей книге Самуила Лурье "Изломанный аршин" (издана в 2012 году), где он восстаёт против литературных убийств и заточений в клевету, восстанавливая доброе имя честного работника, литератора Николая Полевого, который в 20—30-х годах XIX века издавал самый популярный журнал России — "Московский телеграф".

Содрогается душа, когда читаешь, как писатели — из зависти, а власти — из тупости (но вместе и одновременно, что для травимого писателя — кранты) уничтожили добросовестного человека, силой ума и прилежания выбившегося в интеллектуальную элиту из купеческого сословия. Это принципиально важный для литературы шаг и редкий к тому же — но всё ж таки, кроме книги Самуила Лурье, есть и ещё "попытки досрочного освобождения из забвения и снятия клеветы". Помню прелестный очерк моего учителя Е. Калмановского о подзабытом Мамине-Сибиряке ("Дочь Аленушка") и о вовсе забытом поэте-бродяге Шумахере. Или сочинение Т. Александровой про одарённейшую Мирру Лохвицкую, сестру Тэффи...

Для меня после этих оправдательных жестов клеймо каких-то несущественных маргиналов с этих фигур было полностью снято. Так что процесс идёт, думаю, что он затронет и многих женщин-писательниц прошлого и позапрошлого века, о которых принято думать, что все они были бесталанными графоманками... (надеюсь принять в этом заметное участие!).

Но над моей общей любовью к русскому слову тем не менее возвышаются несколько личностей, которым отдано было по многу лет восхищения и увлечения самого пристального, — М.Е. Салтыков-Щедрин, А.Н. Островский и, конечно, Достоевский!

Недавно стала обращать внимание на дико смешные его словечки и фразы. Вот он в сурьёзнейшем "Дневнике писателя" пишет, как за границей правильно держат себя русские генералы. Как войдут в вагон поезда, следующего на Запад, так облекают себя в "мраморное молчание".

И как он вытащил, из каких потаённых углов своей космической личности, госпожу Хохлакову ("Братья Карамазовы") с её "больной ножкой", сомнениями в наличии внимающего ей Бога и прочей отчаянно, уморительно забавной трескотнёй! А вот счёл нужным, прописал в своём мире вместе с преступным мыслителем Иваном Карамазовым и святым старцем Зосимой. Она со всеми знакома, во всём принимает живейшее участие, она — тоже законный житель города Скотопригоньевска.

"С Пушкиным умнеет всё то, что может поумнеть", — сказал в своей пушкинской речи (на открытии памятника поэту) Островский. С Достоевским всё то, что поумнело с Пушкиным, может поумнеть уже ураганно, с гигантским раздвижением умственных горизонтов.

Глава двенадцатая
Вместо игрушек

Л етняя моя подруга Вера, старше меня на три года, имея в школьной программе "Братьев Карамазовых", чуть не со слезами на глазах протягивала мне её неумолимую толщину — слушай, расскажи мне, что там, это же невозможно прочесть!! Я старательно пересказывала, но на "Великом инквизиторе" Верка сломалась. Тратить лето на такой кошмар!

Требовать, чтобы натуральная блондинка Верка, с её богоданными ногами и губами, в пятнадцать лет заморачивалась на Христа, было немилосердно. Всё-таки Он не к ним приходил, не к чудным кралям, на которых с детства засматриваются все окрестные мальчишки, — зачем? Таким женщинам и без того хорошо. До поры до времени, ведь, как известно, "всё будет хорошо, пока всё не станет плохо" — а на этом этапе они сами обычно находят или Его, или... наоборот.

Это к нам Он приходил, к уродинам и оборванкам. Подавал весть о себе. Вдруг в бабушкином шкафу обнаруживалась странная книга, старая, рваная, с печатью кадетского корпуса, с вязью непостижимых букв, но они, однако, складывались при усилии в огненные слова, про которые ты сразу понимал, что — знаешь, всегда знал: "Отче наш иже еси на небеси да святится имя Твое да приидет Царствие Твое..."

Маленькая моя тайна: потихоньку разбираю церковнославянский, коплю знание по крупицам. А так я — ребёнок как ребёнок, учусь, играю.

Игрушек у нас почти не было. Игрушки шли по ведомству "лёгкой промышленности", а всё лёгкое, в отличие от тяжёлого, было в советской стране под подозрением и в некотором небрежении. Было такое впечатление, что советские игрушки делали те же мозолистые руки, что трудились и в тяжёлой промышленности, в часы редкого и трудного досуга. Но без той душевности, которая отличает (отличала) деревенского мужика, строгающего своим чумазым детишкам какого-нибудь конька или медведика из полена. Словно бы печать уныния и тоски лежала на лицах и мордах советских детских игрушек.

Зато, конечно, материалы были солидные — настоящее дерево, ткани, пластмасса такая, что танком не раздавишь. А детям много ли надо для игры и привязанности. Шварц в обожаемых мною дневниках писал, как в конце двадцатых годов в плане контрреволюционной пропаганды были изготовлены уродливые отвратительные попы, чтоб наши дети как можно раньше прониклись ненавистью к духовенству. Но железные мозги не учли детскую психологию — и девочки бережно мыли, кутали, кормили и укладывали спать своих безобразных священников, с нежностью маленьких сердец будущих матерей...

Помню своего замусоленного, матерчатого с шерстяным покрытием беленького зайца (назывался Яшей). И конечно, знаменитого "Мишку-блокадника". Бывший плюшевый зверь перешёл ко мне от мамы, а маме он был подарен в 1939 году. Пережил действительно блокаду, облез до тканевой основы, оторванное полу-

166

круглое ушко пришили зелёной ниткой, Мишка выцвел, потерял глаз — заменённый пуговицей. Я иголкой делала ему какие-то "прививки", однажды игла унырнула в Мишкино довольно твёрдое тельце, и было не достать, так он и продолжал жить, как раненый с осколком — с иголкой внутри.

Мишка-блокадник после меня перешёл к сыну Севе, потом к сыну Коле; в конце девяностых я вдруг глянула на него, сидящего средь новых мягких зверей, и поразилась: у него было усталое, печальное выражение лица, как у много пережившего человека.

Четырёх детей поднял наш медведь, можно сказать! А бомбёжки, а карточки! Ветеран труда, ей-богу. Планирую посадить его как-нибудь на почётное место, особую этажерку, что ли, выделить — заслужил зверь.

Начитавшись Андерсена, я решила, что ночью игрушки оживают и разговаривают. Пыталась не спать и подглядеть, как и о чём Мишка говорит с Яшкой. Не вышло.

Мишка, конечно, был сделан перед войной по каким-то прежним, дореволюционным лекалам, несоветский у него был вид. Лапы, к примеру, двигались — у советского игрушечного зверя лапы уже не двигались, намертво приваренные к тушке. Весь он был соразмерный, с небольшой головой и без чётких ориентиров на реальность (такой немедведный медведь).

Куклы же наши были так страшны, что мне их покупали редко. Одну всё-таки помню, она говорила "мама" при определённом нажатии с одновременным укладыванием, но делала это хриплым пропитым басом и недолго.

Несколько лучше дела обстояли с "викторинами" — это были познавательные игры, где при выборе правильного ответа нужно было прикладывать проводок со штырьком к специальной заклёпке на картинке, и загорался зелёный (правильно!) или красный (неправильно!) огонёк.

Наибольшую привязанность я питала к диафильмам, пока не сумела самостоятельно выбраться в кино. "Диафильмы", то есть маленькие фильмы, продавались в маленьких железных контейнерах, размером чуть толще катушки с нитками, а высотой такие же, вместе с проектором. Проецировались диафильмы куда угодно — хоть на подушку, кадры с изображением и текстом менялись путём вращения ручки проектора. Кадры брались из мультфильмов и детских картин — "Зайка-зазнайка", "Марья Искусница", "Волк и лиса"...

Во что же мы ещё играли в докомпьютерную эру?

"Бумажные модели". Мы рисовали силуэты воображаемых красоток, вырезали их из картона и затем "шили" им платья выдуманных фасонов. Платья раскрашивались и вырезались из мягкой бумаги, причём предусматривались маленькие прямоугольные фестончики-загибы (чтоб платья держались на картонной фигурке) на плечах и по бокам. Платья все были сплошь старомодные, с пышными юбками, хранились в специальной коробке. Если объявлялся бал (то есть на станции Каннельярви шёл обложной дождь), наши с Веркой модели объединялись для светских разговоров.

Прообраз гламура? Видимо, в некотором роде. Только мы не копировали наши платья, а честно изобретали.

"Карты". Играли в подкидного, переводного, круглого дурака, в девятку и в кинга. Реже в очко. Новые игры

как-то не приживались — мы освоили, скажем, "храп" и "лямс", но в обойму они не вошли. Зато тупая "пьяница" осталась прочно — на самые дождливые дни, наверное. Эта игра на двоих, и состоит она в том, что колода раздаётся поровну, а дальше игроки выкладывают верхние карты — у кого достоинство больше, тот загребает выигрыш под низ. И опять выкладываются две верхние карты, и так далее.

Если выпадают две карты одного достоинства, это "спор", тогда поверх спорящих карт кладутся ещё по две — одна закрытая, рисунком вниз, другая открытая. Никакого ума, никакой сноровки не нужно — игра ведётся на чистый фарт. Когда карты высшего достоинства раздаются примерно поровну (у тебя два туза, и у противника два, и т.д.), игра рискует затянуться надолго. Но всякий туз может уйти из-за "спора", как и любое могущество в принципе, тогда ты постепенно лишаешься своих карт, а противник жизнерадостно констатирует, что ты де "пропил, всё пропил".

Остроты насчёт "пропивания" — самое занятное (кроме рокового "спора") в этой игре, так что каждый тут стремится отличиться. Ужас! Пропиваюсь! В кабаке все пожитки! А вот моя десяточка, умница, восьмёрочку взяла, так я ещё поживу... поживу... а! спор! А у меня карт больше нет. А если на руках у тебя карт нет, а на столе "спор", значит, ты имеешь право для разрешения "спора" тянуть из колоды противника любую карту. С узаконенным возгласом: "Дай допить!"

И это может быть сам туз. Бывали случаи! И вот дотла "пропившийся" медленно возвращает себе достатки и пожитки. "Корову купил", — возвещает он противнику. "Изба новая, пятистенок"... Игра заканчивается только тогда, когда в руках одного из игроков оказывается вся колода целиком.

"*Акулина*" — это пиковая дама, роковая карта колоды. При игре в "Акулину" (видимо, тотем — карту переназвали по-доброму, по-домашнему) карты раздаются трём или четырём игрокам. Они сбрасывают парные, акулину же сбрасывать нельзя. Потом тянут по карте друг у друга, опять сбрасывая, если составляются пары. Смак в том, что коли ты обладатель акулины, то делаешь непроницаемое, неподвижное, так сказать, "покерное" лицо. Чтоб было непонятно, у кого сейчас акулина. И пристраиваешь свою роковую даму так, чтобы противник ни о чём не догадался — где-нибудь сбоку игрового веера, второй слева. Когда кто-то добровольно и фатально вытягивает акулину, игроки заливаются счастливым смехом.

Сбросил все карты — вышел, остался с акулиной (или с акулиной плюс другая дама, безымянная, кстати, нет имени для дамы треф, бубей и червей) — проиграл.

Кстати, я тогда заметила, что пики — самая сильная масть. Они легче и чаще всего вытаскиваются и из колоды, и из игрового веера. Я провела ряд экспериментов и научилась чувствовать пики почти безошибочно.

Интересный подвид карточной игры лично изобрели мы с Верой — на основе маленьких фотографий советских актёров, наборы которых я усердно коллекционировала.

Мы карандашом пририсовали им карточные достоинства, аккуратно, не портя лица, причём действовали строго по весомости и рангу актёра — в тузах был Смоктуновский с Яковлевым, в дамах — Самойлова и Доронина, ну, а, к примеру, артист Авдюшко фигурировал в семёрках. Были загадочные лица — скажем, актриса Гладунко, мы её вовсе не знали, но она была прехорошенькая и сошла за девятку.

(А самой красивой женщиной всех времён и народов я тогда считала Людмилу Чурсину — Анфису из телефильма Ярополка Лапшина "Угрюм-река"...)

"Кружки". В школьный сезон ученик запросто мог стать ходячим универсумом — столько на свете существовало кружков. То есть комнат и закоулков во Дворцах и Домах культуры, а также при жилищно-эксплуатационных конторах, где человек бесплатно учился. Я несколько лет отходила в ДК имени Карла Маркса — в кружок игры на гуслях и ложках. Энергичная коротышка-преподаватель лично оббежала все окрестные школы, дабы завербовать себе учеников. Гусли-вторá долгое время лежали у меня дома, я доставала их, чтобы вспомнить наш маленький оркестр, который даже один раз выступил на ленинградском телевидении, и я лично видела диктора Нелли Широких!

"Выйду ль я на реченьку..." Первая позиция, вторая позиция... Вот так и "боян бо вещий, аще кому хотящи песнь творити" налагал пальцы на струны и пел о подвигах богатырей и предательстве князей...

А потом я поступила в драмкружок при ДК имени Ильича (Московский проспект, у станции метро "Электросила"), который вели настоящие артисты ТЮЗа Н. Карамышев и Е. Авксентьева. Там меня научили актёрскому дыханию (диафрагмой), поставили дикцию и приучили к публичным выступлениям. Мы ездили с концертными программами по другим очагам культуры, которые располагались в парках и садах го рода Ленинграда, на разных эстрадах читали стишата и показывали отрывки из спектаклей.

Потом я прошла (после экзамена!) в драмтеатр при ДК имени Первой пятилетки у Театральной площади — но тут грянул паралич лицевого нерва, и всё было кончено с драмкружками.

Ничего этого больше нет — ни кружков в Карлемарле, ни самого Варшавского вокзала. Нет и ленинградского телевидения, вещавшего на всю страну — Петербург, 5-миллионный город, нынче обходится вообще без телевидения. ДК имени Первой пятилетки снесён в ходе строительства второй сцены Мариинского театра...

Осталась у меня разве нежная любовь к звучанию оркестра народных инструментов.

И дикция...

"Песни и песенники". Мы с Веркой знали огромное количество советских песен и устраивали летние соревнования "по песеннику": кто больше напоёт. Листаем книгу и поём — что знаем, а знаем почти всё. По кино, по телевизионным концертам, по радио, по застольям взрослых. Но знаем обычно мелодию и часть текста — а песенник позволяет освоить всю песню целиком.

Я люблю героические саги — про "Варяга" ("Наверх вы, товарищи, все по местам, последний парад наступает..."), про Щорса ("Шёл отряд по берегу, шёл издалека..."), про "Враги сожгли родную хату...". Верка больше любит лирику насчёт "огней так много золотых на улицах Саратова", но "Враги сожгли" её тоже впечатляет до глубин души, где плещется народная водица жизни. Мы поём навзрыд, протяжно, "с чувством" — но, надо сказать, "Враги сожгли родную хату" — это объективно шедевр.

Но есть песни, которых нет ни в каких песенниках, — они передаются изустно, переписываются от руки, хранятся в изукрашенных наклейками и рисунками девичьих тетрадках. Были такие тетрадки и у нас с Веркой — подруга переписывала туда, кроме жестоких романсов, ещё и стихи Эдуарда Асадова.

Асадов писал с неподражаемым пафосом, почище 173 евтушенковского, но пафос этот был направлен на разные мелочи жизни. В одном стихотворении он обрушивался на возникшую дамскую моду красить волосы в седой цвет.

Это даже похоже на подлость —
За полтинник — седою стать!

Господи, бедные женщины, за что их только не поливали жгучим пафосом. В знаменитой пьесе Розова "В поисках радости" фигурирует главная гадина — мещанка Леночка, чьё преступление в том, что она стремится купить мебель для будущей квартиры. (Именно эту мебель и рубит юноша Олег, причём отцовской, с Гражданской войны, шашкой. Отметим, что эту роль на сцене и в киноварианте играл Олег Табаков. Опять-таки "всё, что унижено, будет возвышено" — уж что-что, а "матчасть" впоследствии у Олега Павловича уж никак не хромала, ни на какую ногу.)

Удивляюсь, что не нашлось сатирика на темы маникюра и педикюра. Вообще, советские женщины были покладисты и терпеливы — спокойно мирились, скажем, с тем, что им обычно дарили три гвоздики, потому что других цветов почти и не водилось или они были ужасающе дороги. То, что цветы — это гвоздики, перекочевало и в кинематограф. Гляньте "Соломенную шляпку" с Мироновым — там в салоне графини (её играет Фрейндлих) стоит штук девять белых гвоздик, и это — действительная роскошь, по советским меркам!

Вернёмся к девичьим тетрадям — думаю, что Веру подкупал не пафос, а завывающая мелодичность стихов Асадова вкупе с их понятностью.

Ну а я прилежно переписывала то, чему потом великий Эдуард Успенский (стояла на том и буду стоять вечно — великий!) дал жизнь в своих программах с отличным названием "В нашу гавань заходили корабли".

> В таверне много вина,
> Там пьют бокалы до дна,
> Звенит разбитый рояль,
> Там тихо бродит печаль.
> Дочь капитана Джен Эй,
> Вся извиваясь, как змей,
> С матросом Гарри без слов
> Танцует танго цветов.
> И в этот самый салон
> Заехал юный барон,
> Увидев крошку Джен Эй,
> Был очарован он ей.
> «Послушай, крошка Джен Эй,
> Будь верной крошкой моей,
> Ходить ты будешь в шелках,
> Купаться в лучших духах
> И меж цветистых ковров
> Станцуешь танго цветов!"

Ну, а матрос Гарри для чего упомянут, ясно. "К барону он подбежал, вонзил в барона кинжал". Хорошо котировалась и песня про "Шумит ночной Марсель в притоне «Трёх бродяг», там пьют матросы эль, а женщины — коньяк...". Много лет спустя я с изумлением узнала, что это сочинил в двадцатые годы для кабаре "Нерыдай" композитор Милютин с драматургом Эрдманом, то есть это изначально была пародия. Но в контексте девичьей тетради оригиналы и пародии ничем не различались.

Попали же в мою тетрадь и Блок с "Есть в напевах твоих сокровенных...", и Заболоцкий с "Очарована, околдована...". Кроме завораживающей музыки слова, важна была суть — и в жестоких романсах, и в поэтических шедеврах образ женщины приподнимался и наливался весомой ценностью.

Из-за женщины убивали, женщину умоляли, ею красиво и пафосно восхищались и если корили, то чем-то высоким и таинственным. Удивительно! Ничего подобного в жизни не было.

Идель Мовшиевич, запрещавший бабушке аборты (отчего в жизнь и явилась моя мама), преспокойно зажил с другой женщиной, фронтовой подругой, и в маминой судьбе не фигурировал. (Много лет спустя мама сама разыскала своих единокровных сестёр.)

Папа развёлся с мамой и женился на "швабре", а потом свил гнездо с женой своего друга. Дивная красотка, что было ясно и в её шестьдесят лет, бабка Зоя (прозрачные глаза с поволокой, точёная фигурка) всю жизнь без происшествий прожила с дедом Андреем, и все её грехи заключались в бесконтрольных тратах на тряпки. Ради них бабка Зоя носила в ломбард свою ювелирку, а квитанции хранила, как полицай золото в "Молодой гвардии" Фадеева, — внутри особого пояса, который прятала под одеждой. Чтоб Андрейчик не увидал! Андрейчик тем временем "вкалывал" ("пахать" и "вкалывать" — так называли тогда постоянную прилежную работу), безмятежно играл на баяне и всю жизнь доверял своей дорогой "афериске". Бабка Зоя была убеждённым сторонником теории "муж не должен ничего знать"...

(Бабушка Антонина! Ты завидовала двоюродной сестре!)

Тётка Шура, навещавшая Изотовых, водительница трамвая, имела двух сыновей неизвестно (нам) от кого — писаного красавца Авенира и дурнавца Сашку, у которого была от рождения заячья губа. Авенир (Вера пылала к нему девичьей страстью) никого не успел полюбить и, возможно, воспеть в бессмертных стихах — он ушёл в армию и погиб на подлодке. Тогда тоже гибли подлодки, но об этом не сообщали в газетах — Шура получила цинковый гроб, а что было в гробу, то ты, Господи, веси. (Никакого шума, скандала на весь мир, никаких комиссий и расследований — матери получали гробы вместе с почти официальным приказом молчать об этом. Добрым отеческим голосом им говорили о военных тайнах государства...)

Это я к тому, что никаких следов "шумного Марселя" в жизни мы обнаружить не могли — люди или притирались друг к другу в браке и покорно тащили груз дней бок о бок, либо составляли новую пару с той же целью. Незамужние бездетные женщины следили за собой и прибегали к ухищрениям, замужние и детные чаще всего склонялись к состоянию "кувалды". Так что в девичьих тетрадках хранилось отвлечённо-сакральное знание о мире ином. Где женщины "танцуют танго цветов" и уж ни в коем случае не могут тащить по три неподъёмных сумки на дистанцию в добрый километр — от ж/д платформы Каннельярви до нашего "курятника"...

Сама тетрадь моя не сохранилась, а память избирательна — вот силюсь и не могу вспомнить целиком абсолютно гениальную песню про негра Томми, жившего на Мадагаскаре.

Этот Томми, очутившись в Америке, полюбил — и не без взаимности! — дочь банкира.

> Отец её, банкир большого пóста,
> Он девочку проклятию предал,
> А негра Томми, саженного роста,
> Суду американскому отдал.
> И вот перед свирепою толпою
> Красавец негр униженно стоит,
> Глаза его наполнены тоскою,
> А взгляд его печально говорит:
> Мадагаскааар! Страна моя!
> Здесь, как и всюду,
> Цветет земля!
> Мы тоже люди,
> Мы тоже любим,
> Хоть кожа чёрная у нас —
> Но кровь чиста!

Возможно, так своеобразно отозвалась в Стране Советов борьба с расовой сегрегацией, затеянная при Кеннеди. Негров мы (советские дети) любили совершенно искренне, поскольку в глаза их не видели. Вот китайцы — они коварные, они предали знаменитый поезд "Москва — Пекин" (была песня) и дружбу навек.

Китайцами нас пугали основательно, рассказывая и про хунвейбинов, и о "школах 7 мая", где "исправлялась" китайская интеллигенция. А негры были далёкими друзьями, вечно униженными и оскорблёнными, — нечто вроде прирождённых "пролетариев", страстно ожидающих своей революции. Сведения о неграх строго застряли на уровне "Хижины дяди Тома" (добрые, несчастные, с растущим протестом внутри...). Вдобавок нас стращали "судом Линча" и "ку-клукс-кланом", не удосужившись объяснить, что это такое. Я и до сих пор не знаю.

Мир мы знали теоретически — на уроках географии раскрашивали контурные карты. И где горы, озёра и равнины, и где какие полезные ископаемые, и какие существуют страны на свете — всё знали. Но эти реальные знания застилал мифологический туман, в котором плавали загадочные негры, китайцы, японцы, британцы...

Не французы. Живых французов мы повидали!

Глава тринадцатая
На границе труда и капитала

Итак, когда расформировали нашу родную школу, мы с девочками отправились на поиски аналога и нашли его возле Нарвских ворот. То была "французская школа" № 392, и славилась она тем, о чём афористично выразилась в одной речи завуч: "Наша школа стоит на границе труда и капитала!"

Она была с фокусами, эта школа, она была "образцово-показательной", и туда время от времени отправляли делегации французских учащихся. Для непосредственного контакта с нами, советскими! Вот что означала "граница труда и капитала".

Появляющиеся в школе французы смотрели на нас с живейшим любопытством. Мы говорили с ними свободно, быстро, это было не проконтролировать. Помню, как один худенький паренёк в ладных вельветовых штанах цвета беж стал изумлённо рассказывать, что возле гостиницы странный человек стал уговаривать его продать эти брюки.

"Mon Dieu, mes pantalons!" ("Боже мой, мои брюки!")

Французу трудно было представить себе огромную страну, где граждане не могут сшить себе сами вельветовых брюк такого качества, чтобы, глядя на них, не рыдать от жалости и грусти. И что находятся люди, покупающие брюки не только У иностранцев, но прямо С иностранцев... Рассказывать капиталистам, даже в их зародышевом юном виде, про советских фарцовщиков, мы не имели права, поэтому объяснили пареньку, что ему встретился безумец, которых так много в романах Достоевского. И перевели разговор на Эрмитаж.

Француз ничего не имел против Эрмитажа, но впечатление глубоко в душу врезалось ему, и он так и повторял, дергая узкими плечиками, поправляя шарфик, своё *Mes pantalons!*.

Совсем другой дух шибанул нам в нос в этой 392-й. Спертый дух общих комсомольских собраний, линеек, обязательств, идеологической дисциплины. Когда я написала сочинение по "Ito дслать?" Чернышевского, опровергая многие его постулаты с помощью Достоевского, противная, с серым лицом, учительница литературы выставили мне оценку "2/5" и объяснила, что сочинение само по себе, возможно, и отличное, но по идейному содержанию — двоешное.

Наша компания была чужой и подозрительной. В родной школе нас всё-таки знали с цыплячьего возраста и по-своему даже любили. Привязываешься к живому существу, когда оно растёт восемь лет на твоих глазах. А в новой школе стальными глазами присматривали за нахальными, своеобычными девками, которые могут смутить идейную чистоту выдержанных нравов.

Вот идёт комсомольское собрание на тему обязательного сбора макулатуры. И вдруг одна из новоприобретённых встаёт и говорит, что она живёт в Купчине, ездит на метро и что тюки с макулатурой в утренней давке могут развалиться и разлететься по вагону. "Это будет так неэстетично!" — заключает она (разумеется, я) свою речь.

Наглость, а не придраться: всё верно. Приходится разрешить далеко живущим привозить макулатуры по силам, разумное количество. А фраза "это будет так неэстетично!" отправляется в школьный обиход, её повторяют и глядят на меня дружелюбно — а, та самая, которая на собрании про макулатуру...

В 392-й не было принято самодеятельно выступать на собраниях.

По уровню знания и степени способности к французскому языку ученики разделены на три группы: сильную, среднюю и слабую. Мы с Ирой и Светой попадаем в сильную, к Ольге Николаевне, и это отдушина: Ольга Николаевна — прекрасный педагог и добродушная, любезная женщина (это у нас редкость — усиленная, принципиальная любезность, но в Ольге Николаевне это было, конечно, от французской полировки).

Впрочем, однажды я убедилась, что хватка у Ольги Николаевны настоящая, учительская. Мы сидели на уроке тёплой весенней порой, и окна были открыты. И вдруг в окно влетает камень и попадает прямо мне в висок! Ольга Николаевна молнией мчится вниз и тут же приволакивает в аудиторию испуганного кроля младших классов — решил позабавить приятелей меткостью своей руки. Ольга Николаевна торжественно предъявляет ему чуть что не убитую им старшеклассницу — думаю, в этот момент не только ужас, но и гордость будущего членистоногого достигла апогея (подбил такую крупную дичь!)...

Вскоре обнаружилось, что в нашем 9 "Б" есть интеллектуалы. То есть, понятное дело, интеллектуалки.

Черноглазая, белоликая, с "французской стрижкой", умница Алла Беляк, которой потом не дали золотую медаль, нарочно выставив "четыре" по физкультуре, хотя она отлично сдала эти самые "нормы ГТО", "готов-к-труду-и-обороне" — негласная политика партии по еврейскому вопросу. И Таня Виноградова, дочь капитана первого ранга, высоченная, с квадратными плечами, голубыми глазами в белых ресницах и заразительным истошным смехом, — это она потом станет писательницей Марусей Климовой. С ними можно иметь дело, вести разговоры! Мы не одни "на границе труда и капитала"...

Много лет спустя в одном из неаппетитных сочинений Маруси Климовой я обнаружила намёк на себя. Маруся описывает, как в девятом классе они с одноклассницей решили выпить аж две бутылки рислинга.

По её словам, одноклассница, обладавшая большой грудью, от выпитого прилегла на бок, так что грудь набок и свесилась, и рассказала автору, что они с подругами — фанатки ТЮЗа и обожают актёра Иванова.

Вот, попадайся после этого на глаза писателям. Сволочи они, я вам скажу! Щелкопёры, бумагомараки, протобестии! Трудно возразить — и две бутылки рислинга мы выпили, и грудь у меня большая, и актёра Иванова мы с подругами обожали. Но с какой холодной неприязнью это написано, какая высокомерная оптика. Ни единого доброго слова не нашёл автор для человека, с которым дружил два года, письма писал, тайны сердца охотно рассказывал. Мне сдаётся, что Таня Виноградова просто никогда не верила в искреннюю симпатию к себе и пребывала в каком-то своём теневом мире: глядя туда, она и смеялась исто-

182

шным смехом, от которого её голубые глаза закатывались под лоб и покрывались слизистой плёнкой, как у рыбы.

Впрочем, тогда зловещие тени ещё не легли с невыносимой для общения густотой на этот оригинальный характер. Таня обладала острым умом, прекрасно знала литературу, отличалась на уроках французского — даже в нашей, сильной группе. Хотя превзойти умницу Аллу Беляк и ей не удавалось.

Любезная и учтивая, Беляк пристрастила меня к французскому барду Жоржу Брассенсу. У неё были настоящие французские пластинки и магнитофонные записи. "На наши деньги" Брассенс представлял собой сплав Окуджавы и Галича, лирик и сатирик в одном лице, но развившийся на свободе, отчего его колкий юмор в условиях советской зоны воспринимался как чистая забава вольного человека.

Много лет спустя я решила устроить ревизию для своих девических привязанностей. Нашла в сети концерт Брассенса и уселась смотреть. Усатый француз с умными живыми глазами и рокочущим баритоном определённо понравился мне, да и публика вела себя правильно, как полагается на выступлениях настоящего барда, — смотрели с восторгом, выкрикивали названия заветных песен, дескать, спой, спой!

И вдруг Брассенс начинает петь знаменитую "Плохую репутацию", а я осознаю в своей голове русские строчки этой песни.

В нашей деревне, не секрет,
Хуже моей репутаций нет.
Тише воды, а между тем
Я прослыл меж них чёрт знает чем.

Я не сделал им ничего плохого,
Шёл своим путём — что же тут такого?
Нет, честной народ убеждён — все должны жить
только так, как он.
Нет, честной народ убеждён — все должны жить
только так, как он.

Все сквернословят за спиной —
Кроме немых, самой собой!

Что это, откуда? Но строчки бегут, спешат...

Праздник всеобщий за окном —
Я сплю спокойно сладким сном.
Марш, что победно так гремит,
Мне ничего не говорит.
Я не сделал им ничего плохого,
Не люблю фанфар — что же тут такого?
Нет, честной народ убеждён... и т.д.

И я вспомнила — я же переводила Брассенса в 9-м классе, несколько песен одолела, пусть корявенько, но с настоящей страстью к источнику. В оригинале *Le jour du catorse juillet je reste dans mon lit douie* — "в день 14 июля я остаюсь в моей сладкой постели", но я заменила 14 июля на "праздник всеобщий" для расширения сатирической мишени. 14 июля — французская морока, а "всеобщий праздник" — понятно всем.

Переводы, где-то записанные синими чернилами, я потеряла в переездах — но вот они при появлении оригинала всплыли в памяти...

Вовсе не надо пророком слыть,
Чтоб угадать, как им поступить.

Если верёвку они найдут —
Тут не понадобится суд.

Ничего плохого не сделал им,
Шёл своим путём — не ведёт он в Рим!

Нет, честной народ убеждён — все должны жить
только так, как он.

Нет, честной народ убеждён — все должны жить
только так, как он!

И когда буду я висеть —
Кто не слепой, придёт смотреть...

В Париже есть теперь парк Жоржа Брассенса — надеюсь, та же участь постигнет и Владимира Высоцкого в Москве. Памятники наши кошмарны, и с этим, видимо, ничего не поделаешь (девяносто лет вкуса нет — не жди, не будет) — ну, а посадить в аллеечку липы и дубы мы ещё в состоянии...

В десятом классе я самостоятельно изобрела "рейтинг". Взяла сдвоенный лист клетчатой бумаги, по вертикали написала фамилии всех учеников, по горизонтали разграфила лист на такое же количество столбиков.

Каждый ученик, получая этот лист, заполнял его, ставя против фамилии каждого своего товарища либо "плюс", либо "минус", либо "ноль". Анонимно! После того как все проставляли отметки, ты мог увидеть итог — сколько ты лично получил "плюсов", "минусов" и "нолей", но кто именно что именно выставил, никто не знал. По результатам опроса я составила "таблицу популярности".

На вершине её (вообще нет "минусов", преобладают "плюсы") расположились двое — Юра Баранов и Лида Мороз. Это было на удивление понятно, потому что и Юра, и Лида были приветливыми, кроткими, добродушными ребятками, без единой резкой черты в характере, а Лида (она тоже перешла с нами в 392-ю из 275-й) вообще уверенно приближалась к ангелам со своим милым улыбчивым лицом и вечно сияющими огромными глазами. (Она потом стала врачом-педиатром.)

Не лидеры, не заводилы, не оригиналы, не красотки и красавчики — но кроткие, милые, тихие, славные лидировали в этом рейтинге симпатии.

Наша компания расположилась примерно в центре списка — что характерно, у нас почти не было "нолей" (нейтрально-равнодушного отношения). Нас любили или ненавидели, и та же участь досталась нашим новым приятельницам — Беляк и Виноградовой. Отличницы шли ниже нас — кто, спрашивается, и когда их любит? (Беляк тоже была отличницей, но ей это прощали — она не нарочно, просто у неё так получалось, естественным образом, ну такая голова у человека, что ж ему делать!) Замыкали список "изгои", томная девочка О.М., явно с трудом надевавшая школьную форму, поскольку её жизнь протекала в других сферах, где она была не отстающей ученицей, а преуспевающей на своём фронте женщиной. И сорванец Д.Л., на смуглом лице которого фатально проступала печать будущей тюрьмы (так оно и вышло). Класс проявил отменное классовое чутьё...

В отличие от Москвы, где "воротами" называются микрорайоны, в которых когда-то были ворота ("Покровские ворота"), Ленинград все указанные ворота — триумфальные сооружения бывшей империи — имел в строгом наличии. Нарвские ворота упирают свои слоновьи ноги в площадь, где есть метро, универмаг и Дворец культуры имени Горького. Нарвские ворота и проспект Стачек — районы сталинской застройки, дома там большие, серые, угрюмые. Невдалеке от школы располагалась какая-то фабрика, из которой неслись жуткие запахи — как от сожженных костей. Ездить туда каждый божий день было чистым мучением...

Не могу сказать, что новые одноклассники в целом заинтересовали меня — очень уж рельефно проступала на них печать раннего конформизма, серо-буро-малиновой комсомольской скуки. Мы с подругами, со своим "Граалем" — ленинградским ТЮЗом — в сердце, по-прежнему держались наособицу.

Глава четырнадцатая
Реквием по "Планете"

Н**е стала бы я попусту сентиментальничать, если бы не одно обстоятельство — может быть, я единственный человек, который способен искренне оплакать снесённый в 2011 году кинотеатр "Планета".

В Петербурге многое за двадцать лет новой жизни изуродовали, уничтожили, испортили, обгадили, притом безнадёжно. Но, скажем, о Летнем саде всё-таки есть кому плакать, всё-таки наберётся сотня-другая людей, понимающих, что т.н. "реконструкция Летнего сада" — это не реконструкция, а преступление: из этой сотни-другой человек двадцать умеют писать по-русски — вот вам и основа для вполне приличного реквиема.

А кинотеатр "Планета" при всём желании не припишешь ни в какую графу исторических ценностей, какая у этой бандуры конца шестидесятых может быть ценность: выстроили на пустыре по плану окультуривания микрорайона. Культура по-советски фигурировала в образе некоей пищи, которой следовало окармливать население, — и кинотеатр был чем-то вроде фабрики народного питания. Питания невидимой, но всё ж таки материей, а про материю было известно — чем её больше, тем лучше.

Поэтому кинотеатр "Планета" (угол проспекта Космонавтов и проспекта Славы) был значительным пунктом кормления масс — более чем на тысячу мест — с остеклённым фасадом, галереей портретов известных актёров, растениями в кадках, партером и балконом. В километре от "Планеты" располагалась точно такая же, тютелька в тютельку, "Слава".

Жители Бухарестской улицы и Альпийского переулка, таким образом, были во всём равны жителям проспекта Космонавтов и улицы Орджоникидзе. У них был безымянный "Гастроном" (жители всерьёз думали, что это синоним слова "магазин"), "Парикмахерская", где делали "укладку волос феном" (я долгое время была убеждена, что "фено́м" — название причёски), "Канцелярские товары", "Химчистка" и — обладавший собственным именем кинотеатр, в котором шли одни и те же картины, иногда с какой-то люфт-паузой (картина уже сошла в "Планете", но ещё доигрывала своё в "Славе").

В планировке типового кинотеатра наблюдалась пространственная щедрость: никакой экономической тесноты, всё с размахом, на широкую ногу. Даже кассы занимали помещение метров в тридцать. Купил узкий голубой билетик (10 копеек дневные сеансы, 30 — вечерние, 50 — двухсерийные ленты) — и взбегай по ступеням вверх, к парадному входу, а затем фланируй в ожидании сеанса.

Репертуар был четырёхсоставным: советские картины, продукция стран соцлагеря, произведения капстран, индийское кино. Индия — формально вроде бы будучи капстраной — считалась внеразрядной, уникальной, каковой, разумеется, и была (есть и будет).

С советскими картинами дело обстояло просто: все фильмы, получившие разрешение на первый-второй экран, появлялись в типовом кинотеатре, а вот сколько времени они будут идти — зависело от директора, у которого был план в рублях, на который массам было начихать. Массы любили индийские мелодрамы и французские комедии и проявляли стойкое недружелюбие к патриотическим и "проблемным" полотнам. "Вот тут и вертись!" — вот тут и вертелись, в среду днём давая одно, а в субботу вечером другое.

Фильмы стран соцлагеря зритель в целом стойко не выносил. Он был убеждён, что киноленты, как и прочий товар, может производить страна, где есть т.н. "фирма́" (с ударением на последнем слоге). Кто делает лучшие ботинки и пиджаки, тот делает и лучшее кино — Америка, Англия, Франция, Италия. Всё, список закрыт. (А, ФРГ — но лента марки ФРГ пробивалась в типовой кинотеатр как редчайшая птица, потому что, кроме вражьей ФРГ, у нас имелась дружеская ГДР со студией "Дефа", а на студии "Дефа" клепали картины с утра до вечера, и в их числе вполне кассовые фильмяги про индейцев...)

Скажете, нет логики, когда это железная логика?

Советские отборщики, конечно, знали о предпочтениях масс. И отчасти им потакали, но своеобразно. Скажем, Италия и Франция семидесятых–восьмидесятых были скорее родственными, чем противоположными друг другу странами, при всех национальных особостях. Но Франция в нашем прокате оборачивалась страной любви и веселья (покупали амур-тужур и комедии), тогда как Италия представала областью, населённой исключительно мафией и полицейскими комиссарами. Никакого Вис-конти в нашем прокате не существовало (до сокращённого "Семейного портрета в интерьере"), Антониони появился только раз — с картиной "Профессия: репортёр", которую трудно заподозрить в пропаганде буржуазного образа жизни. И Феллини тогда попал под раздачу, перестал быть сугубо "прогрессивным". Американские фильмы тоже допускались только "прогрессивные", то есть с критикой существующей действительности.

Но Франции был выдан некий "розовый билет", по которому французские проблемные фильмы с критикой наличной реальности строго тормозились на границе. Франция не имела никакого права на то, чтобы из оазиса блаженства превратиться в какую-нибудь мрачно-эффектную дыру, где чёрно-белые комиссары полиции делают признания прокурорам республики! Впоследствии на форпосте рациональности, где социальным проблемам отдано столько сил и времени, что нам и присниться не может, с изумлением встречали восторженных северных варваров, влюблённых в какую-то мифическую страну жовиальных идиотов, которую они упорно считают Францией...

А я — вот она я, в шубке искусственной цигейки, в шапке с ушками из голубого искусственного меха, русая коса до пояса — бегу через пустырь к своему кинотеатру, бренча тридцатью копейками. Если нет наличных, можно сдать бутылки — пункт приёма в задах нашего "Гастронома". Три бутылки — и вот тебе билетик. Я смотрю всё. Даже фильмы студии "Дефа", даже польские и венгерские — в почти что пустом кинозале.

Это была эпоха, когда лица на экране были огромными, а зритель — маленьким. Маленький зритель внимал, трепетал, верил, сострадал — тем, огромным и прекрасным. (Теперь всё наоборот: как правило, огромный зритель сидит и смотрит на маленьких людей на своём домашнем мониторе. Коренной перелом масштаба!)

И все эти огромные и прекрасные люди, все страны, которых мне никогда не видать (разве чудо?), все диковинные истории — всё утекает в мою маленькую голову, поглощается и переваривается там, в тайных темнотах.

Картина мира, которая складывалась из просмотренных фильмов, была, разумеется, фантастической, но, следует заметить, — она была разнообразной. Не зря мой кинотеатр звался "Планета".

Три фильма, просмотренных в "Планете" не раз и не два (доходило до десяти — двенадцати), могу выделить особо, как принципиально важные, повлиявшие на мировоззрение.

"Моя прекрасная леди" Кьюкора на музыку Лоу, с Одри Хепбёрн. "Зенит излёта" великого Голливуда тридцатых–шестидесятых, один из последних безусловных триумфов Фабрики грёз. Никаких точек соприкосновения с отечественной действительностью ("прекрасная леди"!). Оказывается, жизнь (хотя бы собственную, в виде наличного белкового тела) можно и нужно украшать, наряжать, совершенствовать эстетически. Мы, девочки шестидесятых–семидесятых, в глаза не видали ни Дитрих, ни Гарбо — и свидетельством победы красоты (гармонии формы) над бесформенностью стала для многих из нас именно Хепбёрн и именно в "Моей прекрасной леди". Это был отвлеченный, возвышенный до предела идеал, достичь которого мне и не приходило в голову (по внешности мы с Хепбёрн были антиподами). Важно было само существование нарядно-прекрасного, которое возможно было созерцать почти три часа за копейки. Пять платьев Хепбёрн-

Элизы я запомнила до мельчайших деталей на всю жизнь — без малейших же попыток что-нибудь эдакое сшить и надеть. Да и где найти профессора Хиггинса? Кроме того, пропуском в рай, как это строго указал ещё автор пьесы "Пигмалион", была божественная английская речь — а вовсе не русский, хоть он велик и могуч.

Велик и могуч без спора, но в мире, им образуемом, нет и не может быть ни скачек в Эпсоме, ни бала у королевы, ни того невероятного розово-лилового шёлкового платья, в котором Элиза пьёт чай у матушки профессора в конце фильма. Великий и могучий и не предполагает, что люди могут просто и беспечально пользоваться благосклонностью Творца, наслаждаться жизнью и время от времени переодеваться!

Мне в такой мир не попасть, но я могу хотя бы на него посмотреть...

"Король Лир" Козинцева открыл для меня космос Шекспира как пространство, заключающее коды всего, что было, есть и будет.

Питомец мировой культуры, Козинцев был на редкость свободен от советской провинциальности, которой не было в двадцатые–тридцатые годы и которая стала проступать из-за идеологической изоляции в годах 1940–1950-х. Потом опять взлёт шестидесятых — и опять постепенное опускание в болотце. Но Козинцев-то, по определению Шварца, был "пижон и денди" двадцатых годов. Он был родом из свободного, вольно общавшегося с миром начала века, он мысленно соизмерял себя только с великими образцами. Он искал вечного пространства, "пространства трагедии" (так называлась его книга о Шекспире), где не будет ничего мелкого, суетного, сиюминутного. Ничего советского, можно сказать. Поэтому Шостакович, поэтому запредельное лицо бритоголового Шута-Даля, с его мировой скорбью, поэтому суровые резные лица прибалтийских актёров...

Странно, но фильм Козинцева очень нравился бабушке Антонине, когда шёл по телевизору. Наверное, тема неблагодарных детей так задевала её суровое сердце? Бабушка вздыхала, вытирала слёзы и говорила свой обычный приговор тем картинам, что эти слёзы вызывали:

— Тяжёлый фильм!

В искусствоведении таких категорий нет. Видимо, это народный словарь. Ведь у Островского, в пьесе "Тяжёлые дни", весёлый летописец замоскворецкой жизни Досужев смеётся над тем, что, дескать, "здесь дни разделяются на лёгкис и тяжёлые".

Да, не научное определение, но мы же понимаем, что хотела сказать бабушка Антонина, и "Король Лир" — действительно "тяжёлый" фильм.

Вот не знаю, что сказала бы моя бабушка о "Солярисе" Тарковского, его по телевизору не показывали, но именно "Солярису" принадлежала моя потрясённая душа. Я смотрела этот фильм не меньше двадцати раз.

Восторги и восхищения у нас особо-то не одобряются — считается, это что-то детское, инфантильное, сомнительное. Я так не считаю и была счастлива найти столь авторитетного сторонника, как Томас Манн. Для него восхищение — "стихия чистейшая и вместе плодотворнейшая, благоговение и побуждение к соревнованию, оно учит высоким притязаниям и являет собою стимул к собственному духовному творчеству. Оно — корень всякого таланта. Там, где его нет, где оно отмирает, там не уродится ничто, там

194

будет духовная нищета и пустыня... Дар восхищения, способность любить и учиться, умение усваивать, ассимилировать, преобразовывать и создавать свои, новые формы лежит в основе любого крупного таланта... Восхищение — лучшее, что у нас есть, восхищение — начало любви, даже сама любовь..." (статья "Рихард Вагнер и «Кольцо Нибелунга»").

Не тупое поклонение, не обожание — а именно восхищение, основанное на глубокой способности воспринимать чьё-то творчество, является мощной силой развития личности, считает Манн. Такое восхищение вызывали у меня фильмы Тарковского "Солярис", "Андрей Рублёв" и "Зеркало".

В те годы издавалась газета "Кинонеделя", где все фильмы недельного репертуара писались по алфавиту в столбик, а рядом — номера кинотеатров, где они шли. Кроме больших новостроечных корпусов, были старые известные кинотеатры ("Аврора", "Нева", "Колизей" и т.д.) и огромное количество кинозалов во Дворцах и Домах культуры (д/к). Всякий фильм сначала шёл первыми экранами, а потом перекочёвывал в бесчисленные д/к к нетрезвым киномеханикам. Уже поцарапанные, оборванные, кое-как склеенные, с мутными пятнами и белыми зигзагами, картины всё равно прилежно работали, несли копеечку в советский бюджет. Вот там-то, иногда у чёрта на рогах, в каких-нибудь голимых концах городских каналов, за фабричными заставами (д/к Цурюпы, моряков, офицеров, Маркса, Ильича...), я отыскивала своё счастье. Там я ловила "Фанфан-Тюльпана" с Жераром Филиппом, там разыскивала "Преступление и наказание" Кулиджанова.

А где сегодня "Рублёв"? Находишь, тащишься, платишь свои тридцать копеек.

И в зале всегда обязательно кто-то сидит! Десять, пятнадцать человек. Это свои...

Когда картина заканчивается, она ещё некоторое время стоит в наших глазах. Это нам сегодня Мировой разум (Солярис) вернул, олицетворив, наши грехи и тайные пристрастия. Это мы скорбно молчали, когда нашу Дурочку-Россию увозили, поманив куском жирного мяса, бесстыжие завоеватели (Рублёв). Это нас мама вела за руку через фантастический, страшный и прекрасный лес (Зеркало)...

Но "Солярис" шёл сначала в "Планете" первым экраном — и массы терпеливо выносили киноязык, который для того времени был более чем авангарден, так что свой просветительский статус мой кинотеатр держал твёрдо — до начала девяностых годов. Потом известно, что: "Планета" пошла путём всякой плоти. Видеосалон, рынок, магазин мебели... и под снос.

Однако уничтожить материю несложно — а вот как "быть с идейками"?

Глава пятнадцатая
Тот самый юный зритель

Д**овелось** мне прочесть впоследствии (когда, как выразился Булгаков, было уже поздно) досужие речи о том, что специальное искусство для детей и особенные театры "для юных зрителей" — это искривление, извращение, уродство. Советский идеологический бред. Я спорить не буду — может, и уродство. Я, значит, урод. Меня воспитал Ленинградский ТЮЗ во главе с З.Я. Корогодским и славная труппа театра: Ирина Соколова, Николай Иванов, Георгий Тараторкин, Антонина Шуранова, Игорь Шибанов, Ольга Волкова, Юрий Каморный, Рэм Лебедев, Виктор Фёдоров, Кира Петрова (тогда ещё не "Крейлис-Петрова"), Борис Самошин, Николай Карамышев, Лиана Жвания, Николай Лавров, Анатолий Хочинский, Наталья Кудрявцева и многие, многие другие.

И я их всех благодарю за спасённое от демонов детство.

ТЮЗ в те годы жил принципиально иначе, нежели прославленный (и, что возможно, перехваленный) БДТ, на поддержание репутации которого работали крупные театрально-критические силы — но главным образом сам титан Товстоногов. Умел человек себя поставить, не отнимешь. Он ценил актёров, но, взяв человека в труппу, мог его подмариновывать без ролей десятилетиями. А тюзовцы пахали и вкалывали вполне по-пролетарски: тридцать спектаклей на одного актёра за месяц вкупе с ежедневными репетициями считались нормальной загрузкой.

Тогда в городе ещё было телевидение и радио с оригинальным производством, так что между репетициями и вечерним спектаклем актёры успевали забежать посниматься в телевизионных постановках и почитать-поиграть на радио — весомая добавка к зарплате.

Это мы с девочками знали отменно, поскольку некоторое время пробыли в должности преданных поклонников артиста Николая Николаевича Иванова. То есть писали ему коллективные письма и открытки (за подписью "доброжелатели"), а также иногда провожали его по маршруту дня. Видели, как бегает человек, из дому уходя в десять утра и возвращаясь в десять вечера. А случались дни, когда у Иванова было два "Конька-Горбунка" (где он играл главную роль, Ивана) подряд, а вечером — он Шут — дядя Шура в спектакле "Тренькбрень" по дивной книге Радия Погодина про рыжую девочку или доктор Хоскинс в "Тимми, ровесник мамонта" И. Ольшанского, где наш артист тоже мало отлучался со сцены. Про Ирину Соколову (тогда она была женой Иванова) уж и не говорю, на её плечах лежал чуть ли не весь репертуар — игрывала она мальчиков, девочек, животных, старушек, воплощая в себе, конечно, ту самую Мировую Душу, о которой написал в своей провалившейся пьесе чеховский Костя Треплёв.

При этом никто не играл плохо, вообще никто, ни один человек. Слабым актёрам Корогодский просто давал маленькие роли, где они при всех стараниях не могли принести вреда. А в главных — всегда первачи. И — невообразимый фонтан радости бил тогда на Пионерской площади, потому и справлялись артисты со своей чудовищной загрузкой легко и как будто беззаботно.

Весело было, жарко и нереально талантливо. Минимум официоза. Помню разве тягомотную "Гибель эскадры" по пьесе Корнейчука, как по приказу большевиков, чтоб не достался врагу, потопили Черноморский флот. Но, надо заметить, эта нота мрачной героики была созвучна внукам блокады. Мы на этот спектакль ходить "запоем" не могли, но испытывали нечто вроде искреннего почтения. А уж "После казни прошу..." и вовсе официозом не являлся, поскольку был построен на письмах лейтенанта Шмидта к его возлюбленной Зинаиде Ризберг, в главных ролях — Тараторкин и Шуранова. Но тот же Тараторкин, очаровательно долговязый, со своими интеллектуальными скулами, сыгравший в кино Раскольникова и в театре десяток главных ролей, в том числе Гамлета, выходил одним из троицы Раков — в оперетте "Тараканище" (финальная часть трилогии "Наш Чуковский", включавшая также балет "Муха-Цокотуха" и оперу "Краденое солнце"). Плясал и пел "раки мы и забияки, не желаем бою-драки, не желаем бою-драки, мы ведь раки...". Таков был общий принцип: служи делу.

Были спектакли, которые требовали присутствия на сцене почти всей труппы, — "Наш цирк", "Наш, только наш" (это был своеобразный мюзик-холл, пародировавший зарубежную эстраду), "Наш Чуковский", "Хоровод" (пятнадцать инсценированных сказок пятнадцать советских республик) и "Открытый урок". Многое в этих спектаклях сочинялось самими актёрами, вырастало из этюдов и самостоятельных номеров. Но и классика — в самую препорцию, "Гамлет" и "Комедия ошибок" Шекспира, "Борис Годунов" Пушкина, "Свои люди — сочтёмся" Островского (потрясающий дебют Льва Додина), "Хозяин" по рассказам Горького, "Вей, ветерок!" Райниса. ТЮЗ первым поставил "Хоббита" Толкиена, когда ни о каких "толкиенутых" и слуха не было на Руси, с гениальной, как всегда, Соколовой (в роли предводителя гномов). И конечно, были в репертуаре современные пьесы или инсценировки современной прозы. Для тогдашнего ТЮЗа писали специально, это считалось почётным и ответственным делом. Владимир Меньшов сочинил "Месс-менд", прелестную историю по мотивам раннего романа М. Шагинян, настоящий мюзикл о смелых героических рабочих и гадючих капиталистах. Окуджава — "Глоток свободы" про декабристов. Нонна Слепакова — искромётную версию киплинговского "Кота, который гулял сам по себе" (у Слепаковой "Кошка, которая..." — кошка, ясное дело, имела вид Ирины Соколовой. Великолепная, блистательная роль даже для неё, не знавшей неудач вообще!).

То был поразительный, беспримерный репертуар — и если юный зритель не попадал в театр первый раз на "Гибель эскадры", то он рисковал оставаться там вплоть до окончания юного возраста. Но чаще всего он оставался и после. В ТЮЗе действовала хитрая система уловления и воспитания юного зрителя через "педагогическую часть" — она отбирала активных зрителей для "делегатского собрания" (а делегаты могли дежурить в театре и смотреть спектакли бесплатно), устраивала конкурсы юных рецензий (я участвовала и выиграла книжку Власова и Млодика

"О смелых и отважных" с автографами актёров театра) и много чего ещё.

Пусть советский бред. Не возражаю. Я выросла в этом бреду, я люблю этот бред. Благодаря ему я прожила чистое детство, детство как оно есть, в радости и мечтах. Не спорю, что детство это подзатянулось и созревание вышло поздним — ну и что? Так ли это страшно — может, куда страшней растление детства?

(Я вот сейчас резко скажу, грубо. Дарят девочкам мишек и куколок, читают про Винни Пуха и Мэри Поппинс. Никто и никогда не расскажет им, что в расчудесной взрослой жизни их ждут *обязательные женские работы*, и притом в их не слишком аппетитных разновидностях. А попробуй откажись — и драгоценный муж запросто уйдёт туда, где это делают. Я не о тех, кого обуревают страсть и нежность и чьи чувства ищут полного воплощения, — я о тех, кто притворяется, а их тьма. Лгуньи ловят мужчин. Выполняют омерзительное, кто для выгоды, кто для того, чтоб не остаться в одиночестве, чтоб успеть за краткое время цветения хоть как-то размножиться. Даже неловко в этой ситуации говорить о человеческом достоинстве — его у таких женщин нет и быть не может. И наши мужчины, вовсю пользуясь русской ситуацией мужского дефицита, искренне, отчаянно и неимоверно этих (да и вообще всех) женщин презирают. Такая вот Мэри Поппинс получается. Что, не так?)

А потому не лучше ли всё ж таки не торопиться на сияющую разноцветными приманчивыми огнями ярмарку взрослой жизни, где очень сомнительные товары будут покупаться ценой бесконечного унижения? Не до безумия и патологии, но — да продлится радужный сон детства!

ГЛАВА ПЯТНАДЦАТАЯ. Тот самый юный зритель

Я выросла в нарядном, весёлом, добродушном театре, где торжествовала наивная идеализация мира. Театр может и должен быть и другим, но отчего не существовать на белом свете и такому? Я, нищая некрасивая девочка, с разведёнными родителями, совершенно беззащитная перед жизнью, — в театре своём была счастлива и, между прочим, довольно сильно закалилась духом. Поверила в могущество разума и любви, получила представление о Родине, увидела героев, добивающихся торжества справедливости и милосердия. Так что для меня Корогодский затмевает Товстоногова — не по величине места в истории театра, а по расположению в моей личной истории.

Я пришла в ТЮЗ впервые — кажется, на "После казни прошу...", чтобы посмотреть на Раскольникова — Г. Тараторкина, который занимал моё воображение примерно пару лет. Было это ранней весной 1972 года. Я тут же привела в театр всех своих подружек, и мы мигом пересмотрели весь репертуар — входной билет за тридцать копеек обременения не представлял. Трудно было попасть разве на "Наш, только наш" (переаншлаг), а так зал был всегда полон, но фанатам удавалось купить заветный входной почти всегда.

Так что главным местом нашего с подругами обитания стал ТЮЗ, где у нас были спектакли-фавориты и спектакли-аутсайдеры, но даже их мы смотрели по нескольку раз.

Благодаря этому я знаю наизусть "Гамлета" (в ТЮЗе шёл перевод Пастернака с вкраплениями Лозинского, так и запомнила) и "Бориса Годунова". Там же впервые я восхитилась Островским, поскольку "Свои люди — сочтёмся" Лев Додин поставил гениально, с грандиозным актёрским составом (Тараторкин — Подхалюзин, Рэм Лебедев — Большов, Ирина Соколова — Аграфена Кондратьевна, Юрий Каморный — Ризположенский, Антонина Шуранова — Устинья Наумовна, Лиана Жвания — Липочка), да в декорациях Эдуарда Кочергина, да с музыкой Валерия Гаврилина!

Полюбить театр возможно, лишь погрузившись в него с макушкой, познав влюблённой, очарованной душой разницу между одним и тем же спектаклем в разное время, всё остальное — умозрение. Мне жаль современных критиков, которые ходят в театр по обязанности и притом исключительно на премьеры — они, как правило, откровенно театр ненавидят, и это абсолютно искренне. Посмотрев пятнадцать—двадцать современных премьер в месяц, действительно возможно потребовать уничтожения репертуарного театра, просто чтобы прекратить свои бессмысленные муки.

А у меня в душе сохранились запасы счастья. Я и до сих пор люблю наивный нарядный театр. Обожаю хороших актёров. Восхищаюсь, когда умело поют и танцуют. Вообще в этой сфере (театр) на всякого мудреца должно быть довольно простоты. Театр создан не театроведами, он возникает из "вещества театра", которое всегда есть в запасе у поколения и которое или идёт на творение театра, или гибнет втуне. Для чего такое милое дело, как жизнь на сцене, грузить убогими и угрюмыми концепциями? Дескать, всё в современном мире погибло, Бог умер, человек пропал, давайте по этому поводу по сцене будут ходить пакостные люди в чёрном и четыре часа орать дурниной.

Когда городу Ленинграду грозила настоящая, а не из театроведческих концепций, гибель, люди в полном счастье дрожали от холода в Музкомедии и смотрели какую-нибудь "Сильву".

Помнишь ли ты, как счастье нам улыбалось?
Помнишь ли ты наши мечты?
Пусть это был только сон — мне дорог он!

И вот что удивительно — добро бы о гибели мира и бессмыслице жизни рассуждали сильно потерпевшие, пережившие нестерпимое горе люди. Нет же: бубнят сытые, румяные, на хороших зарплатах, не испытавшие никаких настоящих катастроф. Им подавай спектакли про тлен, разрушение, разложение и распад. Эй, не с жиру ли вы беситесь? Эй, не резон ли вам быть поосторожнее — жизнь сумеет разыскать своих обидчиков и предъявить им настоящий счёт, когда все пустые до поры слова оборачиваются кровавой плотью яви.

А я как любила, так и люблю в театре прочную систему ценностей. Что ты, мил человек, любишь-то? — спрашиваю я мысленно того или иного режиссёра. И ответы, что удивительно, всегда находятся...

Поскольку в ТЮЗе мы сидели почти каждый день, у нас с друзьями завелось стихийное домороженное театроведение. Мы обсуждали всё: и премьеры с распределением ролей, и как прошёл рядовой спектакль, и вводы, и меру таланта того или иного актёра. Райский образ жизни! Конечно, больше всего мы заботились о Николае Николаевиче Иванове — как он сыграл сегодня, не хуже ли, чем вчера. Но, к нашему счастью, Иванов играл или хорошо, или великолепно. К нам он был добр и даже иногда улыбался со сцены — именно своим "доброжелателям", письма же, как выяснилось через много лет, внимательно читал и бережно хранил.

Два обстоятельства омрачили наше преданное служение: оказалось, что Иванов — глава местной тюзовской партячейки ("парторг"). И мы мрачно пошутили: опустили ему в почтовый ящик журнал "Молодой коммунист". А потом написали — мы тут на митингах должны А.И. Солженицына клеймить, вы, наверное, тоже?

Тут Иванов прервал своё божественное молчание. Подошёл к нам и сказал: вы меня что ж с таким дерьмом смешали? Был благоговейно "прощён". Блаженна, но и требовательна не ищущая разделения любовь!

В следующий раз мы затревожились, когда Николая Николаевича пригласили сниматься в эпопею "Вечный зов" Краснопольского и Ускова. Эти деревенские саги казались нам чудовищно фальшивыми, каковыми они, собственно, и были. "Тени исчезают в полдень" и тому подобное (вроде фильмов Е. Матвеева) считались позорной конъюнктурой — а тут любимый артист согласился играть в эдакой чуме одну из главных ролей. Мы даже и смотреть это не стали, так, глянули с полсерии вполглаза. Это было как бы пластинку Толкуновой или Кобзона купить, что ли. Нам-то, пижонкам из французской школы! Но сцена ТЮЗа до "советского мыла" не опускалась никогда, правда, время от времени там появлялись экзотические постановки.

К примеру, спектакль "Думая о нём", по очерку, по-моему, А. Аграновского. Или Аграновский написал про "Остановите Малахова", драму трудного подростка? Короче, это был театр.док в полный рост. В нём шла речь о доблестном комсомольце, трактористе, который погиб, спасая трактор. Свободная форма спектакля предполагала общение с залом — можно было писать записки. А Иванов в "Думая о нём" был ведущим.

Однажды мы и написали: "Посмотрите, какие вдохновенные лица у зрителей. А ведь загорись сейчас ТЮЗ — все бросятся спасать свои пальто. Никто и не подумает тушить пожар в театре..."

Зал грохнул от смеха, и Николай Николаевич потом включил нашу записку в ход спектакля, читал её на каждом представлении. Мы загордились!

Увлечение ТЮЗом длилось около четырёх лет, но потом были обнаружены театр Ленсовета и театр Музкомедии, где я тоже отсмотрела все спектакли по многу раз. Ленинград никак не был для меня "городом одного театра", каковым его упорно считали в Москве, я и сейчас возражаю против подобной концепции. По-моему, это тяжёлое наследие тоталитаризма — выстраивать для искусства схемы по принципу "главного и второстепенного". В творчестве нет главных, здесь есть — если есть — "единственные и неповторимые".

Да, любопытно, когда приехал какой-нибудь знаменитый театр, ты пришёл, восхитился и ушёл. И совсем другое дело, когда театр — свой, родной, под боком, ты растёшь вместе с ним, радуешься его удачам и печалишься о провалах, он тебя на свой лад воспитывает, а ты его поддерживаешь рублём и любовным вниманием. Тут не одна череда впечатлений, а целый жизненный процесс!

Могу заявить с уверенностью, что меня, к примеру, лично воспитывала, не подозревая об этом, Алиса Фрейндлих — живое доказательство того, что человек может быть *светоносен*. Сценическая иллюзия? Не согласна. Скорее — творческий идеал, реальное воплощение жизни человека на высших уровнях своих возможностей.

Человек до самого себя — высшего — возгоняется редко. Тарковский из книги Сурковой "Андрей Тарковский и я" и Тот, кто снял "Рублёва" и "Зеркало", — один и тот же человек? Да, один. Но взятый в разных своих уровнях. Творчество даёт возможность взлететь, поэтому оно не иллюзия, а подвиг и чудо.

Глава шестнадцатая

Первый провал
и новая жизнь

После школы (а мне ещё было шестнадцать лет, семнадцать исполнялось лишь 2 ноября) я отправилась поступать в университет, на филологический факультет, отделение русского языка и литературы. Уверенности не было (университет тогда был крутейшим бастионом блата), но не было и альтернативы — ни в чём, кроме русского и литературы, я не отличалась.

Мне для чего-то купили летний кремовый костюмчик — брюки в обтяжку и короткую, расшитую цветочками жилетку. В результате поздним вечером домой возвращаться было нельзя, из тёмных кустов выползали маньяки и пытались увлечь меня в свою тьму. Один даже угрожал ножом. Убегала с воплями, сердце билось, как у загнанного зайца... Господи, человек в университет поступает, а на него бросаются какие-то дикие оскаленные морды, как будто он кусок ветчины или ломоть торта.

Да не "как будто", на самом-то деле. Это так и есть. Вот те певички, которые сладко поют про "бэби тунайт", и зарубежные, и их русские аналоги — они понимают, что эта идеология (я твоя девочка на ночь) ставит женщину вровень с колбасой, с порцией алкоголя? Представляете себе картину: вдруг запел паштет, запела кабачковая икра, запели шпроты, селёдка, салат оливье, грянул хор помидоров с огурцами: "Съешьте, съешьте меня сегодня вечером, господа! Я ваша вкусная пища! Я мечтаю быть сожранной!" Примерно то же самое и эти песенки про "бэби тунайт".

"Девочкой своей ты меня назови, а потом обними, а потом обмани — маленькие часики смеются тик-так, ни о чём не жалей и люби просто так!" — спела потом лицемерная краля Валерия. Этот текст писал, конечно, Тарантул — никакая женщина не будет призывать мужчину "обмани меня", "люби просто так". Это их горячечные грёзы — что кусок женской ветчины достанется бесплатно, "просто так", да ещё попросит его обмануть!

При советской власти Тарантул хотя бы тихарился и не писал откровенных текстов. Всё было — но таилось "в тёмных кустах"...

Да, пришлось тот кремовый костюмчик сослать в шкаф, хотя это была первая вещь, которая мне шла — но шла в опасном смысле.

На вступительных экзаменах я написала сочинение на четвёрку, историю сдала на четвёрку, а устный экзамен по русскому и литературе принёс мне твёрдую пятёрку — я вытащила билет с Лермонтовым. Ну, тут меня было не остановить.

Оставался один экзамен — французский язык. Всё-таки я же из спецшколы, есть надежда... И тут я попадаю на убеждённую садистку.

Высокомерная старуха с глазами варана полчаса гоняет меня туда-сюда, а потом, вздохнув, с репликой "Ох, как я вас не люблю, из спецшкол!" выставляет тройку. Плачь не плачь — общий балл выходит совсем непроходной, даже на вечернее с ним не сунешься...

Я девочка, армия мне не грозит — надо устраиваться на работу. Филонить за родительский счёт мне никто не позволит, мы не баре.

На работу в те годы устраивались только по знакомству, и мама села "на телефон". Есть место в закрытом институте, где служит Ирина Спивакова-Рябоконь (всё та же Драма Военмеха), там есть техническая библиотека, нужен библиотекарь.

Библиотека — родное слово. Техническая, правда, — это, скорее, пугает.

И я устраиваюсь на работу, по всем правилам, с трудовой книжкой, в техническую библиотеку НИИ "До..." — оп-па. А имею ли я право разглашать это название? Я давала суровую подписку, что — ничего никогда, это строго закрытый институт, и занимается он выращиванием кри... — ай-ай-ай. Ничего не знаю, чем он занимается. Расположен НИИ... нигде не расположен!!

Допустим, рядом струился Московский проспект. И в обеденный перерыв я ходила гулять на одно заброшенное кладбище. Больше ничего не скажу, только под пытками. Юные пионеры бывшими не бывают.

Техническая библиотека НИИ "Д" была невелика — абонемент и хранилище в одном помещении метров сорока, и работал там небольшой и не слишком дружный женский коллектив.

Библиограф Татьяна Л. была, как я сейчас понимаю, женщиной в стиле Ренаты Литвиновой (блондинка, томный голос, платья от портнихи, особенная, "загадочная" манера держаться). Что доказывает глубокую жизненную укоренённость многих типажей Литвиновой в быту — они не только личный мираж Литвиновой, но и плод остроумных наблюдений. Татьяна Л. научила меня заполнять библиотечные карточки специальным библиотечным шрифтом. Открыла тайну библиотечного шифра (набора цифр и букв, проставляемых на обложке). Разъяснила, что библиотечный штамп должен значиться на первой и семнадцатой странице... Попутно рассказала, что у директорши нашей библиотеки (строгая квадратная женщина) есть малахольная дочка, работающая тоже в нашем НИИ, что у дочки нет никаких шансов выйти замуж и что она каждое утро делает себе архисложную причёску из завитых и уложенных на затылке локонов.

Татьяна Л. бесконечно потешалась над директорской дочкой — разумеется, за глаза. Вскоре я увидела предмет насмешки — действительно, было на что посмотреть. Худая, с выпученными глазами, явно не понимающая себя, дочка несла на голове фантастическое, в полметра высотой, сооружение из своих тёмно-русых или, скорее, бурых волос. Стихийная эстетка, обдумывавшая свои наряды, библиограф Татьяна убеждённо считала, что наша директорша вместе с дочкой — идиоты.

По соседству с нами обитало патентное бюро, где работала сестра Михаила Барышникова — Наташа. Барышников уже сбежал на Запад, оставив родственников на произвол судьбы, об этом говорили шепотком и ходили смотреть на сестру. Та была небольшого роста, по-балетному стройна, белокура, молчалива и немного похожа на брата. Она играла в известной самодеятельной студии В. Малыщицкого, и на лице её словно проступала печать тихого и гордого страдания.

А ещё бы. Представляю, сколько их, родственников, таскали после побега.

Конечно, так и надо жить, это разумно и естественно — бодро прыгать туда, где будет лучше. Только одни это могут, другие — нет.

(К слову сказать, в патентном бюро, что меня веселило, работали два научных сотрудника — фамилия одного была Дауранов, другого — Недауров. Нарочно не придумаешь!)

НИИ наш был "режимный", приходить-уходить следовало "по карточке", без опозданий. Стало быть, с девяти до пяти (мне не исполнилось ещё восемнадцати лет, была скидка на час) приходилось торчать на месте. Наверное, творческие работники, которые выращивали эти самые кри... короче, что-то там выращивали, жили куда более интересной жизнью, но в нашем закуту царила скука. Если бы я попала в обыкновенную библиотеку, я бы попросту читала книги с полок и коротала время — но книги-то у нас были специальные, химия да физика. В обеденный перерыв я гуляла на кладбище Новодевичьего монастыря — сплошная веселуха...

У меня появились на руках небольшие деньги. Получала я семьдесят рублей, двадцать пять отдавала маме на питание, остальные шли на книги и кое-какую одежду. Я купила в магазине желтый свитер такого неприятного и не идущего мне оттенка, что пришлось его передарить бабушке. А уж моей Антонине Михайловне не шло решительно всё — поскольку её личностный колорит так бил по глазам, что всякие мелочи типа одежды просто растворялись в восприятии. Продавщицы ближнего гастронома ныряли под прилавки, когда она, со своим значком "почётный чекист" появлялась в торговом зале.

Я по-прежнему ходила в ТЮЗ, но добавила к этой своей старой уже сердечной склонности Ленинградский театр музыкальной комедии, где Владимир Воробьёв ставил сенсационные мюзиклы, перетряхнув всю труппу. Всё ж таки четыре года отдано ТЮЗу — не пора ли расширить восприятие? Я стала заглядывать и на Литейный, и в Малый драматический, и в театр Ленсовета, постепенно склоняясь к мысли о штурме театроведческого факультета ЛГИТМиКа. Что такое театровед, я не ведала. Что-то связанное с театром, а театр производил самую главную материю моей жизни — мечту, и мне хотелось понять, как он это делает...

На работу, которая мне не нравилась, я ходила восемь месяцев и совершенно измучилась — а каково тем, кто это делает десятилетиями! Сочувствую. Удирайте, друзья, пока не поздно, пока жизнь не утопла в дурацких мелочах и вы не приметили в себе разрастающегося желания обсудить, до какой степени дочка директора — идиотка. Эдак ведь можно "заспать" свою судьбу.

В апреле я уволилась из технической библиотеки НИИ "Д", объяснив родителям, что мне надо готовиться к поступлению, и сказала себе твёрдо: Таня, а вот теперь поклянись, что этого — треклятой обязаловки от девяти до пяти с зарплатой пятого и двадцатого — в твоей жизни больше не будет никогда.

— Клянусь! — сказала я сама себе голосом юного пионера — и сдержала клятву.

Первое поступление на театроведческий вышло неудачным. Я получила пятёрку за специальность (сочинение и собеседование), пятёрку по литературе и две четвёрки. Этого снова оказалось недостаточно — таким огромным тогда был конкурс, где преимущество отдавалось "поступантам", имеющим двухлетний рабочий стаж и лучше всего в культурных местах, "по специальности"... Я рисковала стать вечной абитуриенткой — девушкой, которая каждый год бьётся головой об стенку, пытаясь поступить в некое возлюбленное и желанное место. И мучения того стоили — ведь мало того, что учение бесплатно, оно ещё и сопровождается ежемесячной стипендией в тридцать рублей (повышенная — пятьдесят).

Рабочий стаж "по специальности"? Каким-то чудом обнаружилось свободное место в Театральном музее — на должности "боец пожарной охраны"...

Своё недолгое пребывание в бойцах пожарной охраны Театрального музея я вспоминаю с некоторым ужасом. Дежурить надо было через день — ночью! Проверив "контрольки" (специальные бумажки с печатью) на дверях и форточках, можно было укрыться в подсобке и хладнокровно пить чай и читать книги. Это если у вас крепкие нервы. А если вы мечтательная психованная девица, то ночь в музее с его шорохами и скрипами вряд ли для вас. Я совершенно извелась музейными ночами. Там постоянно кто-то ходил и вздыхал!

Лики великих на портретах словно оживали. Бюсты откровенно шевелили губами. Шаляпина вообще приходилось прикрывать картонным колпаком — он явно норовил спеть... Я не спала ни минуты и, как Хома Брут, ждала "крика петуха" — в его роли фигурировал замечательный театровед Борис Т., служивший, по превратностям характера, начальником пожарной охраны. Он, вечно бледный и хмурый, приходил утром освобождать меня из плена.

Мне восемнадцать лет, я никто и ничто, и ум мой взбудоражен искусством без всякого выхода — из-под моего пера вырываются разве горячечные девические стишата. Я живу с родителями, общаюсь с друзьями, я никогда не была так безнадёжно и отчаянно одна. Ах, никакой я не "боец"! Я просто девчонка, ничего ещё не знающая о женской жизни, вчерашняя школьница, забывающаяся сладкими снами в театральных залах, плохо одетая, кое-как постриженная, сгрызающая ногти до мяса, проглатывающая по сто страниц в час неизвестно зачем.

Ненамного я прирастила свой рабочий стаж Театральным музеем. Я просто начала паниковать, оставаясь одна среди его экспонатов. (Я и сейчас не в силах туда зайти!) Нужна была другая работа — тоже оставляющая мне свободное время, но не треплющая столько нервов.

Какая-нибудь непыльная работёнка, которую всегда ищут девушки в отсутствии любви и учёбы, — лаборант, курьер, экспедитор, диспетчер. В солидном, ничего не производящем учреждении... Пойти работать "в Сферу" официанткой или судомойкой никому в голову не приходит — до "русской Америки" нам ещё плыть и плыть.

Это всё не главная, не настоящая жизнь, но лишь подготовка к ней, пересадочная станция, зал ожидания. Никакого ощущения чрезвычайной ценности своего молодого времени. Никакого ликования — ах, ещё волосы густые, зубы все целы, надо бы "гулять, пока мы юны...". Я совершенно не собираюсь "гулять" и даже на танцах была один раз в жизни — в пионерском лагере "Чайка", где продержалась одну смену (тем летом бабушка болела, дачу не снимали). В конце смены я сбежала в город самоволкой, вдобавок проштрафившись — написала в письме на месте обратного адреса: "концлагерь "Чайка"...

Пожалуй, страсть к искусству и свободолюбие — единственно внятные и определённые черты моего характера, всё остальное — смута и томление. Дурацкая юность! Как печально заметила моя мама, "очень жаль, что главный выбор своей жизни — выбор профессии и выбор спутника жизни — человек должен делать в молодости, когда он ни черта не соображает...".

Глава семнадцатая
Пыльная работёнка

Работу в Историческом архиве нарыл мой бодрый умом папа. Он тоже был поклонник прекрасной ясности, что привело его к увлечению поэтами XVIII века. Особенно папа полюбил Сумарокова, оболганного и обруганного советским (а потом выяснится, что другого не будет) литературоведением. Папа сочинял песни на его стихи, и выяснилось, что Сумароков настоящий и дико трогательный поэт. Помню чудесную девичью песню Сумарокова:

Сем-ка* сплету себе венок
Я из лазоревых цветов,
Брошу на чистый я поток,
Сведать мой миленький каков!
Тужит ли он в той стороне,
Часто ли мыслит обо мне...

Полюбил папа и Тредиаковского — помню песню о России на стихи Василь Кирилыча, со словами:

Виват, Россия!
Виват, благая!

* "Сем-ка" значит — дай-ка.

Виват, надежда!
Виват, драгая!

Папа пел эти звонкие слова так тихо, грустно, с такой интонацией нежной и безысходной печали, что становилось понятно — какая судьба случилась у этой благой надежды...

Так вот, папа попросту взял список культурных учреждений Ленинграда и стал их обзванивать — нет ли вакансий. Этот поразительный и неизвестно откуда взявшийся "американизм" в некоторой степени передался и мне. В 1984 году, посмотрев фильм "Остановился поезд", я написала рецензию и простодушно понесла её в газету "Смена". "Смена" передала текст в газету "Ленинградский рабочий", и так началась моя карьера газетного критика. То есть, конечно, Татьяна Отюгова ("Смена") передала статью Александре Андреевой ("Ленинградский рабочий"), но передала именно текст, а не меня, ей неизвестную и в родстве не состоящую.

Но в Архив я попала без протекций, рекомендаций и прочих патерналистских движений, из коих и сплеталась ленинградская жизнь — конечно, в подмётки не годящаяся по этой части Москве, но всё-таки всем этим пронизанная и напитанная. Людей, тем паче юных, рекомендовали, передавали из рук в руки. Почему Исторический архив честно сказал, что имеет вакансию лаборанта — загадка. Наверное, они подумали, что это проверка.

Неужели — мысль невероятна — им действительно нужны были лаборанты??

Размер синекуры определился только на месте. На Сенатской площади, где в двух величественных зданиях Сената и Синода (где нынче лютует Конституционный суд и благоухает государственная тишина Президентской библиотеки) располагался мой архив, сбоку, со стороны бульвара Профсоюзов (Конногвардейского), был вход в "лабораторию микрофотокопирования и реставрации".

Лаборатория микрофотокопирования и реставрации имела штат лаборантов-обеспыливателей. Их задачей было стирание пыли с исторических документов.

Обеспыливатели представляли собой молодых женщин двух видов: многодетные мамы и не поступившие в вуз девицы. Им выдавали синий халат, мыло, тряпку, марлю и ведро. Тряпкой, смоченной в воде, следовало обтирать полки и коробки, а сухой марлей — снимать пыль с драгоценных документов. Норма — двадцать коробок в день. Рабочее время — с 9 утра до 13 часов дня.

Счастье заключалось в том, что после того, как обеспыливатель скрывался в готических недрах Архива (длинные и тёмные комнаты, уставленные полками), искать его было некому и незачем. Что он там делал, никто не знал. Работали бригадами по три человека — бригаде выдавалось задание примерно на неделю, после чего командирша обеспыливателей покидала Архив и появлялась только для проверки.

Проверка была такая: командирша открывала наугад коробку и проводила пальцами по документу, лежащему сверху. Нет пыли — получай следующее задание. Есть пыль — получай втык и опять-таки следующее задание.

Работа очевидно была вредной (пыль!). Платили семьдесят рублей в месяц плюс премии, молока не давали, но сокращённый рабочий день был куда более весомой ценностью. Тем более мы его ещё поджимали за счёт самоволок.

Притащившись в девять утра на Сенатскую площадь, наша бригада, состоявшая из Тани Лебедевой, меня и Лены Ким (которую я привела в Архив, обрисовав все выгоды положения, и место нашлось!), шла на Галерную улицу в сосисочную. Там мы съедали по две сосиски (почему-то не было горчицы, и мы её брали с собой), выпивали кофе с молоком, болтали и отправлялись спать. Спали мы прямо на полу, среди полок с документами.

Проснувшись, мы некоторое время работали. Прерываясь на перекуры — при входе располагались две курилки.

Сны в Архиве были у меня яркие, странные и тревожные. Напоминали галлюцинации. Помню, как раздражала меня одна ваза в китайском стиле, которая снилась мне как реальная, отзывающаяся на все пять чувств. Видимо, сенсорная депривация (исключительная тишина и темнота) провоцировала подобные тотальные галлюцинации. А вообще работать было легко и занятно — время от времени я читала обеспыленные документы.

Подлинные указы Екатерины. Планы фасадов столицы, которые император Николай Первый утверждал лично, чем-то синим — пером или карандашом. Подпись была залита лаком, для сохранности. Дело Сухово-Кобылина об убийстве француженки Симон-Диманш — огромное делище, занимавшее чуть не двадцать коробок, дневную нашу норму...

Надо сказать, ознакомившись с ним, я как-то засомневалась в невиновности драматурга. То есть, наверное, он и не виноват, но улики действительно были более чем весомые. Дело Сухово-Кобылина не было фантомным, следователи имели основания для подозрений — Сухово-Кобылин содержал француженку и был любовником страстным и крайне ревнивым. Его бы задержали на основании имеющихся улик и сегодня. Тем более подозреваемый был тогда обычным спесивым и праздным аристократом, а не знаменитым автором "Свадьбы Кречинского". Писать пьесы его заставили силы Провидения, и рукой железной...

Бригада наша коротала дни в ожидании перемены участи — Таня Лебедева собиралась в Муху (Мухинское училище), Лена на географический факультет университета, я — по-прежнему, на театроведение в Театральный. И что меня так переклинило на этом театроведении! Наверное, смесь мечтательности и упрямства. Хотелось как-то всё-таки присоединиться к миру театра, хоть театроведом, а пятёрка за специальность воодушевляла — вот же, оценили же. Стало быть, надо добить эту историю до победного конца — победным концом в то время мне, разумеется, представлялось поступление в институт.

Таня Лебедева штурмовала Муху на момент нашего знакомства в пятый или шестой раз. Тогда конкурс туда образовался запредельный, и пробиться даже талантливому человеку было фантастически трудно. Таня, удивительная мастерица, шила себе наряды вручную, аккуратными стежками — даже брюки. Денег на швейную машинку в их семье (мама, двухкомнатная и притом коммунальная квартирка на Школьной улице) не предвиделось. В Муху Таню, по-моему, так и не взяли, но художницей она стала, поскольку художницей и была от рождения. На одной выставке я видела её смешных ангелов из тюля, выпорхнувших в своей забавной и нежной прелести из забавной и нежной души Тани Лебедевой.

Таня придумала, как приспособить к делу неимоверное количество выдаваемой нам марли. Она её подкрасила в отваре из коры дуба и смастерила летнюю кофточку. У неё вообще был точный ястребиный взгляд дизайнера на возможность вещи. Жаль, что таким талантливым, но смущенным, робким людям судьба редко даёт оперативный простор и правильный толчок.

Да, понимаю, борьба за существование, надо пробиваться — а так тошнит иной раз от этой борьбы и пробивания. Получается, что распоряжаются и торжествуют люди одного типа. А так хочется иной раз услышать, увидеть и почувствовать творчество людей тихих, далёких от яростной борьбы за существование...

Мирно, согласно и безмятежно жила наша бригада обеспыливателей. Мы не шли на обострение и не манкировали вовсе нашими профессиональными обязанностями. Не было такого, чтобы мы целый день, к примеру, ничего не делали. Нет, мы обязательно обтирали мокрой тряпкой по двадцать коробок. Что касается вытирания каждого документа сухой марлей, то тут, конечно... эх, что греха таить — смахнёшь пыль сверху да обратно засунешь. Халтуришь, короче. Утешая себя тем, что в принципе работа обеспыливателя принадлежит к числу условно бессмысленных и вреда/пользы не приносящих.

И спали мы недолго — обычно с 9:45 до 11:00. (Сосисочная занимала минут сорок.) Так что около двух часов в день мы всё-таки обеспыливали. Помню противное ощущение сухости рук...

Работа в Военно-морском музее (это будет значительно позже) и в Историческом архиве внушила мне стойкое, прочное, вечное отвращение к уборке. И сочувствие к уборщицам.

Если есть чистые символы энтропии этого мира — то это они. Их работу невозможно СДЕЛАТЬ, её надо постоянно ДЕЛАТЬ. Тупую, тяжёлую, грязную, унылую, беспросветную. Притом, заметьте, это единственная профессия в России, имеющая строго обозначенный пол: требуется всегда уборЩИЦА. (Только в последнее время появились кое-где уборщики, люди из стран бывшего СССР...)

Завет Бориса Школьника, отчима Лены Ким, — "вам надо встречаться со сверстниками" — не был воплощён никем из нашего кружка. Никто ни с какими сверстниками не встречался. По естественной и простой причине отсутствия интереса к ним. В свободное время я читала книги или сидела в театре. Центр любви тогда переместился у меня из Театра юных зрителей в Театр музыкальной комедии, где свои великолепные мюзиклы ставил Владимир Воробьёв. Разумеется, я заразила новым увлечением своих подруг, и мы протоптали тропинку сердца на улицу Ракова (Итальянскую), где входной билет на свободные откидные места стоил тридцать копеск и назывался упоительным словом "страфантен".

За эти тридцать копеек из лаборанта-обеспыливателя, полноватой девушки с параличом лицевого нерва, я превращалась в зрителя-участника блистательного, первоклассного зрелища с пением и танцами, из бедности и грусти прорывалась к богатству и счастью. Ведь тогда в театре ценилась не новизна форм или оригинальность концепции — за тем, чтоб этого было в меру, сурово следили монстры идеологии, — а глубина и яркость впечатления.

Ценилось замирание сердца, восторг, сочувствие героям, полнота сопереживания. (Конечно, я говорю о зрителях — театроведы-то по преимуществу были безнадёжны, и такие люди, как мой учитель Калмановский, умевшие "смотреть и умом, и сердцем", составляли редкое исключение.)

Вот вам мои 19–20 лет, когда девушка должна... (что-то там опять должна, не знаю. У меня при словах "женщина должна..." мозг отключается, и я как-то всё не могу дослушать, что же я там им всем опять должна...)

Пыль Архива и театральные галлюцинации. Бешеное бессистемное чтение. Развитие внутреннего мира и обескураживающая наивность и непрактичность.

Я не помышляла ни о замужестве, ни о "карьере". Было ясно, что порядочный человек в условиях развитого социализма может разве как-то удачно завалиться в нестыдную щель — и театроведение действительно давало такую возможность. Как и обеспыливание.

А замужество — о нём и думать зазорно, кто может полюбить меня? Нереально. Придётся любить самой, на это я имею право. Но уж без всяких требований или претензий.

Моя любовь — это моя любовь. Она не налагает на мой "предмет" никаких обязательств. Если я вздумала его любить, то он тут при чём? Он не просил и не ждал моей любви. Самое загадочное для меня в этих вопросиках — гневный и обиженный женский крик-обвинение "Ты меня не любишь!".

Предполагается, что ответчик должен пробормотать какие-то оправдания, а лучше — опровержения. Но почему??

Другое дело — если имелись клятвы и обещания. Тогда да. Тогда вступает в силу закон "не обмани доверившегося". Но и тут речь ведётся об исполнении обещаний, но не об ответном чувстве, которого требовать никто не вправе.

Положа руку на сердце, думаю, что я никогда его и не требовала.

Терпеливо глотая пыль в недрах Архива, я приготовилась к безответной любви на всю жизнь. Если такое несчастье со мной случится (а лучше бы как-то пронесло мимо...).

По-моему, тогда-то впервые жизнь несколько заинтересовалась мной.

Глава восемнадцатая
Дефлорации по-идиотски

В интеллигентском сословии девочек, как правило, держали на свободе — приходи-уходи куда и когда хочешь (только предупреждай, если не являешься ночевать), знакомства и связи на твоё усмотрение, личная жизнь по желанию. А как же! Разве свободные (стремящися к свободе) люди могут угнетать других!

Да и у прочих сословий не было никакого канона, отчего иные папаши изнывали, мучились и устраивали своим дочкам локальное тиранство, пытаясь смикшировать падение нравов или хоть отвести его от себя.

"В подоле принесёт!!" — такие атавистические рыки издавали бедные папаши, хотя тучи девиц давно и преспокойно "приносили в подоле", и это уже не было никаким позором и бесчестьем.

Все граждане СССР были равны, никаких тебе "законных" и "незаконных", даже память об этом изгладилась.

Тиранствующие папаши, разумеется, жили по двойному стандарту, поскольку "падение нравов" вне семьи им-то как раз было не падение нравов, а разлюли-малина.

Теперь-то лафа закончилась, и ощерившиеся девки выдохнули Тарантулу в лицо: "Плати, плати, плати!!" Но во времена моей юности и молодости вся любовь была бесплатная. И вне законов, канонов, стандартов и правил. Заметим ещё, что и — без дискуссий, потому что в скопческих советских СМИ тема, допустим, дефлорации возникнуть не могла никогда и ни в каком виде.

По умолчанию ценность девственности не признавалась и не ощущалась. Вот образование — это да, это ценность высшего сорта, о ней можно говорить, ею можно гордиться. А "про это" кто станет говорить в приличных компаниях? "У меня, представляете, дочка — девственница!"

С этим пожалуйте в Грузию или Азербайджан, при чём бы тут Москва и Ленинград. Да, хорошо бы по любви, поскольку операция эта не из лёгких (у многих). Но девушка бродит на воле, едет в такси, а то и на попутках куда-то собралась (например, Он в другом городе), попадает в незнакомый дом, в случайную компанию, да хоть и не в случайную — к другу отца зашла зачем-то или к мужу подруги, и тут...

Из всего этого получались, к примеру, такие истории. Одной подружке моей надо было идти на диспансеризацию (проверка служащих у всех врачей в поликлинике, раз в год, обязательно). Среди врачей есть и гинеколог, подруга волнуется — а что такое? Так он спросит, живу ли я половой жизнью. Так вроде не живёшь? Ах, боже мой, то-то и оно, что не знаю. Как это? Да в прошлом году приехала в Москву, зашла к знакомой, её не было дома, а дома был муж, мы посидели, выпили вина... И что? Не знаю!!

Пьяненькая была, уснула... не то было, не то не было, поди пойми. А он что говорит? Ничего не говорит и к телефону не подходит.

В муках сомнения девица приходит к гинекологу и заявляет, что ей кажется, будто она девица. Гинеколог осматривает её и хмыкает — ну, матушка, какое там девица, вы давно не девица. Занавес.

Другое такое чудо в перьях попёрлось на попутных грузовиках за предметом любви — и нетрудно представить, что случается недоброю порой с юными особами на попутных грузовиках. Третья поймала ночью такси и долго боролась, удерживая вельветовые брюки на бедрах — очень, рассказывала она, противно, когда понимаешь, что вся одежонка снизу содрана и дело, стало быть, безнадёжно.

И никаких идей насчёт милиций и заявлений. Начисто отсутствует в сознании. Белое пятно.

Очевидные изнасилования проходили как своеобразный налог на свободу в образе крупной неприятности. Но никак не драмы, не трагедии. Не ощущалось и попрания прав человека.

Поразительная, фантастическая беспечность была, конечно, следствием инфантильной романтичности. Интеллигентные девочки умом располагались как бы вне действительности. Неприятности с телом ощущались и переживались, но не переворачивали сознание.

Ну да, вот такая жизнь — где, в общем, всех имеют. Если тебя, в тринадцать лет, заставляют идти на общую школьную линейку, где надо слушать про гневное осуждение всем народом А.И. Солженицына, то чего ждать от этого мироустройства в пятнадцать—восемнадцать?

Надо сказать, тут я вытащила счастливый билет. Проведя всё девичество под угрозой изнасилования (включая пресловутые чреватые визиты к другу отца и мужу подруги, поездки в ночном такси и т.д.), я дотянула до двадцати лет без окончательного *penetration*. Но фон жизни был стабильно угрожающий.

Дело в том, что мои сомнения в своей женской привлекательности исходили из полного непонимания этого явления в принципе. Я воображала привлекательных женщин кем-то вроде тех принцесс, что рисовала в детстве, — жёлтые волосы, осиная талия, тощие ручки и ножки, огромные глаза. А представляла я собой здоровую сибирскую девицу, с длинными русыми волосами, с попой и грудью — такими, что закачаться и упасть. Строительные рабочие прекращали работу и долго свистели и восклицали мне вслед. Пожилые еврейские дяденьки изумлённо таращились с явным и опасным огнём в глазах. Грузины (когда я навещала бабушку Лену в Рустави) молча, с темпераментным сипением, хватали за руку и тащили в кусты.

229

На меня просто бросались! Но внушаемое мной желание вызывало у меня ужас и отвращение. Это не я внушала его — это делало без моего ведома моё тело. И притом это желание выражалось в диких, некрасивых формах. Может нормальный человек ни с того ни с сего броситься на другого нормального человека? Не может. Я всерьёз считала, что эти люди чем-то больны психически.

Когда мне нравится человек, я же не хватаю его за руку, не тащу в кусты, правильно? А что тогда случилось с милейшим очкастым дяденькой, пришедшим в гости к маме и Шапире? Почему мне пришлось отмахиваться от него сталинской чугунной сковородкой сорок девятого года изготовления?

Девочкам покрепче приходилось полегче — они могли звездануть больного по рылу. А я, при развитых женских формах, была физически слаба и всегда мучилась на унизительных для меня уроках физкультуры. Так что жизнь была по романтическим заветам беспощадно расколота на отвратительную действительность и прекрасную мечту.

Как снимали это противоречие (чтобы отвратительное хоть на миг стало прекрасным) Альфред де Мюссе и Александр Блок, нам известно. Противоречие снимается алкоголем. Но до 1979 года, до поездки с Театральным институтом на уборку картофеля, алкоголя в моей жизни почти не было. Отвратительное притвориться прекрасным не могло.

Так что мы, изнасилованные или помилованные временно судьбой девчонки, жались друг к другу, сбивались в стайки и выживали.

Глава девятнадцатая
Учитель на всю жизнь

репеща, пошла я во второй раз поступать на театроведческое отделение Ленинградского государственного института театра, музыки и кинематографии.

На этот раз я расширила свой зрительский опыт для коллоквиума и побывала во всех театрах Ленинграда. В БДТ мне особенно полюбился ядовитый Олег Борисов, Александринка (тогда — Театр драмы имени Пушкина) оставалась стабильно мёртвой, в Ленсовета идти не на Фрейндлих было загадочным поступком, а вот МДТ (нынешний театр Европы Додина) не только мне казался живым оригинальным театром, где попеременно ставили Ефим Падве и Лев Додин. Я была подкована и нетерпеливо дёргала обременённой знаниями головой.

По итогам сочинения и собеседования — "пять". Русский, литература — "пять". История — "четыре". И всё равно конкурс такой, что я не прохожу!

В отчаянии я ходила взад-вперёд по двору Моховой, 35, и боролась с рыданиями. Тут меня обнаружила Ирина Спивакова-Рябоконь, знакомая родителей по Военмеху, уже пристроившая меня некогда в техническую библиотеку НИИ "Д", и приняла участие в моей судьбе. Есть такие особенные люди с даром помогать и способствовать.

Она сама прямого отношения к Театральному не имела, но имела приятельницу-преподавательницу русской литературы Александру Александровну Пурцеладзе.

Вот эта славная жизнерадостная круглолицая женщина и помогла мне. Оказалось, что людей, хорошо сдавших экзамены, но не прошедших по конкурсу, могут взять на вечернее отделение "кандидатом". То есть этого нигде не было написано и как бы и не существовало. Но тем не менее "кандидат" мог посещать лекции, сдавать экзамены, и его зыбкая, призрачная участь была впаяна в круговорот образовательного процесса. Отличившегося кандидата потом брали сразу на второй курс, но для этого он снова должен был — пусть и формально — сдать вступительные экзамены. Сдать, поступить и перевестись. Предъявить бумажки об экзаменах за первый курс, полученные в бытность его бедным "кандидатом". Но, замечу, бумажки-то выдавались, и были подписаны, и обладали печатью!

Всё это (статус кандидата) было тихомолком, полуофициально и полугласно. Однако работало или, вернее, сработало — в моём случае. Театральный получил ненормального, неистового ученика. Чей кураж был простимулирован призрачностью положения ("кандидат", ненастоящий студент, ещё докажи, что ты и т.д.!), половая энергия ни на что не расходовалась, а работа обеспыливателем давала массу свободного для ученья времени.

Мечта сбылась — я учусь в Театральном, — но пока как-то кривовато...

Театроведческий факультет — самое унылое место в Театральном институте. Он расположен напротив главного здания, где учатся настоящие люди, "практики" — будущие актёры и режиссёры, — за Учебным театром, во дворе. Там не сохранилось никаких остатков прежней роскоши — ни колонн, ни статуй, ни лепнины, ни больших залов — ничего. Голые серые стены и стандартные аудитории. Расписание занятий. Ни картинок, ни фото, ничего, чтобы хоть как-то приукрасить учебный быт, абсолютно стандартное, казённое место, и такое впечатление, что оно за тридевять земель расположено от какого бы то ни было творчества, творческой радости. Разве творческие люди могли бы жить вот в таком унылом безрадостном месте, никак и ничем его не приукрасив, не преобразив? Кстати сказать, наш факультет каким был, таким и остался...

Однако в скудости внешней обстановки водились на театроведческом факультете (тогда ещё водились!) чудесные представители далеко пошедших кроманьонцев. И учебный план, программа занятий были составлены неглупыми головами. История музыки, история живописи, история литературы — всё это (и русское, и зарубежное) мы постигали по восемь семестров, а уж драматургия и театр были охвачены, кажется, со всех сторон и времён.

Одним из первых занятий на моём вечернем отделении была "стилистика русского языка". В аудиторию, заполненную в основном девушками и молодыми женщинами, вошёл немолодой человек с круглыми зелёными глазами и седой квадратной бородкой без усов (напоминавший тем самым норвежского или шведского шкипера). Я уже видела его в газете "Смена", где он привечал победителей конкурса "Напиши о театре". Калмановский тогда приметил мою работу про актёра Сергея Мигицко — он тоже его полюбил как критик с первых "шагов в искусстве". Статью про Мигицко опубликовали — о счастье увидеть свою фамилию напечатанной в газете! сколь щедрой мерой ты мне отольёшься впоследствии! — и дали рекомендацию для поступления на театроведческий факультет. Окрылили, короче...

Да, Калмановский, Евгений Соломонович. Это хорошо — он может меня вспомнить.

Живая, быстрая речь с ироническими интонациями — что-то похожее на манеру Сергея Юрского. Сразу объявил, что он будет с нами на "ты" и мы можем называть его на "ты" (чего мне сделать так и не удалось, до конца его жизни в 1996 году).

Открыл свою тетрадь и читает: "Истинный вкус состоит не в безотчётном утверждении такого-то слова, такого-то оборота, но в чувстве соразмерности и сообразности"

— Кто сказал?

Я сижу на первой парте, прямо перед ним и бодро рапортую: "Пушкин".

Евгений Соломонович снял очки и посмотрел на меня изумлённо:

— Я преподаю стилистику русского языка десять лет и ни разу ни один человек не ответил правильно. Откуда знаешь?

— Я книгу читала.

— Какую?

— «Пушкин-критик».

Теперь-то уж он меня запомнит! Но вообще беспокоиться было не о чем — этот уникальный человек помнил всех и всё. Он постоянно существовал, как выразился его кумир Евгений Львович Шварц, "на высокой степени внимания".

Сосредоточен, напряжён — так, будто каждую секунду думает о чём-то крайне важном, необходимом, насущном, не пропуская в себя мир (точнее, хаос впечатлений от него) без строжайшего отбора и оценки.

Вокруг него как будто некоторое блистание-сияние, вроде серебристого, потому что голова седая, глаза на публике весёлые и насмешливые, а интеллект работает прямо на глазах, как бодрая лихая машинка, выдаёт словечки и фразочки.

Вот, на семинаре по театральной критике, ученица читает доклад с описанием спектакля и произносит слово "задник".

— Какой задник?

— Декорация сзади.

— Ха, детка, не всё, что сзади, — задник. (*Секунду подумав.*) И не всё, что спереди, — передник!

По образованию Калмановский был филолог отличной школы (в Саратове, где он родился и учился, его наставником стал сосланный из Ленинграда Г.А. Гуковский), филологом и литератором прежде всего он и оставался. Мысли и наблюдения должны были быть строго и точно сформулированы — Калмановский ненавидел пустые речи, обороты "для красного словца", невнятные и неточные потоки текстов, не выражающих ничего, кроме желания автора щегольнуть несуществующей образованностью или дремлющим умом.

Беда в том, что театроведение, куда его занесла судьба, на восемьдесят процентов и состояло из пустых слов. Дисциплина, называющая себя аж "наукой о театре", не имела в запасе ничего прочного — ни настоящей правдивой истории, ни сколько-нибудь приемлемой договорённости о терминах, ни даже прочного предмета изучения — спектакли существуют только на глазах зрителей и не поддаются фиксации. Бывают удачные телевизионные версии, но они рассказывают нам о способностях телережиссёра передать некоторые свойства театрального спектакля, и не более того.

Для филолога читать большинство театроведческих текстов — это изощрённая пытка. Отсутствует элементарный понятийный аппарат, зато околесица терминов, зато напыщенный тон, зато скука лютая, невыносимая — и это в изучении одного из самых занятных явлений на свете, театра человеческого!

Калмановский в эту зыбкую и переполненную фикциями область постарался внести максимум дисциплины. Его "Книга о театральном актёре" и "Театр кукол — день сегодняшний" блистают сотнями точных, ёмких словесных формул. Калмановский обобщил в этих книгах свой опыт театрального критика, исходя из живого театра, а не загадочной "лжснауки" о нём. И ничего более значительного в изучении актёрского творчества на опыте шестидесятых–семидесятых годов, чем "Книга о театральном актёре", я не знаю — театральная мысль с тех пор остановилась в глухом тупике.

Он много писал — и о театре, и о литературе, печатался и в ленинградских, и в московских журналах, и я впервые повстречалась с профессиональным литератором-тружеником, рассчитывающим не на успех и блистание, а на каждодневный труд под вполне вероятной тенью бесславия.

"Надо ползти, Москвина! — нередко говорил он мне, усмехаясь. — Надо ползти!" Нельзя сказать, чтоб я тогда понимала эти слова.

Потом — поняла...

С какой стати и куда ползти этому великолепному человеку, который своим саркастическим юмором может на полтора-два часа уложить любую аудиторию?

С каждого курса Калмановский получал обычно два-три признания в любви — а кроме дневного и вечернего отделения, существовали еще и заочники (заочницы, конечно)...

К моменту моего появления кандидатом на вечернем отделении Евгений Соломонович был в разводе со второй женой и жил, снимая квартиру у знакомых на площади Победы (это на выезде из города, в конце Московского проспекта). Жена Ася и дочка Надя обитали в квартире на улице Некрасова, это недалеко от Моховой, и Евгений Соломонович часто навещал их. "Я на дочку даю двести рублей в месяц", — сообщил он мне. Я поразилась, деньги показались мне огромными. Через некоторое время я поняла, насколько порядочным и ответственным был этот счастливо встреченный мною человек.

Всегда с тяжёленьким портфелем, чуть склонив голову влево, как-то странно загребая ногами, внимательно взглядывая по сторонам, а чаще внутрь себя, шёл-брёл Учитель по городу, в котором ему довелось "ползти". Писать на машинке свои "бредни" (его словцо), возиться с учениками...

Он тогда был в хорошей мужской поре — пятьдесят лет. В чужой квартире, без семьи — Калмановский жил в непрекращающемся нервном напряжении. "Не могу жить один, я повешусь", — говорил он мне как-то, и, я так понимаю теперь, посетительницы на площади Победы редко переводились. Писал он много и регулярно, но книги выходили туго — воспоминания Калмановского о Евгении Львовиче Шварце так и не опубликовали при его жизни, к примеру. В театральном мире Калмановского многие уважали безгранично, но на дистанции — правдивый до патологии, насмешливый и проницательный, начисто лишённый сладкой дипломатической любезности — Калмановский воспринимался с некоторой опаской, как пришелец из иного мира, каковым он и был. Он этой дистанции между собой и людьми нарочно не устанавливал и преград не воздвигал, но всё происходило само собой, из-за высочайшего поля "напряжения личности".

Его идеалом театрального актёра была тогда (и навсегда осталась) Алиса Фрейндлих. Он определил это так: "музыка талантливого проживания жизни". Очень ценил Ирину Соколову из ленинградского ТЮЗа. Любил спектакли Эфроса, приговаривая — "если уж это нам не нужно, тогда что нам нужно?". Был предан Олегу Ефремову, когда-то взявшему молодого Калмановского в "Современник" на должность завлита (проработал больше года)...

Из толпы молодых актёрских лиц всегда выклёвывал острым глазом даровитого человека и следил за ним внимательно и пристрастно. Само по себе "мастерство" большим почтением у него не пользовалось — в мастерах он часто чувствовал что-то застывшее, самодовольно-самовлюблённое, мёртвое. Калмановский любил и ценил самостоятельный путь, личное усилие, напряжение творчества. "Творчество — это из чего-то что-то ради чего-то", — приговаривал он.

Когда ценимый им человек начинал облекаться в успехи и звания, Калмановский от него немножко как бы отходил — так получилось с Львом Додиным, чьими спектаклями ранней поры Учитель безоговорочно восхищался...

В любви меня поражает это мгновенное и неимоверное разрастание образа человека в твоей душе. Даже не за ночь, как бамбук, — а за миг. И вот, горизонт твоей личной вселенной застилает, как портрет Отца народов, поднятый в небо на дирижабле в фильме Никиты Михалкова "Утомлённые солнцем", чьё-то драгоценное лицо... Полюбив Евгения Соломоновича, я отправилась в библиотеку и стала читать его статьи, ободрённая тем, что "стилистика русского языка" стоит в расписании занятий каждую неделю и, значит, наши встречи гарантированы. Чувству и образу будет чем питаться.

Кажется, у О'Генри есть фраза: "Любовь к ней равнялась высшему образованию". Это в точности соответствовало положению той, которая допустила в своей душе разрастание образа Е.С. Калмановского. Глупой девочке явно ничего не светило. А умная могла хотя бы поговорить "на равных".

Читая Калмановского, я поражалась его дотошности и кругозору. Он читал не только положенные для интеллигенции "Вопросы литературы" и "Вопросы философии" (журналы такие были, господа, каждый месяц выходили, сотни тысяч людей их читали), но и какие-нибудь "Вопросы антропологии", литературу по психологии, по истории, непростые филологические изыскания — всё для того, чтобы внести сколько-нибудь порядка и ясности в театроведческую смуту.

Вот, скажем, как он построил семинары по театральной критике, которые вёл у нас со второго курса (уже на дневном отделении). Сначала мы писали работы на тему "пространственное решение спектакля". Мы записывали и изучали, кто, как, зачем движется в пространстве сцены, насколько это изобретательно/тривиально, банально/оригинально, как построены мизансцены и работают ли они на чувственное/интеллектуальное понимание спектакля. Потом наступила пора "аксиологии", изучения "системы ценностей" театрального произведения. Что любит и почитает, а что ненавидит и отрицает автор спектакля? Что ему дорого, над чем он смеётся, чем восхищается и что осуждает?

Потом мы стали осваивать "актёрский портрет", потом исследовать "музыку спектакля"...

Мне кажется, это замечательная технология для углублённого понимания театра. Никакого тумана, ничего приблизительного, расплывчатого. Я и сейчас ею пользуюсь.

Между тем, занятия по стилистике русского языка шли и шли, мы подбирали синонимы и антонимы, сочиняли фразы по разным заданиям, а чувство моё росло и мучило меня. Калмановский был первым настоящим, живым человеком, которого я полюбила, и что делать в таких случаях, я не знала. Однако в русской литературе уже существовала мифология "Татьяны и Евгения" — Татьяна пишет письмо, Евгений читает ей нотацию в парке. По крайней мере есть прецедент, и, возможно, он не повторится именно в этой форме?

Написать письмо, а там что будет, то и будет.

Мне почему-то казалось, что испытывающий чувство обязан рассказать об этом своему объекту. В произведениях искусства люди обычно так и поступали.

Я написала письмо, содержание которого сейчас решительно не помню. Наверное, я обыграла как-то ситуацию "Евгения и Татьяны" и вообще премило шутила от общего ужаса. Помню только, что в письме были указаны мои координаты (адрес и телефон) и какое-то время я прожила в напряжённом ожидании ответа. Его не было. Почему-то не было и занятий (возможно, курс стилистики уже был освоен и сдан)... да, конечно. Я потому и решилась на письмо, что не стало гарантированных встреч раз в неделю. Мне всё-таки, как даже кактусу, требовалось хотя бы минимальное орошение...

Я коротко подстриглась и выкрасилась в блондинку — слава богу, у достойного парикмахера (дяди Бори с Васильевского, маминого друга). Купила фиолетовое пальто с кушаком, туго перехватывающим талию. Талия в то время была — от любви я исхудала.

В таком виде я решила ходить от станции метро "Московская" до его дома на площади Победы. Это метров пятьсот. Рано или поздно — думала я — он вернётся домой и я как бы случайно его встречу. Я навертела, наверное, километров двадцать, прежде чем — в подземном переходе метро — увидела Евгения Соломоновича...

— О, Москвина! Совсем другая стала... — приветствовал меня Учитель. — Ну, пойдём... Я тебе не звонил, что, думаю, пугать родителей... Я периодически получаю разные послания... Понимаешь, это же всё девичьи грёзы — пришла пора, она влюбилась. Любовь — это вообще цветок. Цветок такой, к жизни мало подходит... Ты знаешь что? Ты пиши мне обо всём. Про книги, про фильмы. Что видела, где была. Про людей... А я вот сушки купил, вот, в пакете, надоедает хлеб покупать каждый день, буду сушки грызть... Про чувства я и так понимаю, а ты пиши про жизнь...

Я, кажется, вообще не произнесла ни одного слова. Так и плелась в своём фиолетовом пальто, кивая иногда белой башкой.

Причины столь осторожного поведения Евгения Соломоновича я поняла несколько позднее.

Я часто встречала его в театрах с высокой, черноволосой (волосы длинные, очень густые, вьющиеся, собраны в косу) девушкой в очках. У неё было ясное, разумное лицо и приятный низкий голос (типа контральто). Я была убеждена, что это и есть его дочка, но это была не его дочка, но его аспирантка Татьяна К., на которой он вскоре и женился.

Полюбить Татьяну К. я не смогла (не стоит требовать от человека невозможного), но она всегда нравилась мне своей исключительной разумностью и стала Евгению Соломоновичу прекрасной женой.

Когда я признавалась ему в чувствах, он ещё не был женат, но это событие уже стояло на пороге.

Так представьте себе его положение: человек недавно развёлся, вновь собрался жениться на очевидно правильном, надёжном и верном партнёре, а тут какая-то нервная девочка со своими признаниями. Закрутить с нею роман не получится, не в правилах Учителя было портить девушек — он предпочитал зрелых, опытных дам. Я ему была, в общем, ни к чему как женщина, но интересовала как человек и ученица. По признанию Учителя — лучшая за всё время его преподавательской деятельности. Нисколько не стесняюсь, а горжусь этой аттестацией и дорожу ею куда больше всех своих дипломов и наград.

А ещё бы мне было не учиться! В пожаре сублимации я рвалась к знаниям как угорелая.

Сдав экзамены на театроведческий в третий раз, и на одни пятёрки, я наконец официально поступила на первый курс и готовилась к переводу на второй (кое-какую разницу между вечерним и дневным отделениями надо было досдать). Евгений Соломонович должен был вести у нас семинары по театральной критике — причём все семестры, до четвёртого курса. На этом настоял наш куратор Юрий Николаевич Чирва. Великолепный преподаватель русской литературы, Чирва прекрасно знал, кто почём на факультете, и хотел, чтобы у его девочек всё было самое лучшее и отборное.

И вот первый семестр, где мы изучаем, как я говорила вам, "пространственное решение спектакля". Я беру для разбора "Смерть Иоанна Грозного" А. К. Толстого в Театре имени В. Ф. Комиссаржевской, постановка Р. Агамирзяна. И пишу огромную, страниц в пятьдесят (от руки) работу, с тщательнейшим разбором пространства спектакля и с цитатами из Станиславского, Мейерхольда, Вахтангова и Брехта.

Из этого труда я помню один замеченный мною принцип режиссуры, доказывающий, в общем, рутинность анализируемой постановки: "внимание — говорящему". Это значит, что персонаж оживает только тогда, когда у него есть слова, а без слов он каменеет. Это доказательство того, что перед нами, как формулировал Учитель, не "творческий мир", а "раскрашивание текста".

Такие же солидные манускрипты я носила в семинары по театкритике и позже, когда чувства к Евгению Соломоновичу стали хроническими и спокойно-почтительными. Уплотнились и улеглись в формат "учитель — ученица". Из моего "актёрского портрета" Алисы Фрейндлих, из студенческой работы, Учитель даже взял два фрагмента и процитировал их в своей книге про актрису. (Но он не только меня цитировал — был в принципе щедр и, если ему нравилось что-то в ученических сочинениях, возвышал до своего текста и указывал обязательно, кто и когда отличился метким словом, точным описанием, щёгольской формулировкой.)

Неизменно рисуя мне пятёрки, Учитель бормотал, адресуясь к курсу: "Я опять ставлю Москвиной пятёрку, только не надо её ненавидеть..."

Курс фыркал, потому что ненавидеть меня никто не собирался. Я втиснулась в новый маленький коллектив бесконфликтно, девчонки все были оригинальные и без повышенной вредности. Со многими (Ольга Зинченко, в замужестве Варганова, Вера Ионина-Толконникова-Матвеева, Ольга Хрусталёва) удалось сохранить приятельские отношения и по сей день. Мальчик же на курсе был один — Виктор Тюшев, с ним мы дружили в студенчестве, а потом он пропал с горизонта. Только два семестра проучились с нами некие Марис и Йонис, литовские привидения (выучили мы их на свою голову), — так что по-прежнему в жизни моей преобладало женское царство.

Когда в каком-то деле скапливается слишком много женщин, это симптом, и это симптом не расцвета. Мужчины и разумом и нутром стремятся туда, где есть деньги, слава, любовь, словом — энергия. Если мужчины куда-то не стремятся ни разумом, ни нутром, там нет ни денег, ни славы, ни любви, короче — нет энергии.

Мужчины преобладали на всех курсах режиссуры — женщины там были редчайшим исключением. Мужчины составляли более половины актёрских курсов. Учились они и на художников-постановщиков. А на театроведческом факультете мужчины имелись в количестве пяти—десяти процентов от числа учащихся.

Так было не всегда — театроведение начиналось как сугубо мужское дело, и в основоположниках его числятся только мужчины. Гвоздев, Мокульский, Пиотровский, Данилов и другие величины. Водились энергичные мужчины и среди преподавателей нашего факультета — Сахновский, Смирнов-Несвицкий, Костелянец, Якобсон. Но в учениках фигурировали сплошные девочки, а это значило, что театроведение вступило в фазу "плакальщиц". Потому что женщины отряжаются огромным боевым отрядом в какое-либо дело, когда оно движется к смерти — дабы омыть его слезами и похоронить. Причём фаза может длиться десятилетиями, это пожалуйста.

Утверждение моё не касается традиционных областей женской работы (сестринское дело, библиотечное) — речь идёт о постепенном женском преобладании там, где его никогда не было.

Всё может измениться (когда изменятся наши женщины и перестанут менять самореализацию на любовь к уродам или когда театр станет могучей и весомо оплачиваемой силой), но я пишу о том, что было, а не о том, что будет. Как и филологический факультет университета, театроведческое заведение, после всплеска жизни в 60-х годах, стало "школой невест", причём невесты эти были очень на любителя. Нарасхват не шли.

"Ведание театром" прививало девушкам долю высокомерия, приучало к взгляду "со стороны и сверху" на реальный театр. Кто был поживей и повлюблённее в сцену, уходили потом в литературные части живых театров. Но чем сложнее и тяжелее был характер, тем дальше относило театроведку от театральной действительности, да и от действительности вообще...

Учитель мой постоянно рефлексировал на тему предназначения критика. Время от времени разворачивал перед нами какую-нибудь "Ленинградскую правду", чтобы вдоволь поиздеваться над очередной бездарной рецензией, где пустые слова сбивались в нечитаемый комок глупости и лживого пафоса. Дисциплина мысли, точность слова — он хотел этим оправдать чужеродность критика творчеству. И всё-таки оказывалось, что принципиально важным было не специальное знание, не способность к анализу, но — дар слова.

С ним и в критике не пропадёшь, а без него ни в какой отрасли словесности делать нечего. Хоть выучи наизусть все теоретические статьи Мейерхольда с Брехтом — если не умеешь писать, знания твои никому не нужны...

Зыбкость театроведческих дисциплин прерывалась на курсе "драманализа", потому что "драманализ" имел дело не с туманами спектаклей, а с твёрдой почвой текста. Здесь я ликовала и с наслаждением разбирала пьесы, причём даже рисовала схемы и диаграммы — в шедеврах разные линии складывались в эффектный гармоничный рисунок. Однажды я подсчитала, сколько раз каждый из героев "Дней Турбиных" Булгакова произносит слово "я"! А в семинаре по зарубежному театру детская любовь к Мюссе привела меня к солидному труду "Альфред де Мюссе и французская романтическая драма".

Мюссе, издевавшийся над романтическими штампами, был романтик беспросветный и закончил жизнь в сорок семь лет близко и понятно русскому сердцу: вчистую спился. На протяжённые, в пять актов, пьесы его попросту не хватало — алкоголики не могут писать длинно. Герои Мюссе несут красивый пьяный бред в таких очаровательных ритмах, что играть это должны особые актёры, вроде Жерара Филиппа, отличавшегося в "Капризах Марианны". Мы пока что этого не умеем, да и вообще французская классика — не наше поле. За редчайшим исключением — "Дон Жуан" и "Тартюф" Мольера в постановке Эфроса.

На третьем курсе Театрального я сочинила цикл "Драматурги мира" (на обороте соответствующего набора открыток):

> Из российского вольера
> Все пути заказаны:
> Не умеем мы Мольера,
> А играть обязаны!

Ещё там было — "*Современник хилый! Читай Эсхила*" и "*Под камнем сим лежит Расин? Нет, он достиг миров иных — из света, воздуха и гласных носовых...*" и другие забавы.

Скажем, небезынтересно был потрсвожен Генрик Ибсен, автор пьесы "Нора, или Кукольный дом":

> Готовы признать мы вполне и сполна
> Достоинства вашей драмы,
> Пока фрау Нора — не наша жена
> Или не наша мама!

Училась я в охотку, хотя с момента известия о женитьбе Евгения Соломоновича сердце моё было подразбито. Но так складывалась моя жизнь, что подразбитое сердце освобождало голову, и та работала на хороших скоростях. Сотрудничали они плоховато — если в бой вступало сердце, голова приунывала, когда лидировала голова — сердце напоминало о себе ноющей тоской.

Не понимаю сейчас, я что, мечтала выйти замуж за Учителя? Вряд ли. Думаю, так далеко и высоко планы не простирались. Да у меня и вообще планов не было, одни грёзы. Но человеку уж очевидно было не до меня, не женился же он просто так, от страха одиночества. Я ни о чём его не расспрашивала, писем больше не писала, с нервическим волнением, сопровождающим известное чувство, научилась справляться. А он поглядывал на меня с любопытством — дескать, куда же делась любовь-то? Никуда не делась, заперта в шкатулку. "Характер у тебя закрученный-заверченный..." — сказал мне однажды Евгений Соломонович, не знаю, почему и о чём.

Он был заботлив ко мне — однажды, когда я пожаловалась, что дома нет "Братьев Карамазовых", а в библиотеках всё разобрали, притащил мне книгу из библиотеки ВТО. Всегда предлагал занять десятку, если туго с деньгами. Иногда приглашал в приличное кафе или ресторан — и угощал ужином... Конкретный был человек.

Евгений Соломонович, я так понимаю, старался следовать каким-то нормам интеллигентной среды, которые застал в молодости. Гуковский, Евгений Шварц и ещё немногие в этом роде. Такая вот мучительная и вдохновенная идея самосовершенствования через внимание к другим, исполнение самим же собой и придуманного долга. Всё, конечно, лежало на его плечах весомым бременем и упиралось в доктора Чехова, которого Калмановский боготворил.

Я исполнялась живейшей благодарности, но ни о чём другом речей больше не вела. Для чего мне приставать со своей любовью к человеку, на днях женившемуся? Мои понятия о личной жизни отличались простодушной прямолинейностью. Женатые мужчины (имею в виду живых людей, не актёрские образы) исключались из потенциала страсти.

Ольга Хрусталёва, маленькая бойкая девушка родом из Пскова, портативный генератор и ходячий мотор, круглая отличница, с которой мы подружились в то время, смотрела на вещи иначе. Разные фантастические страсти кипели в её пепельно-белокурой голове. Её занимал образ нашего куратора, Юрия Николаевича Чирвы, и она, мелким аккуратным почерком, написала целую незаконченную повесть. В повести действовала поэтически настроенная девушка Алина, страстно влюблённая в преподавателя Н., но преподаватель Н. был давно и счастливо женат на строгой женщине с седой головой и чёрными бровями. Алина считала, что это не должно мешать её гипотетическому счастью. На этом повесть останавливалась, потому что Ольга не вполне понимала, куда дальше "тереть мыло".

Впоследствии, когда наши страсти поутихли, мы с Ольгой сочинили ряд анекдотов в стиле Хармса, где действовали Чирва и Калмановский, люди яркие до болезненности и ни в чём не схожие. Они часто и беззлобно подшучивали друг над другом. Наверное, скрытному и замкнутому Чирве, который раскрывался только в блистательных лекциях, колкий острослов Калмановский казался игривым и легкомысленным. Трижды женат, романы — даже со студентками... Юрий Николаевич жил иначе, и "строгая женщина с седой головой и чёрными бровями", думаю, мало имела поводов для беспокойства за свою семейную жизнь.

Хотя была, была на нашем курсе фатальная девушка К., и на её длинное лицо с впалыми щеками и невероятными зелёными глазищами засматривались все. "Экое лицо... живописное..." — пробормотал даже Евгений Соломонович. Как настоящая красавица, К. вела себя загадочно — двигалась медленно, говорила мало, улыбалась таинственно и постоянно болела. Каково же было моё изумление, когда через несколько лет К. вне брака родила девочку от довольно заурядного человека.

То есть я имею в виду — в сравнении с ней заурядного. В Риме такая женщина останавливала бы автомобильное движение. В Париже её благосклонности добивались бы послы, министры и кинозвёзды. В Ленинграде бешеные красотки пили водку с уродами и так и рвались кого-то из них полюбить бесплатно, мгновенно и навек. Это всё, конечно, от давления быта и среды, где от женщин требовалось любить, плакать и вязать, при этом добывая из жизни деньги на бутылку, а от мужчин не требовалось ничего. Они даже не считали нужным предохраняться. Самые живописные красавицы никакой своей особенной ценности не понимали, влюблялись самозабвенно и вели себя до ужаса простодушно. Хорошо ещё, нескольким театроведческим красоткам тех лет (они в основном учились курсом старше нас) удалось потом выйти замуж за границу. Хоть отдохнули от пытки любовью к отечественным мужчинам — я надеюсь.

Глава двадцатая
Дом и Родина

К моим семнадцати годам мы уже не снимали дачу в Каннельярви, и мои незабвенные полдомика с добычливым хозяйством и лесными блаженствами остались там, где, несомненно, и поджидают меня — после моего избавления от земных тягот. Могу же я, как то показано в финале любимой картины "Солярис", вытащить из памяти и воплотить в другой жизни свои заветные полдомика, пусть бы и окружённые таинственной субстанцией? А городской дом, то есть квартирка сначала на проспекте Космонавтов, а потом на Будапештской улице (вскоре корпус 3 дома 49 стал числиться за Альпийским переулком), — нет, туда не тянуло. "Родительский дом, начало начал, ты сердцу навек надёжный причал", — это мещанское причитание моему сердцу не говорило ничего. Какой причал, так — убежище от непогоды.

Типовая бетонная пятиэтажка, пятый этаж на Космонавтов, первый этаж на Альпийском. Обычные человеческие соты для вызревания сладкой пищи демонов. Примиряют с действительностью деревья, пышно растущие вокруг, остатки милостей природы — так, помню, бабушка драматическим шёпотом зовёт меня в кухню, а там под окном...

На классически обсыпанной снегом ветке низкорослого деревца — штук десять отборных, красногрудых, как на картинке, снегирей!

И эти чумовые бездомные кошки неимоверных расцветок — ужас, сколько их было.

Проблема совместного существования возникла сразу после маминого замужества и никак и никуда не менялась. Валерию нужна была мама в полную собственность, а я должна была знать какое-то таинственное "своё место". Время от времени к нам заходил папа с гитарой, и его визиты в семье вызывали бурю чувств.

На основе чистой радости (ведь папа был для мамы и Валерия родной человек, герой молодых дней, и они, каждый по-своему, всё-таки любили его) расцветали красные маки дикой ревности и чертополохи самоутверждения на ровном месте. Папа же приходил со скромной целью показать, какой он молодец. Брака мамы с Валерием он, кажется, не понял вообще, а сам женился на Майе Серебровской, и у них родились двое детей, Володя и Ваня. Сначала они жили на улице Ленина, всё в том же писательском доме, а потом опять помогла бабушка Елена Сергеевна, и папа "построил кооператив", трёхкомнатную квартиру на Светлановском проспекте. Я там довольно часто бывала.

Стиль папиного дома был поинтеллигентней нашего. Жила ли в этом доме любовь, настоящая, взаимная? Не берусь ответить, имею сомнения, но в семье не было пьющих, прежде всего. А это обстоятельство для русского быта является ключевым.

Хозяйство у Майи было чистенькое, приятное, с разными симпатичными мелочами. Например, охлаждённый кипяток хранился в расписном кувшине "с петухом", верх был как гребешок, а носик кувшина был стилизован под клюв петуха. Мне этот кувшин ужасно нравился и сам по себе, и как идея — хранить охлаждённый кипяток! Если чай слишком горячий, то можно подлить его в чашку или таблетку запить. О таком в нашей семье никогда не думали. Приятные мелочи просто выпадали из поля зрения, поскольку домочадцы мои жили не бытом, но страстями.

Согласитесь, проснувшись после перепоя, человек думает о чём-то куда более космическом, чем охлаждённый кипяток и где его хранить. Как жить дальше, то есть кто принесёт пива — вот вопрос вопросов.

Кто принесёт, ха. Я и приносила. Светло-жёлтое, дико разбавленное, пахнущее грязной речной водой.

Валерий, когда возвращался из командировки, запивал обязательно, мама за компанию. Она была не из пьющих по органической потребности, но из числа весёлых "компанейских баб". Такая, значит, боевая подруга. Как атаман, так и она. Как тут осудишь — женщина! Выпивала аккуратно, один вечер, никогда не опохмелялась. Нет, с одной мамой ещё можно было "каши сварить", но мама одна никогда не была...

С папой было потрясающе интересно, так много он знал и так живо кипели в нём эти знания. Он проторенными тропинками не ходил и не подпитывал дежурными восторгами интеллигентскую кумирню застойного времени — нет, искал своё. Он пристрастил меня к поэзии восемнадцатого века, он открыл для меня стихи Ивана Мятлева и Поликсены Соловьёвой, прозу Всеволода Иванова. Он однажды прочитал "с выражением" поэму Некрасова "Кому на Руси жить хорошо" и открыл мне её живой, привольный, гомерически смешной мир.

К примеру, в начале поэмы сошлись семь мужиков, "сошлися — и заспорили, кому живётся весело, вольготно на Руси".

В пылу спора мужики решают заночевать "под лесом при дороженьке", потому как от дома отошли они чуть не за тридцать вёрст и порядком устали.

Устали?

"Зажгли костёр, сложилися, за водкой двое сбегали, а прочие покудова стаканчик изготовили, бересты понадрав..."

Папа досконально изучил наследие Н.Г. Чернышевского и часто читал мне неизвестные его записи времён ссылки — там, где запертый мозг автора начинает выделывать такие кренделя, на которые потом была горазда авангардная проза XX века.

Нравилось мне и то, что в папином доме никто не орал — во всяком случае, при мне. У Майи был тихий, воркующий голос, притом что в нём чувствовался сильный характер, упрямая сосредоточенность на своих целях. Мещанских склок и тупых скандалов, мне кажется, не было.

А у нас... боги мои. Все с норовом, все голосистые, все самодурные, у всех нажористый словарный запас и аффективная память — первый сорт. Всем кажется, что их недооценивают, ущемляют и обижают. Но мне, маме и Валерию, даже если бы мы сплотились в хоре, никогда не удалось бы переорать Антонину Михайловну. Несравненная! Она обычно запиралась в своей отдельной комнате и вопила оттуда из-под двери. Могла эдак выступать хоть три часа подряд.

Бабушка запойная, у неё в этом деле есть таинственные и непостижимые ритмы — предсказать запой невозможно. Она как бы "разрешает себе" время от времени, но длится это ровно три дня, и ни минутой больше. В пьяном виде её серо-голубые глаза горят злым безумием, и бабушка лихо осваивает роль фурии, гарпии, лярвы и валькирии, но главным образом благодаря огнедышащему красноречию — пифии.

К счастью, грубость нравов нашей семьи, столь нередкая в русском поле, была пресечена мечом ангела — и остановлена образом моего сына Севы. Этот нереальный чел не орёт вообще никогда — обиженный, он что-то расстроенно бубнит себе под нос. Но как же долго зрел и шлифовался генофонд, чтобы укротить строптивую кровь! Да, стихия тупого мещанского ора, осложнённая некоей общей талантливостью организма и повышенным артистизмом натуры, постепенно, спускаясь от бабушки к маме и от мамы ко мне, а затем к Севе, потеряла свою первобытную мощь. Культура, господа, работает, только медленно — расчёт здесь не на годы, а на поколения. А что вы хотите, всё, что от Господа, — медленно, трудно, постепенно, тщательно. Это всякие люциферы нетерпеливы и обожают туда-сюда сновать, падать — взмывать, и чтоб всё им являлось сразу и моментально!

У меня бывают редкие приступы бытовой агрессии, но, как правило, я стараюсь держать себя в руках, помня с детства, до чего это отвратительно — собачиться по мелочам. (Да хоть бы и не по мелочам, без разницы!) Сева же, сосредоточивший в себе всю музыкальность рода, не орёт вообще, однако до Севы ещё надо было дожить, а пока я, девица, благоразумно стараюсь пореже бывать дома, где меня, наверное, любят (бабушка уж точно) — но ни фига не понимают.

Это не трагедия и даже не драма. Ничего чрезвычайного. Меня не бьют, не насилуют, не выгоняют из дому — напротив того, содержат и как-то обихаживают. Содержание советского человека обходится недорого, а мы люди трудоспособные, без лишних материальных запросов.

Общий фон семейной жизни интеллектуально всё ж таки выше среднего — мы довольно много читаем, выписываем журналы, смотрим все новинки кино, бываем в театре. Из нашего магнитофона льётся, вызывая резонансом дрожь совести, мрачно-рокочущий баритон Александра Галича, а ведь за прослушивание его крамольных песен можно запросто схватить тюремный срок.

Драгоценная плёнка с записями Галича бывает что рвётся, и я бережно подклеиваю её специальной лентой.

Неуютно в доме? А где уютно — в стране, что ли? Уже к концу семидесятых годов в среде технической интеллигенции многим было ясно, что советский проект проваливается. И не в том дело, какие у него достоинства (огромные), и недостатки (громадные)— он нежизнеспособен. Шапиро, который тогда работал "на космос", приезжал из своих командировок в таком состоянии, что, возможно, запои его были не только извинительны, но даже и необходимы. Он-то знал, какова цена медных труб, извещавших о славных победах. Все победы были на бесчисленных костях.

Знакомые, работавшие в промышленности, постоянно жаловались на порочную и неповоротливую систему управления — не подозревая, что настанут времена, когда жаловаться станет решительно не на что, исчезнут сотни заводов, пропадут целые отрасли. Что проект горделивого строительства коммунизма в отдельной стране провалился — знали все, а что с этим делать — никто.

Область культуры ощущалась как единственная непреложная ценность. Там облагораживалась и смягчалась художественностью свирепость русских нравов, прорастала своеобразная красота, ощущалась если не связь, то хотя бы близость времён. И была возможность понимания — смотрела же моя бабушка, капитан госбезопасности, козинцевского "Короля Лира" со слезами на глазах. Надо заметить, артист Юри Ярвет, исполнитель роли короля Лира, внешне сильно напоминал мою Антонину Михайловну примерно на второй день запоя.

Но в целом казалось, что "это" (советская власть) не кончится никогда, что это своеобразный "Китай", который продлится не одно столетие.

Поэтому так ценились все виды отчаянного мечтательства — во главе с искусством. Любовь тоже была в почёте, не отвлекая от дел, а являясь настоящим, забирающим все силы делом. "Сенсорная депривация" ведь провоцирует ярчайшие грёзы — недаром так много романов написано в тюрьме. Социалистическая депривация и породила подобные грёзы — когда самодеятельный коллектив из четырёх смазливых мальчиков сделался смыслом и основой утопического образа жизни (что потом неплохо отразил М. Капитановский в фильме "Во всём прошу винить «Битлз»"); а Париж, Лондон, Нью-Йорк и Рим в глазах зачарованных советских мечтателей превратились в символы "Того света", райского мира за гранью земного бытия.

А Россия? Россию я почти совсем не знала. В пятнадцать лет впервые приехала в Москву — она показалась мне тогда бесконечно обаятельной. Особенно завлекли блинчики с изюмом в ореховом соусе, скушанные в кафе на Пушкинской (Большая Дмитровка) улице, и спектакль Анатолия Эфроса "Дон Жуан" по Мольеру в Театре на Малой Бронной. Труп Ленина я не видела ни тогда, ни никогда, а стоя на Красной площади, про себя прочла целиком поэму Дмитрия Кедрина "Зодчие". Примечательны абсолютно иным стилем жизни были московские мамины знакомые — они с утра садились "на телефон" и улаживали сотни дел разом; тогда как девизом жизни ленинградца-петербуржца всегда являлось святое "один день — одно дело".

К двадцати годам я побывала в Риге, Тарту, Пскове, Киеве и Одессе. К тридцати туда добавились Саратов, Казань, Кострома, Иваново, Красноярск и крымские местечки — Симеиз, Ялта, Алупка. Ужасно мало, да. Но при этом у меня не было никакого чувства отчуждения или незнания — я знала куда больше того, что видела!

Скажем, до сих пор не удалось мне побывать в Свердловске/Екатеринбурге. Это ведь не курортный город, и туда не съездишь на лето, а дел там не выходило. Но я же преданный поклонник фильмов Свердловской киностудии режиссёра Ярополка Лапшина, и "Угрюм-река", "Демидовы", "Приваловские миллионы" рассказали мне про Урал и Сибирь самое главное: что это суровый край сильных мужчин, могучих обстоятельств, немеряного колорита и богатырского индивидуализма; в целом же краем управляет Рок. А что, разве не так?

Недавно посетила Плёс, городочек в три тысячи жителей, где провёл два лета Левитан. Там всё Левитан, куда ни глянь Левитан, ощущение такое, что ты сам жил тут два лета и все окрестные пейзажи вызубрил наизусть. Так что можно съездить полюбопытствовать, но вообще-то Левитан уже вытянул отсюда всю пыльцу и поместил её в вечность, и кто видел (глазами и сердцем) его картины, тот вкусил божественный нектар слияния души художника с природой, или, как выразился Достоевский, "химическое соединение духа с родной землёй"...

Достоинств социализма мы тогда не осознавали по-настоящему (постижение ценности идёт, как правило, через утрату или угрозу утраты), а вопросы совести тревожили многих глубоко и всерьёз. В мерзлоте русской истории таилась не "слезинка ребёнка", из-за которой идеалист Достоевский отказывался признавать будущую мировую гармонию, а миллионы невинно убиенных. Размах преступлений, вообще-то, не оставлял надежд на благополучный исход жизни этого государства — но мало кто рассчитывал дожить до торжества правды. Это тоже была Родина, но и блаженство на станции Каннельярви было Родиной, и Достоевский с обожаемым мною тогда Салтыковым-Щедриным, и папа с гитарой, и уроки стилистики Калмановского, и сотни прекрасных вещей на свете. Разобраться досконально с Родиной, отделить жизнь народа от жизни государства, культуру от идеологии — такая задача мне была не по силам, и что оставалось, кроме чеховского "Надо жить"? ("Надо ползти" — в редакции Калмановского).

Однако замечу: молодые люди, поступившие в Театральный в конце семидесятых годов, ползли не без удовольствия.

Глава двадцать первая
Лучшая рифма к слову "Оять"

бъявляется лучшая рифма к слову "Оять!" — так шутили мы в те дни.

Прощай, Оять!
Мне уезжать!
В глазу слеза
Не замерзай! —

так пела в конце приключения Люся Благова, хорошенькая белоголовая студентка с курса актёров кукольного театра, мою песенку. Мы покидали Оять действительно с печалью в сердце — а ведь начиналось всё с раздражённого неудовольствия.

И с чего было радоваться? Театральный институт отправляли больше чем на месяц — "на картошку". Лодейнопольский район, станция Оять, что на речке Оять! От Ленинграда — два часа езды.

Будущие режиссёры, актёры, театроведы, художники — в грязь, в холод, в бараки, собирать, понимаете ли, совхозные овощи. Помогать совхозу — а они сами, что ли, не могут? Почему городские люди, будущие квалифицированные специалисты, должны отрывать от учения драгоценные десятки дней? Почему это приказ и он не обсуждается?

Курс режиссёров Товстоногова, курс художников-постановщиков, актёры эстрады Штокбанта, театроведы, актёрские курсы Владимирова, Петрова и Горбачёва (чуть позже прибыл и курс Додина — Кацмана), кукольники — и актёры, и художники, экономисты-организаторы театрального дела — все в автобусы, и "марш-марш-левой". Привозят нас на территорию пионерского лагеря, украшенного классическим гипсовым пионэром с горном на вытянутой руке, который торчит в центре клумбы, увядшей по осеннему времени...

Меньше всего в жизни мы хотим собирать картошку. Но нас много, мы молоды и энергичны, у нас есть редкий шанс близко познакомиться друг с другом в боевых условиях, среди трудовых будней.

И мы завариваем, вместо скучной обязаловки, такую славную кашу, что долгое время по приезде не можем расстаться и всё собираемся и собираемся под флагом нашей драгоценной Ояти. "Оять" — это слово стало потом символом и паролем светлого братства целого поколения студентов Театрального.

Нас расселили по корпусам (от шести до десяти человек в комнате), удобства во дворе, мойка морд во дворе, баня раз в неделю. Каждое утро — на поля, где мы работаем бригадами по четыре человека, ветер, дождь, холод значения не имеют...

Бригады собирают картофель в цинковые вёдра. Вёдра же опоражнивают в мешки из рогожи. Дневной нормой, по-моему, было двадцать мешков на бригаду.

В процессе работы я заметила, что довольно значительное время отнимает поиск мешка с ведром в руке и ходьба туда-сюда для переброски картошки из ведра в мешок. А что, если бригада займётся только сбором плодов в ведро, а уж по трафику "ведро-мешок" будет сновать специальный проворный человек? Ведь это явная рационализация. Сбор становится непрерывен, убыстрен, и мы сможем выполнить дневную норму раньше времени.

В поисках подходящего человека я оглянулась окрест — и увидела симпатичного русоголового мальчишку, который выглядел даже моложе своих восемнадцати.

— Эй, товарищ! — обратилась я к нему. — Мы решили тебя скорсарить.

Обнаружилось, что у мальчишечки взрослое, скептическое выражение лица. И внимательные, настороженные серые глаза.

— Что сделать? — переспросил он с выделанно-зловещей любезностью.

— Скорсарить. Украсть, проще говоря. Видишь, какая у нас тут "школа седьмого мая". Мы придумали вот как рационализировать трудовой процесс...

Я рассказала свои планы, и мальчишка согласился. Он исправно метался по грядке, вываливая собранные нашей бригадой вёдра в мешок, но процесс от того почему-то не ускорился. Мы не выполняли норму досрочно.

Признав поражение, я села на опрокинутое пустое ведро, обтёрла потный лоб и припечатала:

— Всё. Это Ватерлоо.

Мальчишка расхохотался — и так началась наша дружба с Димой Циликиным. Впоследствии он стал известным журналистом, а тогда учился на курсе Игоря Петровича Владимирова, упрямо желая стать актёром. Дима — тот ещё фрукт, Скорпионище из Скорпионов! Расположить его к себе, как потом выяснилось, — задача из высшего раздела сложности, он располагался или не располагался к человеку самолично и не признавал в этом деле никакой экспансии, однако на "красные словечки" помешанный на слове Дима всё-таки ловился охотно. "Школа 7 мая", "скорсарить" и "Ватерлоо" явились первыми шагами к взаимной симпатии...

Собирали мы урожай на удивление прилежно и даже вдохновенно, никто не отлынивал, не сачковал. Глядя на этот буйный трудовой энтузиазм, я однажды выдохнула: "Ну, такого не добивался даже Мао Цзедун!"

Студент курса Владимирова Юра Вьюшин должен был уехать в город по своим каким-то делам. Ничего не стоило просто отпроситься — нет, честный Вьюшин предложил руководству, что он за два дня выполнит недельную норму, и только тогда покинет Оять.

Небольшого роста, не богатырского телосложения, Вьюшин на наших глазах вихрем носился по грядкам, пере-перевыполняя план. И тогда Дима Циликин, вдохновляясь бессмысленным подвигом сокурсника, задумчиво произнёс сочинённую им актуальную вариацию по "Моцарту и Сальери":

Что пользы, если Вьюшин будет жить
И новой высоты ещё достигнет?
Поднимет ли он тем уборку? Нет,
Сбор упадёт опять, как он исчезнет...

Постепенно из оятского брожения тел и умов стало образовываться творческое ядро — и центр ядра приходился на комнату режиссёров курса Товстоногова, где на двери висел ящик с надписью "Для доносов".

Курс Товстоногова был невелик, но крут. Это было вершиной студенческой карьеры — попасть на курс именно к Товстоногову. Некоторые абитуриенты ожидали поступления десятилетиями (мастер же не каждый год набирал). Всего две женщины прорвались на курс, загремевший с нами в Оять, — болгарка Мария Ганева и Алла Полухина, уже известная актриса, игравшая в Минске и Риге. (Но Ганевой, конечно, в Ояти не было, то был наш картофель и наша судьба.)

Режиссёры Товстоногова ходили в шляпах, режиссёры Товстоногова задирали нос, режиссёры Товстоногова пели озорную песенку на мотив известного польского шлягера тех лет:

> Солнце сияет, плещется пиво,
> Баба в киоске смотрит игриво,
> Но не начну я с ней диалога —
> Мой педагог Товстоногов Гога!

Все товстоноговцы были сплошь видными мужчинами: Роман Смирнов, Йозас Явайтис, Саша Иешин, Володя Фадеев, Женя Рыжик... будущие, как говорил Товстоногов, "рэжиссёры". А рэжиссёры не могут жить без дела!

И мы стали сочинять капустники, концерты, фестивали, конкурсы — короче, преображать доставшуюся нам жизнь.

Три капустника и песенный фестиваль "Шёпот-79" — это было немало для четырёх недель трудовой вахты. "Шёпот" намекал на то, что от холодов и пьянства голоса артистов приобрели несказанную выразительность... Вдобавок была создана уникальная вы-

264

ставка под названием "Бульбарий" — там экспонировались картофелины причудливой формы, найденные на полях. Помню нечто невообразимое, толстое, раздвоенное с приростком, поименованное чьим-то резвым умом "Рождение оятской Венеры"... Я принимала живейшее участие в кипении вынужденного творчества — к примеру, предложила повесить лозунг "Наш вклад в олимпийскую копилку" (к стране приближалась Олимпиада-80) на длинное дощатое здание общественного туалета. Лозунг провисел целое утро и день, после чего в пожарном порядке был снят. Но все уже знали, где именно он висел, и тихо ликовали. Я сочиняла конферанс и песенки, которые становились оятским фольклором, к примеру, вот что распевал хор будущих актёров на мотив "Славное море — священный Байкал":

265

Славное поле ждёт наших костей,
Все мы вкусили колхозного плода,
Мама не плачь! И не жди новостей!

(тут от хора отделялась маленькая Люся Благова и пронзительным детским голосом выпевала):

— Партии план — план народа!

Сначала всё вертелось исключительно на творчестве, но холода брали своё — и люди стали всё чаще согреваться. Месяц, проведённый в пионерлагере на Ояти, строго поделился на этапы — и последним этапом стало то, что я назвала "наваждением оятского шайтана". Народ принялся сильно попивать и заводить бурные интимные связи. На этом этапе я обнаруживаю себя уже не в общем корпусе, а в "голубом домике", крошечном строении (дворницкая? сторожка?), где живёт удивительная компания: две красотули с курса эстрады, Инна Бедных и Наташа Михайлова, кукольница Люся Благова и я. Мы каждый день распиваем спиртосодержащие смеси, приобретённые в пивной "Три богатыря", поём песни, сквернословим, а Бедных (кличка "Б...ядных") и Михайлова (кличка "Ми...уйлова") ещё и обольщают знакомых и незнакомых мужчин. Наутро, сдав вечерние бутылки, мы покупаем пива и начинаем двигаться всё по тому же кругу. Я почему-то работаю не на полях, а на сортировке, вследствие чего сочиняю песню "Сортировка" на мотив известного шлягера *We shell over caa*", превратив его в нечто абсолютно непристойное.

Пели мы это истошным насмешливым хором:

— Сортир-ове-каа...

Сортир-ове-каа...

Сортир-ове-каа

В сам де-ее-ле!

Сортир — (придыхание с явственным звуком "х"!) —
                                                    уй не спеша,

Сортир-уй так,

Сортир-уй-ешь так весь день...

Оять нарушила (во всяком случае, у меня) печальное уединение, в котором обычно пребывали театроведы в Театральном институте, вредную отдельность теоретически-книжного существования. Даже целиком погружаясь в историю театра, вряд ли полезно не знать при этом реально делающих театр современников. Я обнаружила родство общего заряда, что ли, отсутствие пропастей и рвов — при другом раскладе и я могла бы оказаться на курсе кукольников или, скажем, режиссёров, я не была таким уж законченным "бесславным ублюдком", чтоб вечно сидеть в зрительном зале с видом гордой жабы и поучать профессиональных актёров и режиссёров, как им надо играть и ставить. Так уж сложилась судьба, что мне выпало писать о театре — но это не потому, что я больше ничего вообще не умею...

Но, впрочем, хорошо писать о театре — тоже явная доблесть. Ею блещут единицы. С видом гордых жаб они, правда, не сидят...

Итак, в Ояти вспыхивали и разгорались романы. К концу срока на полях остались самые стойкие — множество слабаков уезжало в Ленинград полечиться от простуды да так и не возвращалось. Витёк Тюшев, единственный мужчина нашего курса, тощий чудачок с беленьким треугольным личиком, сбежал вообще, кажется, на третий день. Помню, как он грустно сидел на поле и смотрел на свою шляпу (он всегда ходил в шляпах). "Почему моя шляпа пожелтела?" — уныло спросил он у мироздания. "Так ведь осень, Витя..." — ответила я ему.

(Витёк был не без юмора. Однажды я в разговоре с ним сказала что-то про конец света. "Ах, Таня, — ответил Витёк, — конец света уже был..." "А это что?" — спросила я, указав руками на действительность. "А это, Таня, то, что *осталось после конца света...*")

Железобетонным и морозоустойчивым оказался весь курс эстрады Штокбанта (потом из него вышел первый призыв "Театра-буфф"), большинство курса Владимирова, актёры Горбачёва (великий народный лично навестил своих студентов, чего никто из педагогов-начальников не делал) и, конечно, режиссёры Товстоногова. Этих вообще сам чёрт не брал. В любую погоду и любом месте можно было, к примеру, любоваться худеньким мальчишкой цыганского вида с приросшей к нему гитарой — то был Рома Смирнов. Он пел беспрерывно. Рома закончил горьковское театральное училище, жил семейно с актрисой Ириной Мазуркевич и поступил к Товстоногову — неудивительно, что он пел столь беззаботно. Поговорить с ним, вклинившись между песнями, мне удалось разве полгода спустя, как мы вернулись из Ояти, прихватив по мешку картошки с разрешения начальства. Такой картошки в магазинах никто из нас не видел.

Что они с ней делали до того, как отправить на ржавый транспортёр своих тошнотворных гастрономов, нам, честным людям, неведомо. Не диссиденты погубили Советский Союз — его погубили ворюги. Сфера долбаного обслуживания. Мерзкие тётки и пакостные дядьки, таскавшие госсобственность в закрома. Это они вздыхали по сладкой западной жизни и зарывали банки с золотом в землю, это они доворовались до пустых полок, до тотального дефицита. Одни строили — а другие крушили, и ох как успешно! Бедные диссиденты и прочие юродивые правды ради невольно подыграли ворюгам, но самым нажористым игроком противника оказалась московская "золотая молодёжь", все эти истерические обожатели западного миража. Ленинград был несколько в стороне от этих пошлостей. Показательно, что не припомню в Ояти никаких "политических" разговоров — все как будто всё понимали, охотно смеялись и жили своей жизнью.

Однако я привезла домой не только мешок отборной картошки. Я вернулась с другим сердцем — оно, как магический генератор, без устали вырабатывало невидимую материю приятного золотистого цвета (различают цвет только те, кто и сам...).

Я влюбилась — так, как влюбляются в двадцать лет. В одну минуту и насмерть.

Глава двадцать вторая
Роман о Рыжике

Врагу бы не пожелала такого врага, как я. Треклятая аффективная память хранит все перенесённые обиды и унижения, как дерьмо, запаянное во льду. Несчастные мои недруги, лишённые центров безопасности и обладающие, так скажем, не слишком плотной корой головного мозга (умные люди моими недругами не бывают), и не представляют себе, как может ненавидеть человек древней складки. Я в состоянии вспомнить обиду, уязвившую меня сорок лет назад, — и заплакать ядовитыми прозрачными слезами. Моих врагов спасает только то, что у меня постоянно находятся в разработке десятки предприятий поважней и поинтересней, чем истребление противника, и я простодушно надеюсь, что сама сила ненависти уж как-нибудь распорядится действиями несомненно существующей Главной службы исполнения наказаний. Или, как сказал Азазелло Маргарите, — "зачем же самой трудиться?".

Я к тому, что в этой главе реальность, вероятно, искажена моими обидами, и я не гарантирую ровный свет эпического рассказа. Здесь, как воскликнул один персонаж Уильямса, "мир освещается молниями!".

Я впервые увидела его не в Ояти, а в нашей нищенской столовой — на первом этаже здания, где жили театроведческий и художественно-постановочный факультеты. Еды там не было почти никакой, даже винегрета ворюги нарезать не могли. Максимум яйцо под майонезом, ну мы и ели это яйцо под майонезом, запивая "кофесмолоком", загадочной жидкостью по 22 копейки стакан, где не чуялось ни кофе, ни молока. Она тогда была везде, стояла в пятиведёрных бадьях с краниками. Много лет спустя я пыталась это воспроизвести — но нет, жидкость не поддавалась изготовлению в домашних условиях. Думаю, в её состав входил цикорий, а не кофе, и, кроме того, это было явно что-то из стратегических запасов Родины, может, остатки ленд-лиза.

В столовой я и видела иногда кареглазого мужчину с большой головой, среднего роста, очевидного умника, иногда на плече у него сидел белый с серым и рыжим кот (Джафар), и в душе моей что-то как будто взвихривалось слегка, будто малый ветер треплет дюны.

И в душе моей
Расцвело тогда
Чувство нежной и пылкой ......
Отцвели! Уж давно! Хризантемы в саду!

Вместо сада была территория пионерлагеря, но время года стояло правильное, когда и цветут хризантемы, указанные в романсе.

В Ояти познакомились отчётливо — Рыжик ставил капустники, тексты которых я активно сочиняла, образовалась устойчивая общая компания. И хотя зарождение чувств — это, как правило, процесс, иногда и длительный, была одна такая минутка, ничего особенного, просто сидели несколько человек в пустой комнате на железных сетках кроватей, болтали, и один человек почувствовал, что у него меняется состав крови.

Евгений Идельевич Рыжик (бесконечно странно, что мне вновь, после мамы — Идельевны, повстречалось это не слишком-то популярное отчество!)... Не без усилий я открываю шкатулку с воспоминаниями о нём.

Прожитого достаточно, чтобы я заметила: у людей, живущих более-менее сознательно, так или иначе наступает час расплаты по счетам. Я, кстати, придумала такую доморощенную градацию, условно деля "человечник" на три круга:

1. Круг случая

Здесь размещаются люди, с которыми может быть всё, что угодно, — могут выиграть миллион, а могут внезапно упасть с моста в воду. Упав же, могут выплыть или пойти ко дну в равной мере. Это не имеет никакого отношения к их нравственным достоинствам или порокам — просто они прописаны в этом районе — в ведомстве Случая. Логика Случая нами, землянами, не считается, она нам неведома. Там свои графы, цифры, проценты и соотношения. Важно понять, что замкнутые в круге случая напрасно приписывают события своей жизни каким-то благим или дурным закономерностям. Их никто не собирается награждать или наказывать, они просто — в игре. В игре, где оперируют, как правило, множествами, а не отдельными существованиями. В круге случая пребывает большинство людей.

2. *Круг судьбы*

В круге судьбы находятся те, с которыми не может быть все, что угодно, — с ними языком происшествий разговаривает именно их судьба. Их как раз награждают или наказывают, поощряют или закрывают пути, подталкивают, предупреждают... Здесь идёт работа по индивидуальному графику, об этом гласит античная пословица "желающего подчиниться судьба ведёт, нежелающего — тащит". Понятно, что работа по индивидуальному графику ведётся с индивидуальностями, никто не стал бы тратить время на личное вразумление массовидного человека. В круге судьбы тема случая теряет сугубый фатализм, глухую непознаваемость, и вопрос "за что?" обретает локальный смысл.

Меня, скажем, заинтересовал такой факт: пока что, до сего дня, ни один писатель не погиб в авиакатастрофе (кроме Сент-Экзюпери, который являлся профессиональным лётчиком, стало быть, имел профессиональные риски). Писатели ничем не лучше и не хуже других людей, но у них уж точно есть личная судьба и отношения с ней. Тут с каждым возятся отдельно и специально, особенно если "пчела ещё даёт мёд", то есть из писателя вылезают тексты. Грохнуть такую пчелу в тупой авиакатастрофе — это глупо и тривиально. (А вот политика — за милую душу. Политик запросто может ёкнуться.)

Пребывающим в круге судьбы рекомендовано усиленное внимание к знакам, намёкам, предложениям, узорам, толчкам и другим фигурам речи судьбы. И мерилом тут является отнюдь не благополучие индивида, на кой ляд это нужно судьбе. Предполагаю, что деловой разговор всё-таки ведётся о максимальном росте личности и предельном самовыявлении.

В круге судьбы находится некоторое число людей — само по себе довольно большое, оно гораздо, в несколько раз меньше "круга случая".

3. *Круг суда*

В круг суда выбиваются единицы из круга судьбы, а из круга случая сюда хода нет. Здесь человек свободен и ходит непосредственно под Богом. Знаки и намёки фатума тают и пропадают, предложения и толчки не нужны — человек сам определяет свой путь, он получает власть над судьбой. Это как если бы человек, без всяких инспекторов и штрафов, сам соблюдал правила дорожного движения — но уж и ни на какой злой рок не сетовал, если врежется в столб спьяну. Свобода так свобода! В круге суда населения совсем немного...

Так вот о расплате. Её неминуемость для меня очевидна — только не всегда её приходится наблюдать лично. Очень медленно мелют мельницы Господа, зато они стирают всё в порошок. Повезёт — ещё при жизни застанешь торжество справедливости, нет — насладишься правдой по загробному телевизору с того света (надеюсь, туда что-то транслируют!).

Ещё бывают ошибки длиною в жизнь — которые уже ничем и никогда не исправишь. Это печальный факт. Я хотела бы избежать подобных ошибок и думаю, что, к примеру, такой ошибкой длиною в жизнь для моих родителей был развод, а для Жени Рыжика, который стал отцом моего первого ребёнка, — женитьба на Л., тупой и бездарной женщине. Но не будем забегать вперёд, роман о Рыжике так роман о Рыжике.

В те годы (конец 1970-х — начало 1980-х) мы с друзьями и приятелями, конечно, обитали "в круге судьбы" и у большинства из нас она только-только зарождалась. Но Женя Рыжик был постарше и актёров, и театроведов, и коллег-режиссёров (29 лет), и у него уже стал завязываться некий тревожный узелок.

Режиссёрское образование у него выходило четвёртым по счёту — он закончил Институт инженеров железнодорожного транспорта, уехал по распределению в Свердловск, там одолел курс журналистики, потом, по возвращении в Ленинград, поступил на заочное театроведческое, и вслед за этим — на курс к Товстоногову. Получалось, что человек до тридцати лет проучился, но пока что ничего ни в какой области не совершил. Но ведь он был полноценным мужчиной, и надо было как-то самоутверждаться, а как у нас самоутверждаются мужчины, мы небось знаем. "Масик" (так называла его мама, масик — маленький, Женя был её младшим сыном, а старший вышел человеком солидным, математик, учитель, учебники, имя, полный контраст с Масиком) являлся законченным и отчаянным бабником. Это было рядовым явлением. Значительно позже, обожравшись бесплатной женской любовью, мужчины стали кобениться в массовом порядке — то им маленьких девочек подавай, то друг дружку. А тогда подобную дерзновенность проявляли немногие.

По моим подсчётам, до отъезда из СССР (примерно в 1989 году) Рыжик завёл не то пять, не то шесть детей только вне законного брака (в браке двое). Ведь не было СПИДа, и, вступая в связь с порядочными (то есть не гулящими) женщинами, мужчины не предохранялись. Считалось, это бабские дела и бабская забота.

Студенты-режиссёры вообще котировались в институте высоко, а Женя ещё был интеллектуалом привлекательной внешности и отличался общительностью и гостеприимством. В его квартире на Гороховой улице постоянно толклись люди, как у себя дома, распивая чай и вино. В квартире было две большие комнаты, одну занимала стойкая, любопытная и притом деликатная мама Масика (Женя утверждал, что она из рода князей Юсуповых), другую сам Масик. Кот Джафар жил в основном у Жени в комнате и часто сидел на спинке кресла, с явным неудовольствием наблюдая, что творится в кровати. По мнению Масика, Джафар терпеть не мог женщин.

Вот написала — привлекательная внешность... Привлекательной внешность Рыжика делали умные карие глаза (впрочем, карие глаза часто почему-то кажутся умными) и хорошая, задорная улыбка. А так ничего выдающегося — тёмный шатен (волосы рано стали редеть), крупная голова на короткой шее, узкие плечи, небольшая склонность к полноте. Внимание сразу прилипало к большому лицу с его забавной игрой между раздувающимися ноздрями крупного носа и иронической извилистой верхней губой. В профиль Рыжик несколько напоминал верблюда.

Поскольку мама его была татаркой, а отец евреем, мы дразнили Рыжика "татаро-еврейское иго".

Он мало пил и много читал, был завсегдатаем книжных развалов и букинистических магазинов, где чуток спекулировал — что-то продавал, что-то покупал. Ведь денег вечно не хватало, а ораву гостей следовало напоить хотя бы скверным грузинским чаем. Господи, и эти люди, без зазрения совести торговавшие чем-то вроде настриженной швабры, потом поносили Астафьева за правдивейший рассказ "Ловля пескарей в Грузии"! (Однажды, в полемическом задоре, когда на дворе стояли девяностые годы, я сказала — а вот я рада, что распался Советский Союз, благодаря этому мы избавились от грузинского чая и азербайджанского коньяка, этих кошмаров, которые терзали нас столько лет...) Одевался Рыжик скромно, правда, у него была чёрная шляпа с полями и вмятиной, как у шерифа в американских вестернах. И вывезенный из Свердловска волчий полушубок на подкладке стиля "печворк" (сшитые лоскутки).

В ситуации "общего житья", которое было у нас в Ояти, легко заводить отношения — все крутятся в общем круге, не надо специально выдумывать поводы и причины, звонить и искать встреч. Встречи — да сколько угодно: в столовой, в комнате режиссёров, в грузовике, везущем нас на поля, всегда с песнями. Особенно мы любили грянуть хором "Пора-пора-порадуемся на своём веку!" из "Трёх мушкетёров". Когда однажды мы затянули "В Вологде где-где", а там были слова "Где же моя черноглазая, где", Рыжик, сидевший в грузовике сзади меня, посмотрел в мои глаза и спел "Где же моя сероглазая, где" (он флиртовал неутомимо, органически).

У меня тогда были серые глаза, которые потом позеленели, вот странность.

Если в начале картошкиного эпоса я любила сидеть на поляне перед корпусом и читать книгу К. Рудницкого "Режиссёр Мейерхольд", то уже через неделю мысли стали упорно кружить вокруг одного человека, тоже режиссёра, но далеко не Мейерхольда. Люси это заметили сразу, Люси — Люся Мартьянова, Люся Благова, Люся Карпикова — студентки-актрисы Театра кукол, мы с ними сдружились. Ближе к концу "картошки" я съездила на денёк в Ленинград (разрешали), но когда вернулась — оказалось, что Рыжик стал ухаживать за Карпиковой. Люси мне охотно всё рассказали, а Люся Мартьянова даже придумала теорию, по которой Рыжик, как законченный эгоист, мог влюбиться только в то лицо, которое напоминало ему его собственное, — и Мартьянова убедительно доказывала, что Карпикова похожа на Рыжика.

Положим, похожа она не была, да и самые законченные эгоисты все ж таки для возбуждения не ищут собственного лица в других, короче, все мартьяновские теории были женским бредом. Я потом немало подобного встречала. Женщины часами могут выводить теории любви из ничего.

Я несколько растерялась (я искренне привязалась ко всем Люсям, и к трогательной глазастой Карпиковой, она рано умерла, кстати, было ей чуть за сорок), но ничего ужасно-окончательного у неё с Рыжиком не произошло, он — это было прекрасно известно — ни с кем не жил постоянно и был свободен. В "Крейцеровой сонате" Толстого герой говорит: "То, что вы называете любовью, мужчина испытывает к каждой красивой женщине", можно добавить, что многим мужчинам и красота-то не нужна, достаточно привлекательности. Поступив в Театральный, Евгений Идельевич оказался в ситуации медведя в малиннике и с удовольствием лакомствовал, флиртовал и кокетничал. У него были десятки женщин. Это был бы рай, если бы его не отравляла постоянно грызущая Рыжика мысль о профессиональном самоутверждении. Он не был уверен в том, что он действительно режиссёр.

Вот, в пору фантомного увлечения Рыжика Карпиковой, в эту-то смутно-растерянную пору окончания развесёлой Ояти, я и оказалась в "голубом домике" с тремя товарками и в состоянии, прямо скажем, запоя. Ничего подобного со мной никогда не было. Происходящее стремительно двигалось в сторону карнавала и мистерии-буфф. В "голубом домике" с утра до вечера гремели гитары. По-моему, мы перестали выходить в поля. Звонким хором мы пели дотоле неведомые мне песни.

> Один рефрижератор, что вёз рыбу с капстраны,
> Попался раз в нешуточную вьюгу,
> А мимо поперёк морской волны
> Шёл ботик по фамилии "Калуга"!
> (все вместе): Так на фига ж вы ботик потопили,
> На нём был старый патефон,
> Два портрета Джугашвили
> И курительный салон...

Затем мы вернулись в город, но долго не могли расстаться — встречаясь чуть не каждую неделю, потом раз в месяц, потом раз в год (6 октября, в день, когда мы вернулись), потом... потом всё стало общей памятью о славном мгновении братства, дружбы, творчества, молодости, чёрт возьми.

Но тогда, по возвращении, мы обнаружили в городе залежи красного вина "Ляна" (со вкусом земляники) и закупали его ящиками, продолжая по инерции оятское веселье.

Одно застолье проходило у меня, куда-то делись родители, а бабушка не возражала и с любопытством выглядывала из комнаты, впиваясь орлиным взором в облик неведомого нового поколения. Бабушка, со своими пронзительными глазами, живописными морщинами, огромным носом и античным, как всегда, красноречием, произвела сильное впечатление на моих друзей. Шурка Романов, обаятельный голубоглазый пьянюшка с курса Владимирова, назвал мою Антонину Михайловну "Графиней", и прозвище прилипло. Посмотрев на наши гульбища, во время которых особенно была выразительна вакханка Инна Бедных, любившая скинуть тесные одежды прямо за столом, Графиня осуждающе (и при этом снисходительно) качала головой. "Не умеет гулять молодёжь!" — таков был её капитанский вердикт.

(Пишу, зная, что и Романов уже давно не пьянюшка, и Бедных не вакханка, надеюсь, что они на меня не обидятся, что тут обидного — вспомнить, как гуляли в молодости? Дурного ничего не было. Мы ж не в монастырь поступали, а в театральный институт.)

Итак, мы в начале октября всё догуливали свою Оять у меня на Альпийском переулке, я вышла на кухню, где, склонившись к открытому окну, стоял Рыжик, и весело сообщила — пошли пить портвейн, там портвейн принесли. Он приобнял меня и мы побыли так с минутку. "Не надо", — сказала я. "Почему?" — "Потому что я тебя люблю", — объяснила я исключительно внятно и по делу.

— Не надо меня любить, — тоже исключительно внятно и по делу ответил Рыжик, продолжая держать меня в объятиях, что, конечно, меняло смысл сказанного. Я уже говорила, что он был умён?

Потом я провожала гостей на электричку (десять минут от станции "Проспект Славы" — и вы на Витебском вокзале) и пожаловалась, что в последнее время меня отчего-то тошнит. "Может, ты беременная?" спросил Рыжик. Я засмеялась: "В истории человечества был один такой случай, но я не думаю, чтобы он повторился". — "О боже! — юмористически вздохнул Евгений Идельевич. — Мне ещё лишать тебя девственности!"

Тут я даже не нашлась что ответить и сочла благоразумным помолчать. Осуществление намеченного явно было делом судьбы и случая. От меня уже мало что зависело...

> Рассветало неохотно,
> В час по чайной ложке света,
> Было пасмурно и рвотно,
> И болело что-то где-то.

Так я написала в дневниках много лет спустя, в точности диагностируя своё состояние в То Утро — рассветает в середине октября всегда неохотно, а начало женской жизни сопряглось у меня с ужасной болью, правда, физической только — душа тогда ликовала, упиваясь настоящим, забыв о прошлом и не чуя будущего, если это не счастье, то что это?

Тридцать лет "женской жизни". В общем-то трудовой стаж — почему его не учитывают при выходе на пенсию? Правда, этот стаж нелегко было бы доказать, кто предоставит справки-то. Одни умерли, к другим неловко и подкатывать — они вежливо улыбаются и как бы ничего не помнят. Ладно, я сама умею вежливо улыбаться и как бы ничего не помнить, да кто не умеет-то. Это наше личное, никого не касается. Боль и счастье — чего было больше, спрашиваю я себя сегодня и не нахожу твёрдого ответа.

Скорее я склоняюсь к кирилловскому (от речей Кириллова в "Бесах" Достоевского) "всё хорошо".

И в Москве жить хорошо, и в Петербурге хорошо. И пить хорошо, и не пить хорошо. И при советской власти мне было хорошо, и в новой России мне хорошо. И женщиной быть хорошо, и человеком быть хорошо...

Есть у меня песенка, "Студенческий романс", где запечатлелись некоторые реалии и настроения той поры.

> Над нами листва не шумела,
> Росли на подушке цветы,
> Свеча на обоях горела,
> И не было в нас чистоты.
>
> Мы были больные студенты
> И жили себе кое-как,
> Духовно почти импотенты,
> Физически так или сяк.
>
> Нас в грязных столовках кормили,
> И грустно стонал организм,
> В троллейбусах мы не платили,
> Как будто уж был коммунизм.
>
> С трудом разогретое слово,
> Забавы за гранью добра,
> И запах портвейна плохого,
> И вкус Беломора с утра.
>
> Я думала — Бог нам поможет,
> Хоть тот, что слепой со стрелой,
> Мы были смертельно похожи
> Своей непохожестью злой.

Залиты домашние норы
Холодной и мёртвой водой,
Вязались мы общим позором,
Венчались всесветной бедой.

Другие придут полудурки,
Всё будет смешней и страшней...
О, корки, окурки и шкурки
Любви горемычной моей!

На синих обоях в Жениной комнате действительно были оттиснуты силуэты свечи, а наволочки всегда были в мелкий цветочек; вот, правда, смущает меня строчка "забавы за гранью добра" — можно подумать, мы какое-нибудь садо-мазо практиковали, но этого не было в помине: Рыжик не страдал никакими отклонениями и добросовестно искал сугубо райских наслаждений. Я, видимо, просто хотела провести некую черту между эросом и моралью: дескать, эрос — это одно, а добро и зло — что-то совсем другое; это трудно оспорить. Остальное в романсе отчётливо и точно, и последний "удар" — сильный: "другие придут полудурки, всё будет смешней и страшней..."; да, так.

Словом, "самое страшное" произошло не в подвале или на чердаке, не с перепоя, по взаимному влечению и даже любви (со стороны "невесты"). Однако же ничего определённого сказано или обещано не было — потянулся некий роман с довольно редкими, для моего темперамента, встречами. Приходилось звонить, осведомляться о планах. Иногда он звонил мне ночью, и я, как солдат по тревоге, мгновенно собиралась и неслась на Гороховую улицу. Душа пребывала в постоянном смятении — я знала, что свой досуг Рыжик редко проводит один, но не имела никаких прав на ревность, поэтому давилась ею, как чёрствым пирожком, стараясь не обнаруживать никаких подозрений.

Сокурсники Рыжика, студенты Товстоногова, были осведомлены куда больше меня и откровенно мне сочувствовали.

Помню, как весной 1980 уже года я пришла "поговорить о наших отношениях" к нему в аудиторию, и Рыжик сообщил, что у него "сейчас живёт Маша Ганева (та однокурсница-болгарка), которая, может быть, вскоре станет его невестой", и я чуть не упала в пролёт лестницы (стояли мы возле двери в товстоноговскую аудиторию, опершись о перила), но всего лишь через два месяца, когда я вернулась из Одессы, невесты-болгарки и след простыл и Евгений Идельевич с энтузиазмом воскликнул: "Надо проверить твой загар!" Да, это только в двадцать лет можно так попасть, но мне ведь было даже не с кем посоветоваться. И какие тут бывают советы? К старшей подруге, знакомой по вечернему отделению театроведческого факультета, Наташе К., уже года три ходил один и тот же упырь, имевший, кроме жены, двух постоянных и без счёта переменных любовниц — что она могла посоветовать? Всё уже объяснил товарищ Некрасов в стихотворении "Зелёный шум": "Люби, покуда любится, терпи, покуда терпится, прощай, пока прощается, — и Бог тебе судья"...

Осенью завелась неожиданная опасность.

Ещё летом 1980 года, среди бесперечь толкущегося у Рыжика народа, мелькали две абитуриентки, почему-то решившие, что они — будущие "рэжиссёрки", две крошки из провинции, Ира и… назовём эту особу кличкой, которой её припечатала потом Алла Полухина: Мормышка. Обе светленькие, маленькие, шустрые, но различить их было довольно просто — Ира обладала круглым крошечным ротиком, а Мормышка орудовала толстыми, вывороченными губами. Рыжик обоих опекал, читал им умные книги — развлечение, которого я ему, конечно, предоставить не могла.

Никуда Мормышка не поступила и уехала в Москву, там за что-то зацепившись. Но в Москве ей не сиделось и не жилось спокойно, она присылала оттуда Рыжику открытки, почему-то изрисованные сердечками, она часто наезжала в Ленинград и норовила остановиться у Жени — а где ей, бедняжке, было ночевать? К тому же она внезапно хворала неизвестными науке болезнями, и не выгонять же было несчастную? Маленькую, светленькую, да ещё с такими губами, которые сами собой навевали мысли о, как выразился Набоков, "томительных блаженствах"?

На пошлейшую мещанскую ловушку Рыжик попался, как последний дурак. Мормышка завелась в его квартире и в его жизни, как моль, и она его и сожрала впоследствии. Это был случай безостановочной деградации человека, который, не вняв никаким предостережениям доктора Чехова, позволил женскому паразиту полностью разрушить свою судьбу.

Это ревность, спросите вы? Да, и ревность тоже — я ревнива, хоть и стараюсь это скрывать. Но ревность никогда не мешала мне понимать хорошие и добрые качества избранниц моих избранников.

Я ревновала папу к третьей жене, Майе Серебровской, но отчётливо видела, что это порядочная интеллигентная женщина, обожавшая отца беспредельно.

Я ревновала Евгения Соломоновича к Татьяне К., но не сомневалась, что это разумный, правильный брак и чистая, честная основа Таниного характера надёжно обеспечит Учителю хоть какое-то нервное равновесие в его мучительных буднях. Нет, не ревность язвила меня, а ужасающая пошлость и глупость Мормышки, которая методично наращивала своё присутствие в жизни Рыжика и однажды поселилась в ней навсегда, до гробовой доски — до его гробовой доски.

Да, "женщина — внутреннее явление мужской судьбы", и если у Рыжика образовалась именно такая жена, значит, пошлые пустоты уже зияли в его душе. И всё-таки тогда, в восьмидесятых годах, корабль судьбы мог ещё повернуть иначе — но Женя попался на Мормышку окончательно и безоговорочно.

Тихонькая такая, не говорит — журчит и шелестит, но шелестит одни глупости. Не понимаю, как она отучилась целых два семестра на режиссуре — один в Москве и один в Ленинграде, потом-то её отчислили, после первого же поставленного отрывка, за бездарность. Помню, в компании зашёл разговор о какой-то постановке "Чайки" Чехова, она влезает в разговор с важным видом: "А про что поставлена эта «Чайка»?"

— Как это — про что?

— Ну, "Чайку" можно ставить про Аркадину, "Чайку" можно ставить про Тригорина, "Чайку" можно ставить про Треплева...

Мы только переглянулись, ничего не сказали.

О своей московской жизни она рассказывала так: "Подходят ко мне в переходе метро и спрашивают — девушка, вы на арабов подписываетесь?" Я даже не сразу поняла, о чём она рассказывает, поскольку не только к моим подругам, но даже к отдалённым знакомым не могли подойти с текстом "вы на арабов подписываетесь?". Она, значит, производила соответствующее впечатление. Думаете, Рыжик ослеп от страсти? Ни в малейшей степени. Когда её отчислили уже из нашего института, он сказал печально: "Господи, ну почему ко мне всю дорогу липнут сплошные бездарности..." Знал, видел, понимал — и увязал всё глубже, неужели всё упиралось в "томительные блаженства"? Что ж, он за них расплатился.

В конце восьмидесятых годов, когда Женя уже поработал в Рязанском драмтеатре и побыл в стажёрах у Марка Захарова, Мормышка утащила его в Америку на ПМЖ, где он обзавёлся ещё одним ребёнком (первый родился в России). Чтобы прокормить детей, Рыжик пошёл в инженеры, вернулся, так сказать, к первой профессии. Что-то в сфере тамошнего ЖКХ. Примерно в 2002 году он погиб в жуткой автомобильной катастрофе — его тело пришлось вырезать вместе с дверцей. Линия судьбы стала пунктирной, а затем и вовсе пропала — вслед за тем оборвалась и линия жизни. Железная закономерность.

Всё, всё умудрился человек спустить в унитаз — незаурядный ум, обширные знания, несомненную одарённость.

Удивительно, что весной 2004 года жена Рыжика, с дуба рухнувши, позвонила мне из Америки — настолько не понимала, по общему плотному сложению мещанского организма, моего к ней отношения.

Спросила про моего ребёнка. Сказала, что Женя в последние годы много писал — рассказы, заметки — и она может прислать его архив на мой электронный адрес. Ничего не прислала, конечно. Если бы она хоть что-то умела делать вменяемо и систематически (кроме "томительных блаженств"), возможно, куски Рыжика не вырезали бы из сплюснутой машины. Возможно. Это гипотеза.

Бедняга, ясное дело, "много писал" — а что ему было делать. Мне его сочинения, в общем, были ни к чему — я сама "много пишу", и, чтобы вспомнить Рыжика, только значительно улучшенного, мне достаточно посмотреть на моего Севу. Совесть моя чиста — я ничего плохого не сделала Жене Рыжику, не доставила ему никаких неприятностей и хлопот.

Я не преследовала его, ничего не просила, не взяла ни копейки (да он и не предлагал), не выдвигала требований, не устраивала сцен, не закатывала истерик, ни в чём никогда не обвиняла.

Я просто взяла своего ребёнка и ушла восвояси, поскольку ни меня, ни моего ребёнка Женя в свою жизнь не позвал.

Он выбрал то, что выбрал, — и это был его самостоятельный собственный выбор, который он и оплатил по счёту. Нулевой судьбой, преждевременной смертью. Так кто из нас погиб, Женечка, — помнишь, как ты мне в красках расписывал мою будущую злосчастную судьбу, если я решусь завести ребёнка? Дескать, "и вообще — погибнешь ты"?

У нас были хорошие минуты и дни — особенно летом 1980 года, когда мы втроём, Женя, я и Лёня Кац, наш приятель — долговязый юноша с режиссёрского курса Сулимова, ездили за грибами. Мы ходили с Евгением Идельевичем и в "Сайгон" (вот это место вызывало стойкое отвращение), и по тайным распродажам модных книг (возле метро "Удельная" было такое). Мормышка нарастала, но до поры мы с ней напрямую не сталкивались. А осенью 1980 года у меня сделалось что-то вроде паники. Я собралась уйти из института и затем уехать из Ленинграда в Москву, где поступать на сценарный факультет ВГИКа.

Некоторые окружающие подумали, будто бы я обиделась, что мне не дали "ленинскую стипендию" (семьдесят рублей), оставили просто повышенную. Настоящей причины никто не знал — страсти страстями, но я по-прежнему прилежно училась и на людей не бросалась. А дело было вот в чём. Я тогда, на фоне общих поездок за грибами и прочего, провела у Рыжика пару дней и в его отсутствие прочла кое-что из дневника, который он легкомысленно оставил на самом видном месте. Я знала, что этого делать нельзя, но душа, терзаемая любовью и ревностью, плохо ладила с отвлечённой моралью.

Худшие опасения подтвердились, он не умел и не собирался сдерживать себя, и добро бы речь шла о прожжённых девицах-актёрках, но, как я узнала, под настроение возникали и шалости похуже, как это случилось с шестнадцатилетней дальней родственницей, зашедшей к нему в гости. Очень уж человек уважал свои капризы и чтил желания. И хладнокровно записал! Не из сладострастия разврата вовсе — по дневнику было ясно, что женщины роились в его жизни, душу его совершенно не занимая. Как пьянице всё равно, чем сносить голову, так блуднику не важна личность женщины. Он волновался лишь из-за трудного хода самовыражения и самореализации. Главным был вопрос "режиссёр ли я?" — ну а девушки, а девушки потом.

Разлюбить я его не могла — чувство было резво и активно, как здоровое годовалое дитя. Я и позже не могла сознательно убить то или иное чувство — они умирали сами в долгих и ужасных мучениях. Отчего? От голода.

Я решила бежать. План был вовсе не плох: я могла поступить на сценарный и поменять судьбу, шансы имелись. Но на меня тогда навалились все родственники и друзья — четвёртый курс! — просили, уговаривали, объясняли, воздействовали, и я осталась, с тоской предугадывая судьбу.

Осенью у меня был случай убедиться в откровенном предпочтении Рыжиком пресловутой Мормышки. Пожалуй, я никогда потом так не рыдала, бежала ночью по городу — и рыдала, чудовищно воя, в голос, сумела дойти до друзей и там выла без стеснения, захлёбываясь слезами буквально, не символически. Это продолжалось несколько часов. После такого люди оказываются в больницах, сходят с ума, кончают с собой. Я распорядилась иначе.

Жизнь досталась мне нелегко с самого начала — и я не собиралась с ней расставаться. (Наверное, мне будет трудно умирать, если Господь не смилуется и не приберёт меня как-то по-быстрому...)

А тогда, после катастрофы, я стала бегать по вечерам, бегать подолгу, сначала до станции "Проспект Славы" — и там встречала выбегавшую навстречу мне с Витебского проспекта верную Лену Ким, — потом вокруг дома. После пятнадцати — двадцати кругов наступала феерическая лёгкость и нежелание прекращать бег. Иногда приходилось останавливать себя силой.

Я бегала и мало ела и всё писала письма Евгению Идельевичу, которые не отправляла, а копила у себя. Их было много; художественные; некоторые стихами, некоторые в виде небольших пьес; страсть превращалась в слова, и нестерпимая душевная боль становилась выносимой.

Природа моих чувств сильна в той степени, когда море и солнце внутри начинают воздействовать на море и солнце снаружи. Я, наверное, после серии тренировок могла бы вызывать дождь и ветер; разгонять тучи — вообще пустячное дело; практиковала в 80-х. Иногда я сожалею о том, что не знала лёгких милых влюблённостей, не заводила изящно-скорых "буржуазных" романов, а ведь были мужчины, поглядывавшие на меня с явным интересом, но пугавшиеся размеров возможного бедствия... Как-то, уже в девяностых, я сидела в редакции журнала "Сеанс" на Ленфильме и что-то кропала, а рядом сидела Люба Аркус, главный редактор "Сеанса", прозвище Маманя, и тоже над чем-то пыхтела в своём компьютере.

— Слушай, Москвина, — решила Маманя. — Давай сейчас ещё поработаем, а потом пойдём в кафе, немного выпьем...

— Эх, Маманя, — отвечала я, — немного выпить, слегка влюбиться — это, Маманя, *не наш фасон!*

Но когда огромна боль, велико и наслаждение — так что не о чем сожалеть.

"Ударная возгонка" из неистового бега, отсутствия еды и писания писем в никуда превратила меня в экстатическое худое существо весом в пятьдесят восемь килограммов. Я подстриглась. Купила бордовое платье и яростно затягивала его на поясе. На лице горели ставшие факелами глаза. В общем, женщина готовилась к битве с судьбой — битве, которую она выиграла.

Глава двадцать третья

Что должна знать каждая женщина

В девяностых годах, сдав по велению эндокринолога анализ на гормоны, я поняла, наконец, где беда. Специфических женских гормонов у меня обнаружилось больше нормы — примерно в сто раз. Я архаическое существо. Нас таких, правда, с четверть мира будет — сделанных в расчёте на дюжину детей и пару войн. Очевидно, мы можем, оказавшись на необитаемом острове, размножиться усилием воли. Но родиться женщиной в СССР в конце пятидесятых — это была неординарная задача и сильно на любителя. Быть женщиной в патологически идеологизированной стране, которая торжественно отреклась от традиции, опыта предков, здравого смысла ("предрассудки"!) — это вам не в Индии коровушек пасти.

"Что должна знать каждая женщина". Брошюры с таким названием, обычно грязно-зелёного или грязно-жёлтого цвета, лежали в женских консультациях, в библиотеках, попадались они и в квартирах, неизвестно как туда попадая. Написанные с некоторой неприязнью к предмету разговора, брошюры обычно сосредоточивались преимущественно на вопросах гигиены. Были тут и графические изображения органов в разрезе, внушавшие законный ужас девочкам, хватавшим брошюры в жадном любопытстве.

Именно брошюры, никогда книги — на книги "женский вопрос" при советской власти не тянул. Хватало и 70–80 страниц на всю эту неаппетитную и нечистую животную женскую жизнь. Наверняка подобного же размера и тона брошюры писались о свиньях и курах — как разводить, как ухаживать.

А кроме этих брошюр, ничего не было — кроме низового фольклора и "рассказов из жизни".

"Это" никто не опровергал, "это" существовало, но должно было быть на своём — скромном — месте. Ни в коем случае "это" не могло быть главным и первостепенным. Отдельно и специально внушался страх перед абортом и внебрачными связями. А так — следовало трудиться и мыться, мыться и трудиться. Партии в вопросе обуздания половых вопросов удалось гораздо больше, чем царю и церкви — тем приходилось хотя бы признавать общественное зло в виде проституции, партия это зло напрочь отрицала.

Нету, и всё. И их действительно почти что и не было — вместо откровенных проституток существовал боевой корпус доступных женщин (ну да, в просторечии "бл..ей"). О таких пел Высоцкий, своеобразно поэтизируя Нинку с подбитым глазом: "Все говорят, что не красавица, а мне такие больше нравятся, и что такого, что наводчица, — а мне ещё сильнее хочется". Нинки напрямую денег не брали — клянчили разве выпивку и подарки. Народ устраивался, как всегда, мимо власти, благо привычка к тому наросла хитиновой бронёй. Почему-то считалось, что доступнее всех актрисы, медсёстры и крановщицы.

Права женщин соблюдались именно что "неукоснительно". О незаконнорожденных и речи не было — все, рождённые в СССР, были законными гражданами

СССР, и страдания юного Корнея Чуковского (он был незаконнорождённый) являлись какой-то глубокой и непонятной стариной в глазах тех поколений, которые он спас, дав им уже в детстве прекрасные книги. Были матери-одиночки — получавшие небольшое, но ощутимое пособие (к примеру, в 1984 году оно составило двадцать рублей) и некоторые льготы. Но детей никто не делил на тех, кто рождён в законном браке, и на питомцев матерей-одиночек.

К началу восьмидесятых годов дефицита яслей и детсадов не существовало; плата за них была минимальной (рубля два в месяц, не больше), велик был и отпуск по уходу за ребёнком с сохранением стажа — кажется, года три. Рожать было нисколько не страшно, ребёнок как-то с самого начала попадал на конвейер и двигался в плотном графике советского инкубатора. В конце социальной лестницы его ожидала весомая советская пенсия, достигавшая у работящих граждан 120–150 рублей. На эти деньги можно было жить не просто, а припеваючи, помогая детям строить кооперативы и выплачивать кредиты на телевизор и холодильник.

Правда, городское мещанство всё равно размножалось плохо, и вместо измочаленных родами страдалиц образовался совсем другой женский тип — бабаконь, прокантовавшаяся весь век на непыльной работе и не потратившая к пенсии и десятую часть отпущенной ей женской энергии.

Был изъян в налаженной советской системе. В ней не предусматривались поправки на древних богов, на стихию, на вечный соблазн и на Вечно Женственное в то же время. Точкой общей идейной сборки была Мать-Родина, и все магические пассы делались вокруг неё, но она представлялась горькой, старой, морщинистой, беспросветно любящий своих деток, с мозолистыми натруженными руками.

Всё-таки вряд ли следовало доводить людей до того, что они тратили рабочее время на перепечатку "Камасутры" и с риском для жизни доставали кассеты с невинной эротикой, за что могли схлопотать срок года три минимум. Три года тюрьмы за то, что человек смотрел какую-нибудь дурацкую "Греческую смоковницу" или "Эммануэль"! Зачем большевики попёрли против Венеры и Амура? Какой смысл? Но нет, эти угрюмые псевдотитаны желали отобрать энергию на строительство нового общества у всех богов разом — и у Христа, и у Ярилы, и у Эроса. Стало быть, все боги пожелали мщения!

Сегодня не приходится особенно жалеть о полном отсутствии в СССР женских журналов, потому что эти журналы нынче в таком изобилии и такого качества, что их можно, не читая, отправлять в печку. "Всё, что унижено, будет возвышено..." Сфера идиотически-женского расползлась невероятно и безумно, бабские пустяки заполонили атмосферу, и ничтожный, легко решаемый для человека разумного вопрос о тряпках и причёсках разросся до трагической опухоли головного мозга многих носительниц тряпок и причёсок. Но держать наших женщин исключительно в рабочем состоянии, усиленно игнорируя их женскую природу, — это был скверный советский зигзаг, глупый размах вечных наших чёртовых качелей.

О хорошем белье мы ведь даже и не мечтали, мы его не видели — в заморском кино цензура редко позволяла героиням раздеваться до белья. В брошюрах рекомендовали только не носить слишком плотных трусов, чтоб не затруднять кровообращение малого таза. Это суровая правда, но возможно ли жить одной лишь суровой правдой, строго оберегая интересы кровообращения малого таза? Вообще приветствовались тёплые фланелевые штаны почти до колен. В них кровообращение малого таза шло с уже непобедимой силой... Золотые украшения на корню скупала Сфера обслуживания (а то чем заполнять банки, которые они зарывали на своих дачных участках), в продажу золото поступало, но в убогом ассортименте. Платья и пальто ленинградским женским трудящимся (так сказать, "товарищам специального устройства") шила фабрика "Большевичка", выпуская изделия тиражом не меньше 100 000 экземпляров. Помню, эта доблестная фабрика в конце семидесятых пошила женские зимние пальто из искусственной овчины с капюшоном, крытые сукном рубинового цвета. Тёплые и удобные, пальто стали насмешкой и проклятием — купившая его за день встречала не менее ста гражданок, одетых в такие же точно изделия. Чего ж мне не знать, когда я сама в этом пальтеце отходила пару лет. Ощущение было такое, что мы все получили некую форму одежды от неведомого начальства, что мы в своих рубиновых капюшонах как войска, что ли, и в этом есть своя логика: не всё ли равно, как ты одет, если главное — это мыться и трудиться. Нечего разными там финтифлюшками разжигать в мужчинах инстинкты.

Что нам было делать? Шить и вязать, больше ничего. Спекулировала в основном Москва, наши замороченные интеллектуальные фарцовщики обеспечивали слишком немногих. (Что там мог нафарцевать Сергей Довлатов?) Стало быть, в ходу оказались старинные забавы рукоделия. Это была эпоха стихийного массового дизайна.

Существовали портные (чаще портнихи), которые имели патент, платили налоги и шили на дому. Кустарные промыслы в косыгинском социализме разрешались, не знаю, почему этот момент сейчас замалчивается, — частное предпринимательство вовсе не было изничтожено под ноль. Платье на школьный выпускной вечер из бело-сероватой ткани "Ландыш" мы с мамой заказали как раз у портнихи на Звёздной улице. Адрес и телефон советских дизайнерш всегда сообщался из уст в уста, никаких объявлений, боже упаси, и при этом гора заказов. Шить было дорого, поэтому сильно ценились бабушки-рукодельницы, у меня была такая — папина мама, Елена Сергеевна. Время от времени в моём жалком гардеробе появлялись умело скроенные и сшитые вещицы — например, тёмно-синяя суконная юбка прямого фасона, совершенно универсальная вещь, я носила её в середине восьмидесятых, как в конце семидесятых — с удовольствием и куда угодно. "И в пир, и в мир, и в добрые люди", — как любила говаривать бабушка Антонина.

Конечно, выручали комиссионные магазины, куда сдавали самовяз-самошит, заграничные тряпки и подделки под заграницу — народ же изворачивался как мог, были исправные контрабандисты — моряки и лётчики, кипела Одесса с Грузией и Азербайджаном, где всегда что-то клепали артельно и безостановочно. Какие-нибудь "туфли на платформе" или вдруг входившие в бешеную стихийную моду дамские кофточки из тонкого трикотажа с пышными рукавами. Но вообще модниц было мало, и одевались мы в печальной своей массе ужасно. Таскали по многу лет одно и то же, и ни у кого не вызывало удивления, что женщина имеет, к примеру, два платья. Ну правильно, одно на рабо-

297

ту, другое в гости и в театр. "А ты что, хочешь, чтоб у тебя была тысяча платьев, как у Екатерины?" — насмешливо спрашивала бабушка Антонина, почему-то свято убеждённая в этой мифической тысяче платьев покойной императрицы. Понятно, с каким сладострастием девочки рисовали наряды для своих бумажных куколок. Мечтать было не запрещено.

Абсолютной загадкой являлось то, за кого и как выходить замуж. Родители пятидесятых–шестидесятых демонстративно устранили всякое о том попечение. Всё, что придумала по этой части бедная мещанская мудрость и здравый народный смысл, — всё, всё было похерено. Неизвестно как, неведомо за кого и когда, полная тьма, и только знай себе крути головой — как, как там оно бывает у людей? Замужество было полностью отдано на откуп власти случая, поэтому большинство браков заключалось по месту учёбы или работы, которые давали хоть какой-то шанс разглядеть и узнать человека.

Напрочь истребили идею "приданого" — какое ж приданое при социализме, когда от каждого по способностям, каждому по труду. А это был мощный регулятор обыденности, которую никогда и никаким образом преодолеть до Страшного суда никому не удастся, если уж не удалось столько веков. В одних культурах собственность даётся за мальчиком, в других — за девочкой, но в любом случае семья имеет стартовый капитал, да хотя бы постельного белья, ложек и тарелок. Разумеется, люди как-то обустраивались — скажем, родители брачующихся скидывались на свадьбу и на какое-то обзаведение, и гости на свадьбе тоже понимали, что должны нести не символические, а настоящие подарки. Но прочного ничего не было. Идею, что, если родилась девочка, надо копить приданое, выдуло революционными ветрами. В революции есть своё дьявольское обаяние, но ведь к пятидесятым-то годам ясно очертилась невозможность построения коммунизма в одной стране, в другой стране, в никакой стране, так вот бы и свернуть с ложной дороги, как, собственно, и предлагал тихий друг человека А.Н. Косыгин, нарезая народу хоть по шесть соток этой злосчастной земли, чтоб безумцы и дети безумцев ползали по ней на коленках, сажая полезные корнеплоды и заодно вымаливая прощение.

Ан нет. Тут подоспели "рождённые в года глухие", зачатые в 1934—1939-м годах (кстати, в огромном количестве), — романтики, поэты, певцы, режиссёры, бумагомараки, протобестии, "шестидесятники" — они бросились реставрировать утопию, и дело пошло красиво и с ветерком. Не то что накапливать имущество — говорить об имуществе стало моветоном, что, конечно, не помешало самим вождям-шестидесятникам очень недурно устроиться в жизни. Утопия — она же всегда для других пишется.

Настоящих обывателей никакой утопией не испугаешь, и люди устраивались потихоньку, но молодую интеллигенцию они обманули (если невольно — то огонёк в аду будет для них послабже). Поманили "ленинскими нормами социализма" и бросили. Да пусть ваш Ленин вообще бы ничего не ел и не пил, какое мне дело? Пусть, кто хочет, сидит в келье под елью, спасается в пустыне, ходит в рубище, раздаёт имущество и бросает ключи от хозяйства в колодец. Что вы вечно нависаете со своими галлюцинациями над человеком, которому, если повезёт/не повезёт и рок не скосит его в молодости, придётся болеть, стареть и умирать? Я сама лишена настоящего инстинкта собственности и отлично бы прожила в келье, но считаю, что воевать против *маленького честного имущества* (у подавляющего большинства людей оно таково) — бесчеловечно.

Страшнее Врангеля обывательский быт!
Скорее голову канарейкам сверните,
Чтоб коммунизм канарейками не был побит! —

так тревожилось чудовище Маяковский, и тревожилось не напрасно: коммунизм был побит именно канарейками, то есть мечта об уютном и комфортном быте поборола нежизнеспособную и отвратительную утопию. "Скорее голову канарейкам сверните!" (гаркнул — и айда в Париж, Лиличке покупать духи и перчаточки; всегда писала список, и он исправно возил).

Я целиком на стороне Михаила Булгакова, утверждавшего неотъемлемое право человека на достаток: скажем, на удобную квартиру и добротные вещи. А платоновские святые идиоты-нестяжатели — по-моему, чистый кошмар. И я за приданое — это рационально и благоразумно. Разве жениться на "приданом" так уж и более аморально, чем по безмозглому влечению? А может, дело не в том, почему те или иные граждане поженились — но в том, как они ведут себя в браке?

И вот, стою я перед вами...

Бесприданница, получившая хорошее (действительно хорошее и бесплатное) образование, но никак и никем не приспособленная к тому, чтоб быть женой и матерью. (Я уж не говорю любовницей — это вообще что-то из марсианской жизни.) Кое-как одетая бабушкой-рукодельницей и отечественной лёгкой промышленностью. Из косметики: тени для век голубые, тушь для ресниц чёрная (нечто похожее на гуталин; чтоб она размокла и мазалась на ресницы, в коробочку плюют и растирают). Духи мне неизвестны. Из здоровых мещанских глубин, населённых моими предками, ко мне просочились два умения (и как они меня выручили!) — готовить и вязать.

При этом я исправный женский организм. Обыкновенное женское началось рано, в одиннадцать лет, когда я была одна в квартире и решила, что, наверное, умираю от неизвестных причин (никто не рассказал, не предупредил). Поскольку я не могла, подобно иным библейским персонажам, "во дни нечистоты" возлежать в шатре, это самое обыкновенное женское всегда было некстати, длилось не три дня, а пять минимум, сопровождалось болью, доставляло множество гигиенических хлопот и воспринималось как досадная помеха жизни, хотя жизнью-то и было...

Я так думаю, счастливых билетов в этом раскладе для меня не предполагалось. Женщин много ("на десять девчонок по статистике девять ребят", грустно поёт Мария Пахоменко), они легкодоступны, цены своей не знают и не осознают, их честь (какую ещё там честь?!) никто не защищает, ни отцы, ни братья, лишь Уголовный кодекс (но это в случае изнасилования). Регламентирован только брак — но крепость брака обязательна только для начальников, особенно партийных. Заставляют жениться разве в очагах архаических нравов, в тех деревнях, где сохранились ретроотцы, которые за дочь могут сильно пришибить. В городах нравы свободные, и женщины крепко заморочены обновлённой советской утопией, согласно которой порядочная женщина, вступив в половую связь с мужчиной по доброй воле, не имеет никаких прав ни на что. Иски по установлению отцовства единичны — в основном суды завалены требованиями по взысканию алиментов, поскольку русские послевоенные мужчины (позор человечества) не платят даже законным детям.

А славные тогда попадались девушки и женщины, особенно в интеллигентской среде (но то были миллионы людей, не забудьте), куда лучше, чище, душевней нынешних. Красота не была товаром, девчонки не забивали голову дрянным гламуром и честно учились делу, жажда любви горела почти средневековым по накалу святым огнём. Те из них, кто не умер, не сошёл с ума и не спился (спиваются обычно все модные девчонки, на которых повышенный спрос, им сначала любовники наливают, а потом они уж сами двигаются *по прямой*), — те нашли прибежище в детях, в профессии, в культуре. Некоторые из них научились одеваться. Большинство — растолстели. Сохранились только глаза.

Там, в глазах, ещё плещутся остатки той идеальной и кристально чистой "Волги внутри", которую топтали-топтали своими копытами бараны, козлы и свиньи, мутили-мутили рылами — да не затоптали и не замутили до конца. Девчонки, надо держаться, я не знаю зачем, отстаньте, дурры, сказано вам — надо, и всё! Кругом, шагом марш!

Глава двадцать четвёртая

У меня будет ре.....

Вернёмся в август 1980 года. В начале его я оказываюсь в Петергофе на очередной "практике" — мы с однокурсником Витьком Тюшевым служим билетёрами в Монплезире, там в одном из флигелей расположен филиал городского Театрального музея. Возле флигеля протекает знаменитый ручеёк с камушками, по которым прыгают форрест-гамп-экскурсанты, считая, что, если наступишь на правильный камушек, всё будет волшебно, а если на особенный — тебя обдаст брызгами.

В действительности за кустом сидит специальный дед и тупо, когда хочет, нажимает на педаль невидимых глазу фонтанчиков. Выбирай не выбирай камушек — дед неумолим, преет от скуки и нажимает часто и вдохновенно.

Быть билетёром — это наказание, посланное человеку за грехи. От тоски в роскошном Петергофе, по которому и не прогуляться, а всё сиди, мы с Витьком стали мошенничать и продавать дважды одни и те же билеты, не отрывая, как положено, контрольки. Это было всего несколько дней, но это было — и в результате противоправных действий я зажуковала рублей восемь, которые пустила на приобретение выпивки и закуски в дорогу на Бокситогорск. Я что, утверждаю, что это хорошо? Больше я ничего вроде не крала в жизни, но, что удивительно, не испытала я тогда ни малейшего стыда и раскаяния. И сейчас не испытываю, вспомнив постную и злобную физиономию Евстигнеевой, тогдашней директрисы Театрального музея. Наверное, под обманчивым покровом почтенной репутации во мне таится недюжинный преступник, расхититель собственности. В одном старом фильме Казахской студии персонаж Ефима Копеляна рассказывает: жил-был злой человек, ужасно злой, он знал, что он злой, и всю жизнь это скрывал и притворялся добрым, и вот он умер, и никто так и не узнал, до чего он был злой...

Под Бокситогорском что-то копали, или строили, или собирали наши друзья из Театрального, и мы с Рыжиком, как уже заправские оятскис профессионалы студенческого труда, решили их навестить. Дорогу до Бокситогорска помню прекрасно — Рыжик составлял "кодекс времени", то есть писал в столбик те черты современности, которых не было раньше. Там, в частности, оказалась телепередача "От всей души", посвящённая трудовым подвигам советского народа в лице его отдельных представителей (излагаю языком того времени), вела её Валентина Леонтьева... А вот потом началась вакханалия с друзьями, которые что-то строили или копали, или собирали, с пением песен и ночным купанием в реке. По возвращении у меня открылось сильное кровотечение, и я очутилась в больнице "по женским делам".

Диагностировали "неполный выкидыш раннего срока", и я крепко задумалась: что такое? Значит, я забеременела и от водки с ночным купанием выкинула? Стало тревожно; повеяло чем-то смертельно-серьёзным, злосчастно-счастливо женским. Тут уже вам не чувства и страсти, а что-то коренное, основное, Божье.

В больницу (дрянь-больница) посетителей не пускали, но Евгений Идельевич меня навестил и принёс умных книг. Помню томик публицистики Льва Толстого.

Ну а потом завязалась история с Мормышкой, нашим разрывом, моим бегом вокруг дома... Свершив метаморфозу, я собрала лучшие из своих неотправленных писем, нашла Рыжика на занятиях и отдала — без комментариев.

Он был не на шутку изумлён силой моих чувств и стилем посланий и заверил меня, что "прекрасно написано". Тут кстати и Мормышка куда-то испарилась, наверное, поехала в Москву опять учиться режиссуре. Я надела бордовое платье, затянула потуже пояс на своей тонкой талии (да, такой талии у меня потом не было уже никогда) и отправилась в аудиторию товстоноговцев смотреть отрывок из "Мюнхгаузена" Гр. Горина, подготовленный Рыжиком для зачёта по мастерству. Конечно, Рыжику нравился насмешливый интеллектуал Горин, он и сам был головастик.

Он работал неплохо и мог преуспеть в избранном деле, правда, восхищения его работы ни у кого не вызывали, не было там "чуда, тайны и авторитета". Лучшим учеником Товстоногова на этом курсе был стихийно одарённый атом русского духа — Рома Смирнов, он потом закономерно пошёл работать к Додину, на выпуск "Братьев и сестёр". А у Рыжика замечалась довольно рядовая концептуальная режиссура семидесятых. Марк Захаров, но пожиже — а зачем нужен Марк Захаров, но пожиже?

Тогда я так не рефлексировала, а сочувствовала неочевидному успеху (на грани очевидного неуспеха) любовника и товарища. Платье, горящие глаза и талия получили адекватную оценку. Мы поехали к нему на Гороховую и утешались друг другом как могли, и было это 25 декабря.

Однако предновогоднее замирение получилось исключительно кратким, буквально через три дня мы поссорились, то есть я поняла, что в его новогодних планах никак не учитываюсь, и ушла отмечать наступление Нового, 1981 года в наше общежитие на улице Опочинина, где бурно и отчаянно веселилась и в глубине веселья постоянно натыкалась на мысль...

Мысль была весома, спокойна, отчётлива: у меня будет ребёнок.

Примерно через неделю я сказала подруге Лене Ким: у меня родится ребёнок, мальчик, он будет любить музыку. Отлично, сказала невозмутимая Лена, я научу его плавать. А спать он может пока что в ящике секретера. Я тебе принесу.

Ящика Лена мне не принесла, но реакция мне понравилась — здоровая реакция.

Я сейчас не могу уловить никаких своих резонов и мотивов, потому что резонов и мотивов в помине и не было. Я учусь на четвёртом курсе института, существую на стипендию, живу с родителями и бабушкой, мужа нет, средств нет, ничего нет. Какой ещё ребёнок? Как я собираюсь его растить, кормить, одевать-обувать?

Ничего в голове. Родила, так сказать, не приходя в сознание. А при чём тут сознание?

Просто мой ребёнок должен родиться. Низачем и нипочему. Должен — и всё. Я представила себе, как иду на аборт, потом прихожу домой и выпиваю бутылку водки. Больше ничего не просматривалось, никаких перспектив. Кроме того, только что у меня были серьёзные неприятности с "неполным выкидышем раннего срока", если теперь сделать аборт — я рискую вообще оказаться без детей. Пугалки из брошюр про то, "что должна знать каждая женщина", сделали, однако, своё дело!

А вот с идеей родить ребёнка в мыслях возникла какая-то дверь, из неё шёл свет, там было интересно, оттуда веяло теплом, слышались голоса. Дверь возможно было открыть, впустить новое, чудесное.

Там была другая жизнь.

Да здравствует другая жизнь!

Итак, что делать? Для начала, пока что никому ничего не говорить. Рыжику, конечно, я сказать обязана (почему-то я была в этом убеждена), а больше никому. Достать побольше книг о рождении и воспитании детей. Живот маскировать.

Из-за героического осеннего похудения я оставалась стройна, однако на всякий случай решила связать себе обширный свитер из множества разноцветных нитей. Связала, сдала сессию, а в феврале отправилась на телевидение, в нашем плане обучения обязательно фигурировали всякие-разные практики (в театре, на радио, на ТВ). Мне досталась Учебная редакция, где мне поручили написать сценарий учебного фильма о первобытном искусстве.

Под это дело грянул лютый токсикоз, так что, выписывая в библиотеке Академии наук книги по первобытному искусству, я корчилась в муках и поминутно бегала в клозет. До сих пор бесконечно трогательные изображения нарисованных на стенах пещер первобытных быков и лошадей вызывают у меня приступы дикой тошноты.

Однако сценарий я сочинила бойкий, с выдумкой — он был реализован (конечно, с большими потерями), и я долгое время затем то и дело ловила огрызки своего творчества в программах в Бозе почившего ныне Учебного канала в Бозе почившего ленинградского телевидения в Бозе почившего города Ленинграда...

Когда я позвонила Рыжику со своими новостями, он на меня наорал, что, конечно, не повысило его шансы на Царствие Небесное, в которое он, думаю, и не попадёт, пока я его не прощу. Простить? — извините, не Иисус я Христос. На всё, господа, есть манера — и вполне возможно построить свою жизнь по своим желаниям, не обижая других людей, придумав неоскорбительную форму и общения с ними, и отказа от такого общения.

Ведь связь наша не являлась случайной и одноразовой, были отношения, была, так сказать, история, так что следовало — если не покидать поле обычной человеческой порядочности — немного потрудиться в диалоге.

Мы всё-таки встретились, в феврале, у него на Гороховой, как раз на фоне сценария о первобытном искусстве и в разгар токсикоза.

— Ну, как оно? — спросил Рыжик сочувственно.

Я жестами показала, что несладко.

— Не знаю, что это за всплеск такой моей активности, — обескураженно-самодовольно улыбнулся Евгений Идельевич, — но я получил за последнее время три заявления о беременности. Ребёнок... Я, конечно, не останусь равнодушным к факту его существования, но ты же на четвёртом курсе, тебе надо учиться. Пропадёшь ты... И потом, женщина — это цветок, ей надо хоть раз да расцвести. Подумай...

Я смотрела на него и понимала, что всё бесполезно. Ничего не объяснишь, и надо уходить. Разве заставишь человека быть мужчиной, если он и не представляет себе, что это такое? Всё уже и так треснуло, когда я прочла его дневники, но я героически сопротивлялась собственному разочарованию, я хотела любить. Переживание чувств к настоящему живому человеку, с которым можно соединиться во плоти, приносило не сравнимое ни с чем блаженство. Но теперь речь велась о моём человеческом достоинстве.

Плакать и цепляться за чужого мужчину я не имела права. Похоже, что в этом мире было вообще туговато с правами для меня. Ну, завязать хлебца в узелочек и идти себе, идти...

Когда живот заметно округлился и был ясен даже в широком чёрном платье, которое я носила поздней весной, Евгений Соломонович душевно поговорил со мной в аудитории, после занятий. Он совершенно одобрил мой выбор. "Непонятно, откуда такая мудрость в столь юном возрасте!" — ласково сказал Учитель. И прибавил что-то совсем мне непонятное — дескать, конечно, ты благородный человек, не станешь хитрить и применять всякие подлые методы.

Он, наверное, имел в виду гипотетические письма в партком и деканат, а также возбуждение общественной нетерпимости с целью вступления таким вот образом в законный брак с отцом ребёнка. Но при чём тут благородство? Я ничего такого элементарно не имела в голове, не знала подобных способов борьбы за жизнь. Заставить жениться — это что-то чудовищное. Изначальный курс на будущий гарантированный ад. Какое нужно благородство, чтобы отказаться от идеи совместной жизни с не любящим тебя, равнодушным, чужим и, расставим уж все точки над "ё", не слишком порядочным человеком?

Конечно, у меня были порывы простительного женского идиотизма. Помню, что я как-то зашла к Рыжику в начале лета, когда он собирался уезжать в стройотряд на заработки. Он жил с Мормышкой, но в тот момент её дома не было. Зачем пришла, вот спроси меня, не знаю.

Он подарил мне образок Божьей матери, взял адрес, чтобы написать письмо (действительно, одно написал), и сказал, что хочет заработать денег на северах, а потом отправиться на юг и отдохнуть на эту выручку. Понятно, что с Мормышкой. Она уже от него не отлипала.

Закончив бессмысленный визит, я вышла на Гороховую улицу, прислонилась к водосточной трубе, и слёзы хлынули на моё жалкое безразмерное платье горчичного цвета в нелепых розовых цветах, купленное за двенадцать рублей в комиссионке. Слёзы текли по мне, как грозовая вода по водостоку...

Знаем и мы, что такое отчаяние.

Тем временем в обществе нарастало дружелюбное сочувствие к моему положению. Положительный бородач, председатель нашего профкома Володя Третьяков, без всякой моей просьбы вручил мне бесплатную путёвку в дом отдыха под Лугой (Толмачёво). В июле, в пору черники и грибов (бабушка к тому времени сильно сдала, и дачу мы в то лето не снимали).

Я прожила двадцать один день абсолютно одна (окружённая отдыхающими), вдохновенно поглощая любимую чернику и созерцая в окрестностях дивные пруды с белыми лилиями.

А в августе мама, воспринявшая известие о моей беременности как-то удивительно спокойно и даже с радостью, по своей линии раздобыла путёвку на базу отдыха ЛИИЖТа (Института инженеров железнодорожного транспорта) — в суровых болотистых лесах за Вырицей. База отдыха — то были хилые деревянные домишки, без отопления, многокомнатные, с общей кухней. Там я тоже пребывала в одиночестве, каждый день отправляясь в лес и принося оттуда корзину разногрибья. В ту пору я увлекалась книгами о травах и грибах, выяснила, что многие их виды нами несправедливо трактуются как несъедобные, будучи отлично пригодными в пищу, — и по картинкам в книжках искала и реабилитировала подобные грибы. Собранные же травы, зверобой, мяту, душицу, тысячелистник и ромашку аптечную, сушила на верёвочках в своей комнатке. Прекрасный запах, духи́ природы!

Соседи в панике звонили маме и сообщали: "Цэлыми днями пропадает в лесу одна, наберёт каких-то поганок, варит и ест..."

А я прочла, что беременные должны много гулять, — и простодушнейшим образом много и гуляла. Прочла, что рядовки, колпаки и луговые опята — съедобные грибы, и вкушала их без опаски. Разговаривала я в основном с ребёнком, именуя его Севка-Симка, то есть Всеволод (если мальчик), или Серафима (если девочка). Поколыхаюсь по канавам и буеракам, присяду и смеюсь: "Ну что, Севка-Симка, замучила я тебя?"

Говорить с ребёнком я начала сразу, с первых дней. Я была одна, но я не была одна!

Сейчас, глядя на эту картину, я несколько удивлена некоторой своей заброшенностью, но тогда она не представлялась чем-то исключительным.

С женщинами вообще не цацкались. Аборты делали без наркоза и в тот же день провинившуюся (винили только женщин) выписывали домой. Беременных трактовали в некотором роде как солдат, давая им строгие инструкции насчёт того, что они должны, должны, должны... Ничего очень уж особенного в "интересном положении" никто не находил, сладких сантиментов не разводил, по-крестьянски и пролетарски: обыкновенное дело. Это сейчас каждая певичка норовит из себя царицу изобразить, прям все из пушек обязаны палить, когда она изволит разродиться. А тогда роженица должным образом вставала на государственный учёт, но общественное мнение не требовало усиленного контроля над её душевным состоянием. Родители же мои работали, не могли со мной возиться, бабушка болела — я и шаталась одна, и ничего страшного.

В женскую консультацию я заявилась уже на пятом месяце беременности, была выругана, взвешена, обследована и полностью проинструктирована. Приходить к врачу надо было каждую неделю, а после родов следовало завести книжку матери-одиночки и получать пособие, также и питание (в случае необходимости) на молочной кухне. Молочная кухня существовала в любом микрорайоне.

— Гуляешь? — Гуляю, каждый день. — Молодец. Жидкости пьёшь много? — Много. — Нельзя больше литра в сутки, это вместе с супом считая. Давай посмотрим... так... так... сердцебиение плода хорошее... ишь как пляшет твоя Уланова... — Точно — Уланова? Не Лиепа? — Может, и Лиепа!

(Мы с врачом, конечно, имеем в виду знаменитого танцовщика Мариса Лиепу...)

Никакого УЗИ! Тайна, покрытая мраком неизвестности, — а вдруг так и надо? Ведь если пол будущего ребёнка станет возможным строго и точно планировать, откуда возьмутся на свете девочки?

А, знаю: у матерей-одиночек возьмутся.

Возвратившись домой, в Альпийский переулок, я продолжала усиленно гулять. Ездила в родное Каннельярви и близкий Павловск за грибами, уж нагибалась еле-еле, ползала на коленках — а тем не менее грибки находила и рвала из земли. Ходила в кино. В театр — стеснялась... По срокам выходило мне рожать приблизительно в конце сентября, но почувствовала я небольшую тянущую боль внизу живота 18 сентября днём.

По-моему, в этот день я поехала в кинотеатр "Московский", где смотрела чушь немилосердную советскую про завод и его директора, играл же директора да чуть ли не Игорь Петрович Владимиров. Главный режиссёр Театра имени Ленсовета, седовласый красавец с интересными мешками под глазами.

Боль внизу ощущалась так слабо, что я и не подумала, будто это схватки. Роды в русской литературе изображались, как нечто неимоверно кошмарное — в родах умерла несчастная жена князя Болконского, душераздирающе вопя целый день. А тут — какие-то слабые рези, правда, они учащались, учащались, и к ночи я догадалась.

Глава двадцать четвёртая. У меня будет ре.....

Вызвали такси, поехали в больницу имени Снегирёва на улице Маяковского — почему-то считалось, что на пару с клиникой Отто это приличный ленинградский роддом, но мне так не показалось.

Мама в шляпке, выбежав из такси, помчалась в приёмный покой прежде меня. Она бежала молча и сосредоточенно, как маленький носорог.

Что ж, пошла я рожать. Кругом тётки, тётки — в белых халатах. Проклятие медицины. Хорошо бы всех тёток как-то вытурить из торговли и медицины! — иногда думаю я, на какие вершины взобрались бы эти отрасли человеческой деятельности! Почему? Потому что тётки тёток не любят. Плевать тёткам на тёток. Исключения редки, их все знают, обожают, на руках носят. А так — равнодушие и даже злоба. И очень средненькие профессиональные навыки. Меня на рожальном столе просто забыли — я не орала (чего орать?), не просила внимания, ножками не сучила, молчала и терпела. Только когда стало уж совсем круто, вежливо поинтересовалась — что со мной происходит-то?

Тогда одна подбежала и ахнула — ребёночек давно колотился в дверь, пришлось резать-расширять ворота, откуда весь народ, потом зашивать, родился мальчик. Утром, часов в шесть. Из-за того, что меня забыли, у него на голове образовалась гематома, правда, небольшая, неопасная, прошла через две недели.

Мама тут же прислала мне поразительную посылку — там был, наверное, килограмм сахара, полкило сливочного масла и прочее. Я ответила ей — мама, успокойся, возьми себя в руки, что ты прислала, ничего не надо, а надо то-то и то-то. Я ж ещё её и успокаивала, потому что мама, конечно, была невменяема. Мальчик! У нас мальчик!

Встречали меня из Снегирёвки родители (мама, папа, отчим) и несколько однокурсниц. Дома всё было чисто-вымыто, бутылки сданы, а комнатку Севину я заранее обновила тёмно-розовыми обоями, на окна повесила малиновые занавески, стенку возле детской кроватки обклеила репродукциями из "Огонька", между которыми выделялся большой портрет А.Н. Островского кисти Перова. Такая культурная, милая бедность царила в маленьком (восемь метров) пространстве, которого Севиньке пока что было вполне достаточно.

Он лежал, завёрнутый в жёлтую фланелевую пелёночку, и блаженно спал, не выражая никакого неудовольствия. Тогда не было памперсов, и ребёнка заворачивали в марлю ("подгузник"), затем в пелёнку, постилали на кровать клеёнку, всё это моментально промокало и бесконечно стиралось и кипятилось зачем-то. О, лютая советская гигиена. Но Севинька, даже намочив все эти подгузники и пелёнки, не кричал и не плакал, а продолжал тихо привыкать к новому человеческому состоянию, которое ему очевидно ужасно нравилось.

Я так думаю, что он был птицей (умной и прекрасной), потом собакой (исключительно верной и сообразительной), а затем в награду стал человеком. Через пять—шесть лет я стала догадываться о том, что мне повезло и я всё-таки вытащила счастливый билет — доброго ребёнка с хорошим характером, а тогда просто радовалась, что дитя ночью спит, не кричит, улыбается себе чему-то и резво бьёт ножками под музыку.

Бабушка встретила правнука гордо и торжественно. Она сияла. Днём мы выставляли коляску на балкон, ребёнок там спал, потом я приносила его Антонине Михайловне, она гладила его по щёчке и убеждённо заявляла: "Вот посмотришь, он меня будет больше всех любить!" Я не возражала, пусть старушка грезит, поскольку не имела сомнений в том, кого будет больше всех любить мой ребёнок — наверное, того, кто в одиночку отстоял его право быть на этом свете, не правда ли?

Глава двадцать пятая
Другая, другая жизнь

Ребёнок не успел оценить личностный колорит Антонины Михайловны — через месяц после его рождения бабушка скончалась. Рак, с которым она так яростно и победоносно сражалась, одолел этот выдающийся русский иммунитет, вынесший две войны, службу в ГБ, смерть детей — одного в младенчестве и одного в зрелом возрасте, алкоголизм, собственный бешеный характер... В литературе мне встретилось потом два образа, в которых чувствуется родство с моей Антониной Михайловной, — это бабушка из отличного романа Светланы Шенбрунн "Розы и хризантемы" и тоже бабушка из книги Павла Санаева "Похороните меня за плинтусом". Обе бабушки — ровесницы моей; та же подкладка ужасных переживаний в Гражданскую и Отечественную, которая породила это бушевание, вечный бой с близкими на грани безумия, свирепую грубость нрава и любовь к родным в оболочке патологии. Бабки-ру-гательницы, бабки-воительницы: разящая талантливая речь и дико яркие лица — до того, что слепит глаза и подопечным бешеных бабушек хочется иной раз чего-то поспокойнее, потише, понормальнее...

(Судя по рассказам, такой же была и бабушка у Любы Аркус, её звали Нехама Фиш, и она автор дивного афоризма: "А нам того не надо, шо нас не хочет!"

Однажды Нехама Фиш отчего-то слишком внимательно и долго смотрела на еле передвигающуюся по улице сгорбленную кривобокую старушку, подытожив впечатления кратким и убийственным: "Не дожить бы!")

Так что Антонина Михайловна была, можно сказать, тип — изваянный XX веком тип титанической русской женщины, сдюжившей то, что сдюжить было невозможно. Но хоронила я не тип, а любимую бабушку, которая меня выкормила и вырастила из ничего. Я не помню последнего разговора с ней, она, можно сказать, не принимала, и я не видела её в последние дни, в её комнату допускалась только мама, меня держали около ребёнка — месячное дитя, шутка ли. Медсестра колола обезболивающее (кажется, морфий); она почти не страдала. Я знала, что бабушка больна, но не ожидала, что она умрёт. Не вязалось это с её характером! Или я в тот момент переключилась вся на ребёнка и берегла силы, как бы временно ослепнув и словно не замечая надвигающейся беды?

Это были первые похороны родного человека, и они мне показались отвратительными. Отпевание тогда происходило редко (хотя бабушку, младенца Антонину 1908 года, в своё время крестили), и тело, в гробу, обитом материей салатного цвета, из морга прямо повезли на Серафимовское кладбище. На гробе болталась бирка, мама бежала и пыталась эту бирку оторвать. У бабушки было недовольное выражение лица, она, и без того тощая, совсем исхудала за последнее время, и из гроба торчал разве большой упрямый нос, происхождение которого бабушку тревожило при жизни.

А не проходил ли по Вышнему Волочку какой-нибудь... типа Шапиры? Не увлеклась ли им, нет, не Татьяна Ивановна, тут всё было чисто — но мамаша Татьяны Ивановны? Вопрос остался погребённым в пучине истории, но, конечно, бабушка тревожилась зря — кто бы ни проходил по Вышнему Волочку, могучий русский дух, которым пахло за версту и который давно и прочно обосновался в Антонине Михайловне, оспорен быть не мог.

На похороны пожаловал нежданно и загадочный Идель Мовшиевич — Адольф Михайлович, крепкий седой старик, печально смотревший на останки женщины, которую он знал исключительно молодой и здоровой. Биологический дедушка сердечного интереса у меня не вызвал — что в них, бросивших жену и дочь, вообще может быть интересного? Что сошёлся с другой — ладно, чего на свете не бывает, но вычеркнуть из жизни жену и маленькую дочь — это для еврея какая-то непристойность. Он после войны их ни разу и не видел.

Но русские обстоятельства обычно перемалывают любые генетические программы. Есть нации, в которые влиться без зазора невозможно — попробуйте стать китайцем или индусом! Нелегко, хотя и возможно, офранцузиться или онемечиться. Обрусеть — это запросто. Легенды Театрального рассказывают, к примеру, о финне, который приехал по делам в Ленинград и уже через неделю плотно сидел у самогонного аппарата с криком: "Закаппало! Закаппало!"...

Так что дедушка Идель забыл, что де "евреи своих детей не бросают", и поступил, как поступали многие, бросившие свои семьи после войны. По слабости: нашлись боевые подруги, крепко повязавшие их тогда, а объясняться—налаживать отношения наши мужчины умеют редко, проще оборвать, втайне страдая (виду не показывая, иначе подумают, что ты баба), а потом сдохнуть от инфаркта: сердце не проведёшь.

Мама впоследствии душевно подружилась с Люсей, дочерью Адольфа Михайловича и своей сводной сестрой, но это другой коленкор: дети не виноваты.

Вот такая цепь жизни рода, с одного конца прибыло, из другого убыло. Я хлопотала над детёнышем и принимала понемногу друзей.

Общинное житьё дало весомые результаты: мне натащили уйму полезного, я ни в чём не нуждалась. Какой-то день рождения медведя из весёлого норвежского стихотворения — уйма зверей заявились с подарками. Мне принесли и приёмник-проигрыватель "Ригонда", и прогулочную коляску для ребёнка, и кучу детской одежды. Однокурсники торжественно вручили мне толстую красивую книгу — Петербург-Ленинград в изображении разных художников, её мы потом с Севинькой внимательно изучали, и ребёнок с трёх лет немало веселил публику в общественном транспорте: проезжая мимо тех достопримечательностей, что были ему знакомы по нашей книге, звонко и радостно возвещал что-нибудь вроде "Казанский собор! Архитектор Воронихин".

Достоин изумления поступок приятеля моего Витька Тюшева, который из сочувствия к моему положению предложил вступить с ним в законный брак. Я даже задумалась, но эта галлюцинация быстро испарилась. Никакой брак в ту пору был невозможен и не нужен, ни с Витьком и ни с кем.

Тем временем я ведь перешла на пятый год обучения, а он состоял из нескольких спецкурсов и — сочинения диплома. Спецкурсы за меня получили мои товарки путём обмана и подлога, особенно ловко действовала староста нашего курса Алёна Кравцова. Она несколько раз успешно выдала за меня каких-то отловленных в коридорах прохожих. Или, указывая на пиджак, висевший на спинке стула в аудитории, утверждала, будто я только что была здесь (это когда зачёт шёл автоматически по итогам посещений).

Что касается диплома, тут Евгений Соломонович проявил педагогическую строгость и властно приказал мне вплотную заняться делом: для начала выписать всю библиографию по Островскому, а он скажет, что надо обязательно читать, а что пропустить. Про то, что диплом будет по Островскому, мы уже раньше договорились, на четвёртом ещё курсе.

Для посещения библиотек нужно было часто уходить из дому — и с моей крошкой сидела уйма народу из числа друзей по Театральному. Однажды я застала в квартире группу невсдомых лиц, играющих в преферанс, это были друзья тех друзей, которым был поручен надзор над дстёнышем, а им срочно пришлось куда-то отлучиться, но эти друзья друзей вели себя тихо и разумно, ребёнок сидел в манеже (детский вольер для ползания, затянутый сеточкой), румяный, спокойный, всем довольный.

Когда Севе исполнилось полгода и он, щекастый и непрестанно улыбавшийся, уже представлял собой мечту всякой матери, у меня собрались однокурсники с нашим куратором Чирвой. Помню, что я по бедности изготовила множество салатов по надыбанным там и сям кулинарным рецептам, среди которых был салатец, включавший изюм и варёный картофель, — и, как ни странно, эта лабуда имела успех. Я вынесла на показ Севу, наряженного в прекрасные белые ползунки и розовую шерстяную кофточку. Ребёнок показался образцовым, а я, по заключению товарищей, была совершенно счастлива.

Да, это так. Но с момента рождения сына я узнала и другие чувства — тревогу, страх, ответственность и бесконечную уязвимость свою. Ушла беспечность в обращении с временем — где бы я ни была, следовало позаботиться прежде всего о питании и безопасности ребёнка. В четыре месяца он простудился, и его отправили в больницу с подозрением на воспаление лёгких, подозрение не подтвердилось, был бронхит, который быстро прошёл, но я, сидя на стуле день и ночь возле его больничной кроватки, узнала весомую "материнскую плату" за радость обладания детёнышем. С этого момента я последовательно и твёрдо начала проводить в жизнь программу закаливания малыша — воздушные ванны, минимум одежды, прохладные обливания. Всё сработало, Сева более не простужался, то есть вообще никогда.

В семье мы в ту пору жили довольно мирно: у нас появилась живая и настоящая цель. Сева психологически заменил маме и Валерию не рождённого ими ребёнка, прекратились естественным образом бабушкины концерты, и наша жизнь поуспокоилась на время. Часто заходил папа, с удовольствием разглядывая внука и распевая ему песенки. Папа тогда увлекался поэзией восемнадцатого века, и благодаря ему Тредиаковский, Сумароков, Ломоносов, Державин, Херасков для меня не набор корявых невнятиц, а великолепная поэзия.

У Владимира Евгеньевича была настоящая творческая хватка и вечно напряжённая поэтическая "жилка". Он отбирал стихотворения по любви и вынимал из них сладчайшую сущность: микроскопические сокращения, крошечные перестановки, и всё звучало, блистало, играло. Как чудесно он пел "Песнь военну" на стихи Сумарокова, отбивая ритм на деке гитары!

Прости, моя любезная, мой свет, прости,
Мне сказано назавтрева в поход уйти,
Неведомо мне то, увижусь ли с тобой —
Ин ты хотя в последний раз побудь со мной!

Когда умру — умру я там с ружьём в руках,
Разя и защищаяся, не зная страх,
Узнаешь ты, что я не робок в поле был,
Дрался́ с такой горячностью, с какой любил!

Восемнадцатый век, конечно, привлёк его душевной цельностью, чистотой и ясностью помыслов, прелестной дидактичностью, простотой и честностью всех сердечных движений. Тут хранились первообразы, начала, основы русской поэзии — и папа упрямо хотел доказать, что они прекрасны.

Кроме дедушкиных песен, Сева слушал Моцарта, Гайдна, Бетховена и Шостаковича — под них я его обычно перепелёнывала, и он бил ножками явно в такт классикам!

Диплом я написала. Время оказалось подвластным личной воле — из жизни отжалось всё лишнее, осталось главное: умственная работа и ребёнок. Я научилась сосредоточиваться, быть на пределе внимания, повышать эффективность труда, да и всякой женской ерунды в жизни не было напрочь — магазинов, пустой болтовни с подружками, флирта. О любви даже не думала.

В одной советской песне пелось примерно следующее — для заживления боевых ран "есть трава, есть трава подорожник, а сердечную рану, а сердечную рану сам рукой зажми" (рефрен "Не бойся дороги! Были б кони здоровы!").

Я так и поступила, зажав рукой сердечную рану, однако она заживала плохо, трудно, с воспалениями и нагноениями. Любви уже не было, сердце, что называется, оборвалось, и никаких писем более никогда я Евгению Идельевичу не писала. Меня относило, словно на плоту, от этого берега на большой скорости — и я видела его на расстоянии, слабо различая контуры. Как человек, не знающий сердечной жизни, Рыжик вряд ли понимал меня. Помню, как, уезжая работать режиссёром в Рязанский драмтеатр, он заботливо дал адрес, дескать, пиши, а я смотрела на него и думала: Господь с тобой, Масик, неужели ты воображаешь, что после всего, что было, я стану писать тебе? Но ему ничего не сказала. Кивала и улыбалась. Завела такую манеру. Чем холодней и безжалостней моё отношение к человеку, которого я когда-то любила, — тем дружелюбней и вежливей я себя держу.

"Это гордость, Дуня?" — *"Гордость, Родя"* (из "Преступления и наказания"; Раскольников разговаривает с сестрой).

Я вообще-то ещё в юности подозревала, что "любовь тебе погибель будет", как возвещала мама Весна своей дочери Снегурочке в сказке Островского. Чрезмерная идеализация любимых закономерно ведёт к разочарованиям. Но!

Какой восторг, какая чувств истома...
Люблю и таю...

Я ж не специально влюблялась, не делала сознательного выбора и, предоставленная сама себе, покинутая, можно сказать, на волю стихий, простодушно "перемалывала горе в муку", пытаясь справиться с жизнью. Сочувствую всем инвалидам любви, но у женщин есть утешение: родишь себе старым казачьим способом деточку, и вот тебе лотерейный билет на долгую взаимную любовь...

Думаю, глядя на новые времена с их оплодотворением в пробирке и суррогатным материнством, что собственно момент зачатия не так важен (хоть адски важен), как важно вынашивание ребёнка в материнском, именно в родном материнском теле. Естественное зачатие может быть случайным, не по любви, в постыдных обстоятельствах — но вынашивание создаёт любовную связь женщины и ребёнка. Коровы и овцы — и те тоскуют, когда у них отбирают деточку: как же эти глупые, голодные женщины, продающие материнство за деньги, решаются на такой немыслимый грех и не воют от ужаса и отчаяния? Или они не глупые и голодные, а хитрые и жадные? Но ведь не могут принести блага деньги, добытые таким путём. И мы ещё не знаем, эта скверна недавно завелась, что это за дети будут, что у них с психикой, с развитием, с дальнейшей судьбой. Вы представляете, вам вдруг становится известно (а донесут ведь, всегда найдутся охотники!), что вы — из пробирки, вас тётка посторонняя за деньги выносила, вас доктор Фауст лично вырастил из чёртова копыта. Большая радость такое про себя узнать? Человеческая физиология и так не слишком аппетитная вещь, и мы старательно приукрашиваем свою долю страстями, обрядами, законами, традициями, верой, культурой — а тут такая хладнокровная инженерия. Живую машину проектируют и строят!

Вот уж действительно, бедным богатых не понять (а детей за деньги делают только богатые). На нас-то чихни, бывало, — мы сразу беременные...

Диплом я писала на тему "Драматургия А.Н. Островского первой половины 1870-х годов: творческое своеобразие, сценическая судьба". Я взяла для изучения три пьесы, действие которых, как указал автор, происходит "в захолустье": "Не было ни гроша, да вдруг алтын", "Поздняя любовь", "Трудовой хлеб". Это чудесные пьесы, но они менее известны, чем, допустим, "Гроза" — "Лес" — "Бесприданница", знаменитая триада (чаще всего именно их издают и ставят). У Островского не было творческих неудач, и то, что объявлялось ублюдками-критиками (критики — бесславные ублюдки, так было всегда, исключение — те, кто сами что-то умеют, хотя бы писать по-русски) провалом и поражением, оказывалось вскорости (или с течением времени) источником радости и счастья. Так победил замоскворецкий дурачок Миша Бальзаминов, ищущий невесту, который не покидает русскую сцену сто пятьдмят лет и даже пролез на советский экран, где его в картине К. Воинова великолепно сыграл Георгий Вицин.

Помните, "всё, что унижено, — будет возвышено"; унижая Островского, критики лишь способствовали его славе — а вот если бы они его воспевали и возвеличивали, он мог бы разнежиться и перестать работать, "употребляя все свои силы" (его выражение). Впрочем, критики того времени элементарно не справлялись с творениями уникальной экспедиции бородатых богов (Достоевский, Лев Толстой, Островский, Лесков, Салтыков-Щедрин), которые навестили Россию в девятнадцатом столетии, не поспевали за скоростью их мысли, не соображали их художественной мощи. Когда вышел "Идиот" Достоевского, то целый год не было ни одной рецензии: писаки заткнулись в недоумении.

Пристальное изучение того или иного классика кладёт свой отпечаток на личность исследователя: поселившись в России Островского, я навек прониклась её живописным могуществом, пронизанным юмором и добродушием. Сочиняя диплом, я хотела всего лишь поделиться своей любовью и объяснить, почему выбранные мной пьесы хороши, умны и прекрасны...

Весной 1982 года случилось у меня презанятное путешествие: наши студенты постоянно ездили "по обмену" в страны соцлагеря — и в том году нас принимала Венгрия.

Надо же, Венгрия! В старших классах, когда надо было постоянно делать что-то "внеклассное", нам велели сделать наглядное пособие по истории той или иной социалистической страны. Я выбрала Венгрию, наклеила в альбом открытки и вырезки из журналов с видами страны и написала несколько четверостиший вроде этого:

О, Венгрия! О родина моя!
Прекрасна и чиста ты, как родник,
Я ж, словно путник, истомлённый жаждой,
К воде твоей живительной приник...

Подумав, я поставила подпись: Шандор Петефи. Никаких других венгерских фамилий я не знала. Рассчитывала на то, что проверять никто не станет, с чего бы это — сочинённое выглядело крайне правдоподобно.

Я почему-то не смогла отправиться на родину оклеветанного мной Шандора Петефи со своим курсом и выехала (на двадцать дней!) в составе курса актёров эстрады И. Штокбанта, которых отлично знала по картофельной оятской эпопее. Нас поселили в общежитии и выдали каждому несколько тысяч форинтов, сберегаемых нами путём всем известного питания сухими супами, вывезенными с Родины. Форинт — венгерский аналог рубля, филер — брат нашей копейки (ударения на первом слоге); это породило в среде штокбантовцев выразительную пословицу "Филер форинт бережёт!".

Первая заграница... Это серьёзно. Конечно, рождённому в Петербурге странно искать превосходящих архитектурных красот в иных местах, но Будапешт тоже с имперской замашкой, и количество конных статуй впечатляет. Дунай, гора за Дунаем, в кинотеатрах идут фильмы, не пересекающие границу СССР, и я целыми днями бегаю и ловлю Куросаву и Феллини, обнаруживаю, что талантливые картины понятны и без перевода, лихорадочно записываю их сюжеты методом мнемонического письма в блокнот. Студенты венгерского Театрального все немного говорят по-французски, и я узнаю про теорию "абсолютного одиночества" венгров в Европе — они же "хунгари", то есть гунны, потомки забредшего далеко нероманского и неславянского племени. Им грустно и тяжело, соседи их не понимают, они не понимают соседей. Империи глотают их, но не переваривают: гунны несъедобны.

Абсолютное одиночество показалось мне поэтической идеей. Оно не помешало венграм развить неплохую промышленность, особенно лёгкую, и тут, конечно, таилась вечная печаль советского человека.

Пусть социализм, пусть коммунизм, мы в принципе не возражаем: но почему у нас нет красивых удобных вещей, а у венгров есть? Филер форинт бережёт, и мы с товарищами уговариваемся: в первые три дня, если кто-то захочет что-то купить, хватать его за руку и твёрдо говорить волшебное слово "не надо". Следовало же хоть как-то осмотреться и не сгребать всё подряд, чего всем страстно хотелось. Я купила затем много полезного — красную куртку и дублёнку для Севы, джинсы и чёрный джемпер с белым кантом для себя, приоделась! Куртку и дублёнку ребёнок носил несколько лет. Жили мы с актёрами курса эстрады весело до умопомрачения: всё время говорили стихами собственного изготовления с лёгкой примесью ненормативной лексики. "Бог молодости" (выражение Льва Толстого, из "Казаков") не оставлял нас ни на час. Мат тогда был приметой артистического щегольства, областью свободного творчества, и штокбантовцы так втянули меня в новую манеру общения, что, когда однажды меня спросили "А где Ляля?" — я поняла, что, иначе как "съе...", я ответить не могу, я не знаю синонима. Не говорить же бесцветное "ушла"!

Тогда же я сочинила, осваивая с целью филологических игр новую лексику, несколько "старинных романсов", никаких фрагментов из которых привести не могу в связи с новыми законами. Ну, читайте:

В нашем саду — ах, сх.... все листья,
Отье...... весёлые пташки,
Помнишь как здесь ..ровали мы вместе,
Ты улыбался и ...дил ромашки...

Такое поют друзьям в весёлую минуту — так было и так, видимо, и будет. Кратковременная легализация матерной лексики (которая привела к тотальной её обесценке) покончена — и впереди небывалое возрождение подлинной мощи великих слов на три и на пять букв!

Вернувшись домой, я исправно таскала Евгению Соломоновичу главу за главой своего диплома, и он одобрительно щурился и фыркал. "Слушай, может, ты гений? Цветаева какая-нибудь?" — шутливо спросил он меня однажды. Я обомлела от радости, поскольку вера в свою гениальность (куда ж без неё?) была в моей душе хронически сопряжена с неверием и сомнением. Я писала много всякого (стихи, прозу), но стеснялась показывать даже школьным друзьям, которые уж всяко не стали бы бить меня ногами.

Что ж, всякое "завтра" превращается во "вчера"! Просиял и отошёл в прошлое и день защиты диплома — с крошечным ребёнком на руках я умудрилась не уйти в академический отпуск и не пропустила год. Всё прошло гладко, я одолжила у мамы на защиту симпатичное платье в лиловую и голубую клетку, а друг Дима Циликин принёс мне фантастический букет из винно-красных роз: их было не меньше семнадцати. Может быть, даже двадцать три. Словом, что-то небывалое в моей жизни.

У него тоже был выпуск, шли спектакли по пьесе Аллы Соколовой "Кто этот Диззи Гиллеспи?", а потом Дима шёл в армию на два года, и это было неизбежно в то время. "Косили" немногие. В армию я писала ему письма, которые дотошный Дима сохранил, — но, в отличие от некоторых других моих писем, эти можно публиковать хоть сегодня, они чисто дружеские. Дима тоже ученик Евгения Соломоновича, выросший умственно и нравственно под его "радиоактивным" излучением: нас таких немного, но слеплены мы твёрдой рукой.

В моём дипломе написано, что специальность моя — "театроведение". Но профессии такой нет. Где и кем работать, это вопрос вопросов — театроведов клепают по десять—пятнадцать штук в год, однако почему-то перепроизводства не чувствуется. Попробуйте найдите — хотя бы грамотного, умеющего писать специалиста по театру кукол. Таким был Евгений Соломонович, но он оставил нас в 1996 году. И что? Ноль умеющих писать и любящих театр кукол. Доходит до абсурда — театр может купаться в призах, складывать в закрома золотую рухлядь (маски и софиты) пачками, и при этом на его спектакли не будет ни одной рецензии! Так, например, живёт превосходный Театр сказки у Московских Ворот под руководством Игнатьева — его Калмановский, кстати, очень любил и отличал...

У меня уже были первые публикации в журнале "Нева" (Калмановский, опять он — всегда хлопотал о молодых), но куда идти трудиться, я понятия не имела, и предложение поступить в аспирантуру оказалось спасительным выходом.

Стипендия, два присутственных дня в неделю — синекура без примеси. Для женщины с ребёнком идеальный вариант. Место нашлось в научно-исследовательском отделе ЛГИТМиКа, на секторе источниковедения, у профессора А.Я. Альтшуллера.

На вступительных экзаменах мы, коренные обитатели Театрального, несколько встревожились: в аспирантуру с нами поступал некто Сергей Шолохов, выпускник вечернего отделения филологического факультета нашего университета, работавший в издательстве

"Плакат" и раздобывший где-то загадочное "целевое направление".

Не перебил бы место! Шолохов, шутка ли. Издательство "Плакат" — оно портреты членов Политбюро печатает...

— Это ты Шолохов? — спросила я изящного юношу в чёрном плаще, с небольшими усиками и лукавой улыбкой.

— Я Шолохов, — отвечал он любезно.

— Ну, и какой же ты Шолохов? — засмеялась я, разглядев его повнимательней. — Типичный бакалавр из Саламанки. Вот такие шлялись по дорогам Испании во времена Сервантеса и морочили население...

Тревога оказалась напрасной, ничьего места Шолохов не перебил, его поджидало собственное место "по целевому направлению" — в том же секторе источниковедения у Альтшуллера. Он занимался Пушкиным, тема — "Маленькие трагедии" А.С. Пушкина в контексте русской художественной культуры XX века". На фоне "образа В.И. Ленина в театре 60–70-х годов" и "героического в советском искусстве" (темы диссертаций того времени) это выглядело привлекательно.

Итак, состоялось моё знакомство с абсолютно и законченно несоветским человеком, который через шесть лет станет моим мужем. Могу поклясться: в момент знакомства я не почувствовала никакого шелеста крыл и песни судьбы. Молодой человек показался мне очень юным, гораздо моложе своих двадцати четырех лет, вежливым, с хитринкой и крайне симпатичным. Ничего более.

Глава двадцать шестая
После диплома

Я сдала экзамены в аспирантуру, но зачисление шло не сразу, через несколько месяцев. С декабря я уже должна была получать солидную аспирантскую стипендию — сто рублей. Между экзаменами и зачислением пролегали три с небольшим месяца.

И тут семья повела себя несколько загадочно. Я до сих пор дивлюсь — зачем мама с отчимом мне это устроили? Они неплохо зарабатывали и могли разрешить мне, в столь напряжённый для меня год, всего лишь три месяца посидеть с годовалым ребёнком дома. Но началось что-то из драматургии Петрушевской — таинственное воспаление озлобленной психики.

Нет! Дармоедов мы потерпеть не можем! Иди работать!

Куда я пойду работать, мама? Куда? На три месяца кто меня возьмёт?

А меня не волнует! Отдавай ребёнка в ясли и отправляйся работать.

И в моей трудовой книжке образуется потрясающая надпись. После окончания Театрального института и благодарности от ректора за победу на Всесоюзной олимпиаде по истории искусств 1981 года, перед записью о зачислении в аспирантуру — "уборщица в Военно-морском музее".

Два месяца ранним утром я мыла унитазы и мела лестницы прославленного музея (здание Биржи, архитектор Тома де Томон). Потом шла в библиотеку, потом забирала ребёнка из яслей...

Можно, конечно, предположить, что семья в этом случае явилась орудием судьбы, желавшей меня несколько унизить, чтоб потом, через унижение, возвысить ("всё, что унижено, будет возвышено..."). Вероятно, это было у них инстинктивно — но, надо заметить, выглядело обидно. К чему всё это мещанское дерьмо — "дармоедка", "сидеть на шее"? Я сделала максимум возможного в моём положении, с ребёнком на руках написала диплом, сдала экзамены в аспирантуру, никаких расслабляющих очагов досуга, кроме поездки в Венгрию, в моей тогдашней жизни не было.

Боюсь, моя сверхнапряжённая фигура, постоянно размышляющая, что делать и как поступить наилучшим образом, не вызывала у мамы и отчима сочувствия. Они меня, наверное, любили, но я их раздражала.

Я потом не раз сталкивалась с этой проблемой — когда "хорошее поведение", жизненные успехи, полученные путём труда и упорства, не привлекают, не радуют близких. Напротив, в них растёт недовольство, жажда личного самоутверждения — мы тоже то-то и то-то... Но ведь у меня и в мыслях нет самоутверждаться в их глазах и тем самым как бы укорять — я просто-напросто маниакально сосредоточена на своём деле и хочу его сделать как можно лучше, потому что я так создана, так задумана, я не могу иначе, я никого не собираюсь "упрекать" своими "успехами", нету в голове, ну ни в каких её разделах.

Да и какие у меня были "успехи" — мать-одиночка, одолела диплом, и что?

Но в психике семьи образовалась тогда недобрая жаба — и мне жаль, что они не нашли в себе мужества эту жабу приструнить. Теперь что, теперь все старики, и все счёты покончены раз и навсегда. Однако я вспоминаю, как было, и опять чувствую на губах полынную горечь.

Мама ревновала меня к папе. "Тебя там настраивают против нас!" — бушевала она, когда я возвращалась после встреч с отцом, которые никогда не прекращались, папа меня не бросал и не забывал. Я терзала её душу неумолимым сходством с первым мужем. "Вот это ваш первый муж, а это ваш второй..." — как говорил Гамлет матушке. Сказать мне, в чём дело, она не могла, потому что и самой себе-то не признавалась, в чём дело. Я была единственная родная дочь и при этом — чужая, непонятная, чьё присутствие как будто включало какой-то резкий неприятный свет, в котором...

Так что крики "дармоедка" и "иди работать" шли не от сердца или ума, а из глубин обиды на жизнь.

Тут ведь ещё темка жилплощади развивалась. Наша квартира состояла из трёх смежных (8 м + 15 м + 8 м) и одной отдельной комнаты (15 м), с довольно большой — по меркам тех лет — кухней (9 м). После смерти бабушки мама и отчим переехали в её отдельную комнату, Севу мы поселили в комнатке справа, я обитала в комнатке слева, а большая проходная комната оставалась общей. Но так как я сновала из своей комнаты в Севину, то невольно как бы занимала и эту общую комнату или, как выражалась мама, унаследовавшая по прямой от бабушки античное красноречие, "расползлась, как рак, по всей квартире". Я захватывала пространство! Заявляла тем самым, что я молода, а они уже немолоды, вытесняла из жизни!

Глава двадцать шестая. После диплома

Тогда я впервые задумалась о размене жилплощади, но разменяться мы могли только на то, что когда-то меняли, — на квартиру и комнату в коммуналке, и отправляться с Севой в коммунальное житьё было рискованно. Соседи могли оказаться почище родственников.

Впрочем, требование "иди работать" ничего ужасного и преступного из себя не представляло. Нормально для мещанской среды. Конечно, непонятно, зачем при этом читать Хемингуэя и Трифонова... Хоть бы другим бы тоном... Другим тоном они не умели, их родители разговаривали с ними этим тоном. Грубая была жизнь, нежностям не учила. И всё же... Ведь хорошие люди...

Зря это они. Не надо было так со мной.

Хотя бы ради внука — к чему было в год отправлять его в лапы государства?

По счастью, ясли-сад находились возле дома, в двух шагах, и заправляла яслями святая женщина, как будто специально созданная небом для общения с маленькими детьми. Она была другом и детей, и родителей — редкий случай. Я тогда увлекалась идеями закаливания, снимала с ребёнка шарф (шарф вреден! Это компресс!), пускала его в группу в одной тонкой рубашонке. Воспитательница, качая головой, говорила мне — смотрю я на вашего Севу, и мне самой холодно, ужас... а с другой стороны — вы, наверное, правы, ребёночек не болеет!

Ребёночек не болел совершенно. После бронхита в четыре месяца, когда я, смертельно напугавшись, стала изучать методики закаливания и преспокойно кормила его мороженым в лютый мороз, Сева взял по болезням паузу в четыре года — и попал в больницу с кишечной инфекцией, чего уже никаким закаливанием было не избежать. Ребёнок расцветал, находясь в стабильно прекрасном настроении. Румянец играл на его аппетитных щеках. Он ел абсолютно всё и обожал слушать пластинки, которые рано приноровился ставить на тот самый проигрыватель-приёмник, подаренный Лёней Кацем. Ещё не умея читать, он как-то различал пластинки — наверное, по общему впечатлению от жёлтого или белого бумажного кружка в центре, где изготовители писали информацию. Ребёнок брал пластинку — например, "Время, вперёд!" Свиридова, — принимался слушать и вдохновенно подпевал, махая руками, как дирижёр. Набор грампластинок у меня был обыкновенный для того времени, Вивальди, Моцарт, вальсы Штрауса и Вайтейфеля, Свиридов, Тищенко... Поп-музыки не было никакой. Мы её тогда не слушали — советские песни доносились отовсюду (радио, телевизор), и необходимости покупать это домой не было. Два исключения: "По волне моей памяти", шедевр Д. Тухманова, и Алла Борисовна.

И, для закончивших французскую школу, — Пиаф и Адамо.

(Про Окуджаву упоминать излишне — что, его где-то могло не быть?)

Ну, скажу я вам, унитазы и лестницы внутри Военно-морского музея — это ещё были цветочки, в ноябре выпал снег, и мне пришлось убирать заносы и скалывать лёд. Тут я забастовала и через несколько дней на работу не вышла. Хватит с меня.

Удалось договориться с отделом кадров музея, чтоб — "по собственному...".

Но представьте себе лёгкую панику тревожного ленинградского человека: я трудилась в Историческом архиве — его в новые времена переместили не знаю куда и поселили в здание Сената и Синода Конституционный суд и Президентскую библиотеку. Я работала в Военно-морском музее — и его переселили, со скандалами и хищениями, а нынешняя судьба Биржи непонятна (отдают Эрмитажу, зачем?). Наконец, Российский институт истории искусств (Исаакиевская площадь, дом 5), куда я пришла аспирантом в 1982 году, — и на него сегодня гонения, уволили директора, ликвидируют научный коллектив, видимо, опять алчным душам не даёт покоя само здание.

Нет ли моей вины в грустной судьбе этих исторических сооружений? Это, конечно, вряд ли. Или, во всяком случае, она не больше, чем у всякого ленинградца, не сумевшего в XXI веке отстоять город от захватчиков...

Словом, мытарство на Бирже закончилось, и я отправилась как аспирант в законе на Исаакиевскую площадь, дом 5, — в сектор источниковедения "научно-исследовательского отдела Ленинградского государственного института театра, музыки и кинематографии".

Стоял конец 1982 года.

Сектор источниковедения...

Он заслуживает небольшой поэмы!

Глава двадцать седьмая
На графских развалинах

Н

аучно-исследовательский отдел ЛГИТ-МиКа был результатом падения в бюрократическом космосе Института истории искусств, который был основан в 1912 году графом Зубовым в собственном особняке. Граф часто проводил учёные собрания и давал балы — Зубовский особняк фигурирует в многочисленных мемуарах, потому что там бывали все, то есть решительно все. Исаакиевская, 5, — один из самых памятных адресов Серебряного века. "Нездешний вечер" Марины Цветаевой, к примеру, рассказывает о встречах именно в доме Зубова.

В 1917 году граф сам у себя реквизировал Институт истории искусств и передал его советскому государству. Сохранилось кое-что из графской обстановки, да ещё в дом на Исаакиевской привезли мебель из лютеранской церкви Св. Анны на Мойке (его переоборудовали в т. н. ДК связи). После закрытия в тридцатых годах "ленинградской школы" Гвоздева — группы лихих пионеров-театроведов-формалистов — институт пал и сделался отделом при Театральном.

Театральному институту учёные искусствоведы были решительно ни для чего не нужны, учёным — не требовался институт: искусственное и формальное объединение общих плодов не давало, "Исаакиевская" жила на особицу от "Моховой", и в отделе бродили смутные идеи воссоздания прошлой славы Зубовского особняка.

Всякого входящего встречала широкая лестница, ведущая на второй этаж; после первого марша налево манила дверь в библиотеку, а направо ютились два закутка, скрывавших архив и сектор источниковедения.

Главный тост на наших посиделках всегда был: "Чтоб источники не иссякли!"

Сектор имел дело только с классикой, историей, архивными изысканиями; наш руководитель Анатолий Яковлевич Альтшуллер написал несколько книг про Александринский театр (самая известная — "Театр прославленных мастеров"), другой доктор искусствоведения, Анатолий Яковлевич Трабский, много лет преподавал театроведам "источниковедение и библиографию". "Мемуары не являются источником!" — возвещал он, сухощавый, морщинистый и как будто покрытый вековой архивной пылью, юным варварам. Мемуары не являлись источником, потому что следовало найти не меньше двух свидетельств одного и того же факта, прежде чем выдвигать гипотезу, что факт произошёл. Источниковедение было царством строгости. Следовало всё выверять и проверять — в нынешнюю эпоху, когда неизвестно кто ссылается неизвестно на что и вряд ли даже филологи в массе своей помнят, что такое *настоящая библиографическая ссылка*, Трабский сошёл бы с ума.

Аспирантов на наш сектор брали по солидным рекомендациям — скажем, Шолохова, несмотря на целевое направление, никогда бы не взяли "к источникам", если бы его руководителем не был университетский профессор Г.А. Бялый, посоветовавший своего ученика Альтшуллеру. Шолохов сделал вклад в пушкиноведение — написал статью "Об имени Иван в трагедии «Скупой рыцарь»" (слугу Альбера зовут Иваном!). Анатолий Яковлевич такое ценил и вообще обожал порядок, иерархию, уважение, точность и дисциплину — и потому особо не доверял тогдашнему театроведению, откровенно предпочитая ему филологию, а выпускников университета — питомцам Театрального.

У него был двойник — в Москве живо действовал тёзка и коллега, Анатолий Альтшуллер, который затем взял успешный псевдоним Смелянский. Сходства между Альтшуллерами не наблюдалось ни малейшего — наш Альтшуллер являл собою полноватого, симпатичного (лёгкое сходство с Михоэлсом), добродушного господина, с хорошим чувством юмора, не лезущего ни в какие игры с властью и не жаждущего влияния и почестей. Ему всего хватало (прямо скажем, нетипичный случай), он с радостью ощущал, что вот оно как, стал-таки доктором и руководителем, и он с удовольствием носил свой толстый портфель, свидетельствующий о непременных учёных занятиях. А главное, наш Альтшуллер был великодушный мужчина и никогда не устраивал истерик и распеканий, а для женщины, подвизающейся в гуманитарной области и обречённой на каждом шагу встречать психованных баб в мужском образе, нет ничего лучшего.

Когда на секторе разбирали одну из глав моей будущей диссертации, Анатолий Яковлевич, относившийся ко мне с исключительной теплотой и вниманием, указал на очевидную небрежность какого-то пассажа и заметил: "Чтобы это прощать, надо вас любить, а никто не обязан вас любить..." Это была мудрость в чистом виде, как химический элемент, и я её запомнила на всю жизнь.

Секторы наши — а были ещё сектор театра, фольклора, музыки и кинематографа — все занимали небольшие помещения, зато на третьем этаже располагался Зелёный зал с бездействующими каминами, облицованными малахитом (камень был настоящий; потом, прямо на моих глазах, превратился в поддельный), директорский кабинет с бронзовыми люстрами, зеркалами и антикварными часами, Музей музыкальных инструментов... В 1982-м на Исаакиевской ещё было немало роскошных остатков империи: в 2002-м, когда я увольнялась оттуда, всего поубавилось изрядно. Когда я спрашивала, а где зеркало в гардеробе, дивное зеркало красного дерева, в которое я гляделась, пока была аспиранткой, мне ничего не отвечали и даже пожимали плечами — какое зеркало?

А малахит?

Какой малахит?

Бесполезно; по всему городу шло беспрестанное тырлово и пёрлово. Закрывается на ремонт, скажем, кондитерская на углу Пестеля и Литейного, открывается — хоба! Она ж вся была в резных дубовых панелях, с бронзовыми бра! Да что вы, это вам приснилось, не было никаких панелей. И в Елисеевском никакой люстры отродясь не висело. А на Витебском вокзале даже ещё в 1983 году подавали серебряные приборы, как при Блоке, они где? Пить надо меньше, гражданин, вот и не будет мерещиться...

Так что не надо всех собак на Ельцина вешать. В 1992 году наружу вылезло лишь то, что таилось внутри.

К сожалению, нация, к которой я принадлежу, обладает свойствами, которые я ненавижу, — лживость и вороватость. Но любит она при этом исключительно правду и справедливость!

Главным свойством Исаакиевской являлась глубокая и блаженная тишина, похожая на измеренную мною уже тишину Исторического архива. Но эта новая тишина, более многолюдная, обладала и другими потенциалами — в Архиве всё только хранилось, а здесь что-то всё ж таки создавалось и творилось. Подготавливались и затем издавались энциклопедии, словари, справочники, публикации из архивов и оригинальные изыскания. Были, конечно, и загадочные сборники, тему которых раз и навсегда определил остроумный учёный Д. Золотницкий, — "Больше внимания разным вопросам".

Понимаете, был план. Научному сотруднику полагалось написать в год определённое количество текста — *именно количество*. Поэтому и появлялись некие сборники, объединявшие плановые тексты под широким обтекаемым названием. Типа "спектакль в контексте истории". Из десяти—двенадцати текстов в таких сборниках три—четыре годились для прочтения, но кто эти сборники вообще читал, я не знаю, хотя сама нечто подобное потом составляла. "Практики", то есть люди Театрального института, по-моему, их не видали в глаза.

Но написанный текст, изданный в сборнике, попадал к библиографу, он его "расписывал" и вносил на карточки, так что текст начинал свою жизнь в истории: сегодня не пригодился, а завтра понадобится, его разыщут, прочтут и сошлются *правильной библиографической ссылкой*.

Глава двадцать седьмая. На графских развалинах

У аспирантов и научных сотрудников было два присутственных дня — понедельник и среда, с 11 часов. Они обязаны были посещать заседания своего сектора и общие заседания в Зелёном зале. За три года обучения аспирант мог написать диссертацию, а мог и не написать: никаких карательных мер не предусматривалось. Шолохов, к примеру, написал, а я нет; тем не менее меня взяли в 1986 году на должность научного сотрудника и тема ненаписанной диссертации всего лишь деликатно витала в воздухе — дескать, хорошо бы защитить... когда-нибудь.

Свободное от присутствия время символизировало собой остаточную привилегию для людей умственного труда — считалось всё-таки, что учёный не будет в неприсутственные дни безудержно выпивать и морально разлагаться, а потратит их на работу в архивах и библиотеках.

Люди на Исаакиевской, от тишины и стабильности, в основном пребывали в хорошем настроении и склочничали крайне редко. Собственно, было только два очага напряжённости — и оба в секторе театра. Старший научный сотрудник Марк Любомудров принадлежал к лагерю славянофилов-конспирологов и вёл подкоп под репутацию режиссёра Мейерхольда, считая, что тот многое в искусстве разрушил, а не создал. А старшая научная сотрудница Светлана Бушуева, специалист по итальянскому театру, ненавидела Любомудрова до печёночных колик, что чрезвычайно испортило её характер, и без того скверный. Она, как правило, булькала и визжала, тогда как Любомудров держался гордо, как пророк, с таким видом, что готов запросто принять мученический венец, а только Мейерхольд русскому театру был вреден. Но мы видим, что предмет распри являлся высоким и прекрасным, не касался обычных дрязг насчёт премий, зарплат, должностей и прочего.

Проблема-то у института была одна: мало настоящих, авторитетных учёных с идеями, с именами. Но это общая беда начала восьмидесятых — после сталинской "ударной возгонки" и звонкой поры шестидесятых, когда наука стала кумиром, повсюду стали двигать серых, скромных, угодливых, никаких, соображающих насчёт выгоды, а те, кто выучился ещё в императорских университетах и училищах, стали уходить из жизни. И общий уровень научных исследований начал падать, а фигура учёного — тускнеть.

Моя мама до сих пор с гневом вспоминает оригинальную концепцию скоростного движения между Москвой и Ленинградом, которую придумал учёный Осиновский. Концепцию выбросили на помойку, Осиновского сожрали, и скоростное движение между столицами осуществилось лишь много лет спустя и в крайне уродливом виде. Совсем не так разумно и прекрасно, как мечтал учёный Осиновский. Такое было сплошь и рядом. Бесконечно талантливый народ маниакально придумывал способы улучшения жизни, делал открытия, рвался изобретать и просвещать — но всё уходило в трубу.

Песню про трубу в те годы сочинил мой папа, и рассказывалось в ней о том, что, будучи мальчиком, герой решал задачу про некий бассейн с двумя трубами, куда вливалась и выливалась вода.

С тех пор, куда б ни кинула судьба,
Какие ни вела б со мною споры,
А только получается — труба,
Та самая труба, что "из которой"...

Глава двадцать седьмая. На графских развалинах

Та самая труба, что "из которой...", неутомимо качала своё и в Ленинграде, и по всей стране. А потом произошло именно то, что предрекал герой папиной песни, решивший одолеть свою "трубу":

Крутить-вертеть не надо наобум,
Моё решенье ново и сурово:
Заткну я эту самую трубу,
И пусть она прорвётся у другого!

Всё так; однако жизнь норовит обернуться прекрасной, как лукавая женщина, и вот в Александровском саду, что близ Адмиралтейства, каждую весну расцветает розарий из низкорослых сортов роз, и я, торопясь в своё "присутствие", обязательно делаю небольшой крюк, чтобы полюбоваться нежными оттенками изобильных цветов... Я оттаиваю, оживаю и уже с интересом и любопытством гляжу вокруг себя, напряжение прошлых лет спадает, обиды уходят вглубь памяти...

Словом, вот уж для чего наш "научно-исследовательский отдел" подходил наилучшим образом, так это для торжества личной жизни аспиранта. Я его и осуществила вместо диссертации!

Глава двадцать восьмая
Надейся и жди?

> Не надо печалиться,
> Вся жизнь впереди,
> Вся жизнь впереди,
> Надейся и жди!

Так пели в те годы, и мы в голос хохотали над казённым советским оптимизмом. Он был нормативен, что тоже являло собой выдающийся исторический нонсенс и казус. Вы припоминаете хоть одну страну, где даже обыкновенное плохое настроение считалось бы врагом государства? Жили-то, конечно, по-всякому, и в искусстве творилось разное, однако не редкость были диковинные придирки начальства к авторам: а что это у вас герой всё время грустит, постоянно недоволен — чем это он недоволен?

Бодрый рефрен песни про "всю жизнь впереди" казался убедительным символом идиотизма, в котором приходилось жить.

Но если отвлечься от пропаганды, мироощущение нашего поколения в те годы, ей-богу, располагалось совсем невдалеке от "надейся и жди!".

> Какие мы стёртые, какие побитые,
> Но живые и даже сердитые.

Может статься, эта тишь ещё не смерть,
Что-нибудь да отчебучит круговерть,
Правда-матка забеременеет вновь,
А где роды, там и кровь... —

написала я в 1984 году.

Интонация, конечно, не схожа — вместо звонко-приказного "надейся и жди" осторожно-выстраданное "может статься, эта тишь ещё не смерть, что-нибудь да отчебучит круговерть". А всё-таки предощущение "чего-то эдакого" проникало и к профессионалам халтуры, и к тихим умникам, забившимся в разнообразные культурные щели советского государства...

(Правда и то, что щелей было о-го-го. Чего стоит одна только сеть драмкружков и самодеятельных театров — при школах, институтах, заводах, клубах и даже при больницах и ЖЭКах. А ведь это простой и эффективный способ приобщения к культуре — самому сыграть в Шекспире или Островском, не говоря уж о том, что всем русским, вообще-то, следовало бы играть в театре, чтоб облегчать аффективную память, скидывать лишние эмоции, да и в плане борьбы с бутылкой средство надёжное.)

Итак, пришла я как аспирант на сектор источниковедения один раз, пришла другой — и, кажется, на третий довелось явиться в тот самый декабрьский денёк, когда Брежнев не то умер, не то его уже хоронили, — словом, в день притворного траура, когда плакали разве самые сердобольные бабы, а массы интересовались правильным вопросом: дальше-то что? Мы с Шолоховым отправились выпивать — может быть, в столовую Консерватории, а может быть, в шашлычную на Литейном. Накануне Шолохов вернулся из Москвы, где ему всезнающие москвичи уже заранее намекнули на грядущие перемены. У нас с ним как-то подозрительно быстро наладился диалог, а впрочем, мой новый знакомый, сын и внук ленинградских архитекторов, обладал прирождённым талантом коммуникации. Общаться с ним было удивительно легко, да и то возьмите в расчёт: он изучает Пушкина, я — Островского, а это два солнечных Александра русской литературы...

Мы стояли на пороге 1983 года.

В том году мне исполнялось двадцать пять лет — четверть века. Что ж, я встречала грядущий год с очевидными достижениями на руках: мой диплом был красен, а мой ребёнок прекрасен; институт подарил мне много друзей и добрых приятелей, которые не только делили со мной радости пиров, но реально помогли в трудную минуту; папа и мама живы-здоровы; учитель на всю жизнь, Евгений Соломонович, по-прежнему заботится обо мне, а впереди расстилаются три года свободы, оплаченных государством.

Как человек, я могла исполнить завет Калмановского, который прочёл какой-то мой текст и воскликнул: "Москвина, ходи орлом!" Как женщина, я не могла ходить ни орлом, ни ласточкой, ни чайкой — разве что уткой.

Замужество и так представлялось мне несбыточным, а уж с маленьким детёнышем... Хотя внимательный взгляд на жизнь рода приносил совсем иной результат: мужчины вовсе не чурались женщин с ребёнком. Идель Мовшиевич взял в жёны бабушку Антонину с сыном Юрой в придачу. Дед Костя — бабушку Елену Сергеевну с моим будущим папой. Валерий женился на маме, у которой довеском была я. Три случая только в ближнем круге, а их были миллионы.

Два направления душевного развития — жажда любви и страх боли — толкали меня в противоположные стороны. Но что победило в двадцать пять лет, догадаться нетрудно.

Я живо ощущала разные сферы своего существования — скажем, голова всегда ликовала от загрузки, от работы, исступлённое чтение или сочинение своего пьянили, как вино. И это счастье было всегда доступно, не требовалось ничего — ни партнёров, ни материальных затрат. Что-то творилось со временем в такие часы, оно то растягивалось, то сжималось, но в любом случае игнорировало планомерное расчисленное движение. Преодолевалось тело: я преображалась в энергичное ментальное облачко и не без печали возвращалась затем обратно.

Но наслаждения ума ничего не говорили сердцу. А только оно могло сделать мир Божьей грозой, а меня — её ливнем или молнией. Бесчувственный ментальный мир лишал меня счастья полноты жизни, абсолютного восторга (и ужаса) растворения в её древних стихиях.

Ум и сердце не ладили, и поладить они не могли. Кто-то всегда побеждал на время и воцарялся на троне. Обуздывать сердце я не научилась — исхитрилась только скрывать его бури от посторонних глаз.

Впереди у меня замужество, рождение второго ребёнка, становление меня как литератора, переезды, похороны близких, перемены государственного строя и личной жизни, удачи и провалы, путешествия, дружбы, разрывы, общественная борьба, профессиональный рост — словом, "труды и дни"...

А моя жизнь за первые двадцать пять лет — любопытный этюд на тему причудливых сочетаний временного и вечного в отдельном человеческом существе. Девочка, рождённая в СССР, в городе Ленинграде на Васильевском острове, жившая затем в "новостроечках", двигавшаяся без перебоев по советскому конвейеру ясли — сад — школа — институт, жующая вместе со всеми фантасмагорическую советскую кашу, обладала ещё и могучей женской природой, и возможностью и способностью пользоваться мировой культурой. Пусть я монстр, парадокс, оксюморон, ходячее противоречие — но я не легла косточками в гумусе своего времени!

Я прошла сквозь него.

Время откладывалось во мне, как в стволе дерева, а не я растворялась в нём.

Так будет не всегда. Когда-нибудь настанет год, который бесповоротно припишет себе конец моего земного странствия... а пока что я, точно канатоходец, балансирую на этом самом тире между двумя датами.

Я иду.

Я верю: не государство, а душа бессмертна.

Санкт-Петербург
2012—2014

Литературно-художественное издание

Москвина Татьяна Владимировна

Жизнь советской девушки

Биороман

16+

Заведующая редакцией Елена Шубина
Выпускающий редактор Полина Потехина
Корректор Елизавета Полукеева
Компьютерная верстка Елены Илюшиной

ООО "Издательство АСТ"
129085, г. Москва, Звездный бульвар, д. 21, стр. 3, комн. 5

Подписано в печать 20.08.14. Формат 84х108/32.
Усл. печ. л. 18,48. Тираж 3000 экз. Заказ № 6353

Общероссийский классификатор продукции
ОК-005-93, том 2; 953000 – книги, брошюры

 **http://facebook.com/shubinabooks**

 **http://vk.com/shubinabooks**

Отпечатано с готовых файлов заказчика
в ОАО «Первая Образцовая типография»,
филиал «УЛЬЯНОВСКИЙ ДОМ ПЕЧАТИ»
432980, г. Ульяновск, ул. Гончарова, 14